古代歷史文化研究輯刊

二十編

王 明 蓀 主編

第 11 冊

樊增祥傳論（下）

薛 超 睿 著

國家圖書館出版品預行編目資料

樊增祥傳論（下）／薛超睿 著 — 初版 — 新北市：花木蘭文
化事業有限公司，2018〔民 107〕
目 2+162 面；19×26 公分
（古代歷史文化研究輯刊 二十編；第 11 冊）
ISBN 978-986-485-543-8（精裝）
1.（清）樊增祥 2. 傳記
618   107011989

古代歷史文化研究輯刊
二十編　第十一冊　　　　　ISBN：978-986-485-543-8

樊增祥傳論（下）

作　　者　薛超睿
主　　編　王明蓀
總 編 輯　杜潔祥
副總編輯　楊嘉樂
編　　輯　許郁翎、王筑　美術編輯　陳逸婷
出　　版　花木蘭文化事業有限公司
發 行 人　高小娟
聯絡地址　235 新北市中和區中安街七二號十三樓
　　　　　電話：02-2923-1455 ／傳真：02-2923-1452
網　　址　http://www.huamulan.tw 信箱 hml 810518@gmail.com
印　　刷　普羅文化出版廣告事業
初　　版　2018 年 9 月
全書字數　331323 字
定　　價　二十編 25 冊（精裝）台幣 66,000 元

樊增祥傳論（下）

薛超睿 著

目次

第六章　進退失據的遺民歲月

　　1911 年的辛亥革命，推翻了二百六十七年的滿清王朝，結束了自秦始皇以來兩千多年的封建帝制，這是我們最熟悉的歷史結論。但這兩項歷史功績都是不徹底的，清廷作爲中國唯一合法政府的地位，在法統上被民國取代，但其政統並未終結，紫禁城裏的國中之國，成爲忠清遺民寄寓復國情結，圖謀東山再起的精神支柱；舊秩序在形式上被打倒，但固有之觀念依舊殘存，民主共和的口號遠未深入民心，民初的兩次復辟及之後的軍閥混戰，說明憲政之路漫長而曲折。

　　每逢易代之際，總有一批眷戀勝朝，與新政權保持距離的「孤臣孽子」，被稱爲遺民。這是一個很難界定的概念，對其評價也因時代和主流價值觀的變遷而昨是今非：傳統意義上視爲最高道義的爲君守節，在民初卻被貶斥爲守舊落後；曾經備受敬仰的「遺民」成了遭人嘲弄的「遺老遺少、孝子賢孫」，處境異常尷尬。但硬幣的另一面，由於政治文化的轉型，其附帶的倫理綱紀，將何去何從，堅持、調適抑或吐故納新，由此陷入失範的混沌中，歧路意味著多種選擇的可能，個人的政治認同與取向，即使逸出常軌，也不再受到普遍而單一的道德評判。

　　胡先驌劃定清季文人有五類：「泥古不化，反對一切新事業者；深知中國如欲立國於大地之上，必不能墨守故常，政法學術必須有所更張，然仍以顚覆清室爲不道、辛亥革命爲叛亂，不惜爲清室盡忠者；有志於維新，對於清室初無仇視之心，亦未必以清室之覆、民國之興爲天維人紀壞滅之巨變，而必以流人遺老終其身者；奔走革命，誓復清室者；藉名士頭銜，獵食名公巨

卿間，恬不爲恥，反發『諸夏無君出處輕』之謬論，甚或沉湎於聲色，乃託詞於醇酒婦人者」〔註1〕，其中除第四類外，其餘都可歸爲遺民之列；研究者按照言論和行爲的傾向性，將遺民分爲政治型和文化型兩類，當然互有交叉，但懷抱各異。政治型遺民如勞乃宣、鄭孝胥等，他們的行爲和話語系統多少含有政治意圖，敵視民國，鼓吹清室復辟，甚至追隨溥儀建立僞滿，由愚忠淪爲漢奸；文化型遺民的代表爲王國維，不惜殉文化自盡，其他如陳三立、沈曾植等，或高不絕俗，和不同流，或與世隔絕，自棄於世，唯以拯道統於將溺，繼往世之絕學，存歷代之文獻爲己任，凸顯自我價值的存在，並在學術由近代向現代的過度中起到承前啓後的作用。他們與一切政治若即若離，主觀上同情舊朝，即使明知不可爲，仍繫於一姓之君主；而對民國表示反對，不僅僅因其取代前朝，也有對其政體的排斥。

　　清遺民的話題在民國呈現「本人自辯，門人曲諱，旁人戲說，後人不明」的滑稽局面，材料駁雜卻常前後矛盾；新中國成立後，這一話題逐漸消歇，直到近十幾年才又突破禁臠，開始關注那批久遠又模糊了的面孔：先是港臺及海外漢學界重拾記憶，據筆者所見，專著有胡平生《民國初期的復辟派》（1985年臺灣學生書局出版）、周明之《近代中國的文化危機：清遺老的精神世界》（脫胎於2004年密歇根大學會議報告、2009年經山東大學引進出版），以及林誌宏《民國乃敵國也：政治文化轉型下的清遺民》（臺灣大學史研所2005屆博士論文、2013年由北京中華書局出版）；代表性論文有林毓生《論梁巨川先生的自殺》（附於《梁巨川遺書》後）、羅志田《對共和體制的失望：梁濟之死》（《近代史研究》2006年第5期）、彭玉平《王國維、陳寅恪文化遺民心態辨析》（《廣州大學學報》（社會科學版）2011年第1期），以及傅道彬、王秀臣《鄭孝胥和晚清文人的文化遺民情結》（《北方論叢》2002年第1期），都是對具有典型特徵的遺民人物的精彩研究；對於群體性的關注，則有熊月之《辛亥鼎革與租界遺老》（《學術月刊》2001年第9期）、王標《空間的想像和經驗——民初上海租界中的遜清遺民》（《杭州師範學院學報》（社會科學版）2006年第1期），著重聚焦海上租界這一特殊空間對遺民生活的建構。總之民初遺民文學、遺民心史的主題學研究，慢慢拂去歷史的遮蔽，還原曾經熱鬧的眞實。

〔註1〕 胡先驌：《評俞恪士〈觚庵詩存〉》，見俞明震著，馬亞中校點：《觚庵詩存》，
　　　　上海古籍出版社，2008年版，第316～317頁。

　　樊增祥在民初是個不能被忽視，卻又一直被誤讀的角色，他也曾像陳三立、沈曾植一樣，卜居滬瀆，隱淪高臥，還一度被視爲遺民的中堅；但終抵不過名利的誘惑，出仕民國，爲此橫遭白眼，飽受爭議，舊人恥爲同流，新人譏其餘孽。但以前論者往往僅憑《世載堂雜憶》之語，將其目爲三朝元老，長樂馮道，加以徹底否定，言其品行甚至不如易順鼎；筆者卻認爲，樊氏媚合袁世凱是實，但在袁稱帝前後卻未表示公開的擁戴；查閱當時報章及筆記，亦未見其有過分「忤逆」之舉，所以對其出處及原由，應作重新審視與辨析，姑且謂之爲「非典型性遺民」。

第一節　海上結社，遺逸兩歧

　　辛亥年九月下旬，樊增祥由南京潛遁上海，這在忠清遺民眼中無疑是對朝廷的背叛。鄭孝胥曾恨恨地說「北爲亂臣，南爲賊子，天下安得不亡」，亂臣即袁世凱一系策動清帝遜位；賊子即響應革命，未盡守土之責的各省督撫。樊在他眼中當屬後類；在陳三立有關金陵城破的記述中，也多次隱含對他攜印出逃的指責。所以從一開始，樊山就算不上純粹的遺民，十月初三，他望月興歎「可憐大地山河影，剩得纖纖玉一鈎」，唱出自己對舊時代最後的輓歌。

　　民元正月廿四雪後，樊增祥與陳三立、易順鼎徐園訪梅，與舊友王拔都茶話：

> 一別園池三十載，鶴歸華表桑生海。豈惟花木非昔時，新亭舉目山河改。離亂江嶺略相似，竹爐莫劃昆明灰。老眼摩挲出看春，乾坤何計洗兵塵。花濃雪聚春申浦，到處相逢是故人。

滿眼黍離之悲，亂後餘生，惟願「打鐘掃地安吾分」，易順鼎則云：

> 我笑杜陵不解事，苦念路有凍死骨。以何閒暇念他人，自顧詎免溝中瘠。即今東海久生桑，何處西山堪採蕨。中央盡鑿渾與沌，南北方爭倏與忽〔註2〕。

陳三立云：

> 著屐了世人，對汝醉初醒。幽契解天弢，今昔意都屏。霽色顯

_____

〔註 2〕 易順鼎著，王飆校點：《琴志樓詩集》，上海古籍出版社，2004 年版，第 1199 頁。

題壁，口誦喉有鯁。乘興造哀樂，萬象奪俄頃〔註3〕。

一個佻達無忌，一個沉鬱頓挫。二月中，眾人集愚園、哈園看花：

> 天翻地覆春自好，得與汝對何須哀。樊老後至意倏曠，翰林雅
> 步追青苔。陳兄鬚鬚亦種種，興亡不浣杯中醅。梁髯嘔血初強起，
> 扶杖幼子斜川佳〔註4〕。

時梁鼎芬聞易代大慟，孤臣泣血，哀毀成疾，稱月不出。從以上幾處詩中，我們讀出了幾位遺民初始即表露出的不同樣貌。

三月廿三日，徐紹楨招繆荃孫、樊增祥、李瑞清等聚飲。徐為辛亥光復南京的功臣，也是前清金陵文人圈的常客；樊李因前後藩司之故，銅印木印之嫌，據傳「各避不見面，兩方從者，不免互為誚讓之詞」〔註5〕，但從此則記錄來看，似乎並沒有這麼掃興「旁接胡姬傳淺笑，竟逢楚老證微言」〔註6〕。

三月間，釋敬安自浙江天童寺來晤友，春夜與樊增祥、夏午詒、易順鼎聯句：

> 浮杯渡滄海，忽與故人逢（敬安）。談話一燈雪，枯禪萬木冬（增
> 祥）。養生同澤雉，高誼逐雲龍（午詒）。彷彿寒山寺，來聽夜半鐘（順
> 鼎）。

四月十四日，樊增祥月下吟句云：

> 去年今夜月，北望蒼龍闕。今年今夜月，海濤萬重雪。天高碧
> 海深，月姊難為心。玉作誰家笛，群龍昂首吟。

一年之內，物是人非，全繫於明月，明月知為誰。雖然不知具體因何事而興慨，但追溯至辛亥年四月，則自一省至一國都發生了太多的變故：初五，江蘇諮議局因在預算問題上與江督張人駿爭執，集體請辭；初十皇族內閣成立，十一日宣佈鐵路國有，最終激起爭路風潮，掀覆了末代王朝久已渙散的根基。

既望，樊增祥等遊徐園，晚歸茶仙亭飲酒作詩鐘：

〔註3〕陳三立著，李開軍校點：《散原精舍詩文集》，上海古籍出版社，2003 年版，
第 324 頁。

〔註4〕易順鼎：《愚園哈園看花作》，見易順鼎著，王飆校點：《琴志樓詩集》，上海
古籍出版社，2004 年版，第 1021 頁。

〔註5〕《遺臣爭印》，見劉禺生：《世載堂雜憶》，中華書局，1960 年版，第 145 頁。

〔註6〕陳三立著，李開軍校點：《散原精舍詩文集》，上海古籍出版社，2003 年版，
第 321 頁。

言念同心友，什九居海濱。陶子吾手足，健若黃犢犇。自餘皆尊宿，無四十許人。羣病喜勿藥，行步稍逡巡。聖童介眉艾，蜀柳猶風神。留垞獨澹靜，散原極高閒。五君出竹林，吾豈山巨源。雲閒不出山，來往依春申……侍郎澹蕩人古微適來遊，古雅在巾服。當代填詞家，推君亦及僕。改詩遵閩派，譬以莛撞鐘。十年罷科舉，此焉存至公。糊名斷關節，入轂皆英雄。一觴得十聯，材力亦何充。一肉三行酒，會與眞率同。饋豐而用儉，乃可爲長供。前後品楊駱，左右攓浮洪。老無鷹揚志，與此觀軍容〔註7〕。

當日來自江西的前御史胡思敬在愚園召集故人，照海上遺民五角會例〔註8〕，每人納一元釀飲，稱「十角會」；事先胡與陳三立擬定邀請，沈曾植、李瑞清、樊增祥、楊鍾羲、林開謨等二十七人在列。這些人在朝爲官時，並非完全出自同一陣營，相互之間多有責難，樊增祥就曾屢受胡思敬攻訐，但亡國之後，遺民情結成爲他們的共同旨歸，惟有聲氣相求，唏噓感慨「饘於斯，粥於斯，即當哭於斯，使四鄰聞之，知中國尚有人在」〔註9〕，一廂情願之餘，有明顯的政治用心；而樊增祥隻字未提「盛會」，卻擇取記述一場平常的「詩鐘」，其間是否有不同流的隱意呢？

五月朔，樊增祥示己酉作五古四首於鄭孝胥〔註10〕，初三鄭作詩三首答之：

久於南皮坐，習聞樊山名。老矣始一見，趙璧眞連城。落筆必典贍，中年越崢嶸。才人無不可，皎若日月明。春華終不謝，一洗窮愁聲。南皮鳳自負，通顯足勝情。達官兼名士，此秘誰敢輕？晚節殊可哀，祈死如孤煢。其詩始抑鬱，反似憂平生。吾疑卒不釋，敢請樊山評。

嘗序伯嚴詩，持論鬬清切。自嫌誤後生，流浪或失實。君詩妙易解，經史氣四溢。詩中見其人，風趣乃雋絕。淺語莫非深，天壤

〔註7〕 樊增祥著，涂小馬、陳宇俊校點：《樊樊山詩集》，上海古籍出版社，2004年版，第1759頁。

〔註8〕 五角會的來歷，一說如胡思敬謂「旅滬諸同志歲暮無聊，嘗間月一聚，或一月再聚，每聚各齎番銀五角，充釀飲貲」故謂之五角會；另有「五角」取自「五角六張」之說，喻生不逢時，諸事不順。兩意一實一虛，相得益彰。

〔註9〕 章開沅：《辛亥革命與近代社會》，天津人民出版社，1985年版，第381頁。

〔註10〕 原詩未見，陳衍謂「去年過滬，讀樊山《與蘇堪冬雨劇談》，瘦淡似蘇堪，不類平日之富麗，歎才人能事不可測，往往效他人體也。」

在毫末。何須塡難字，苦作酸生活。會心可忘言，即此意已達。

　　窮愁固易工，憂患寧愛好？奮飛抶世網，結習猶煩惱。午怡論詩骨，見謂饑不飽夏午詒贈詩「世人無此骨，餐之不療饑」。心知小潺湲，河海愧浩渺。何期樊山老，闉荔喻益巧。荔甘而詩澀，唐突天下姣。庶幾比諫果，回味得稍稍。嗜澀轉棄甘，攢眉應絕倒〔註11〕。

初四樊復和三首：

　　抱才不偶俗，乃以能詩名。或百戰健兒，或五言長城。品詩徒妄論，何足當鍾嶸。選詩無具眼，何足擬昭明。獨愛鄭夫子。能兼實與聲。峩峩海藏樓，鬱鬱萬古情。闢入新世界，轉爲後輩輕。百司失其職，海上多孤忠。沸羹誰與調？洊水誰與平？世非無曹劉，當就許劭評。

　　詩法擬春秋，微婉而深切。蟠桃三千年，始見花與實。君詩百鍊鋼，氣靜才不溢。如空山道人，標韻乃獨絕。幽叢出孤花，妙到秋毫末。囒雪字字冷，畫雲筆筆活。吾家老樊遲，斯指恐未達。

　　廣雅兼朱王，貪多亦愛好。晚乃學宋賢，朝局復相惱。徒聞孤鳳鳴，曾微萬羊飽。時出琬琰章，沉思入幽渺。君詩小異同，語俊骨氣老。我詩騖廣大，詞豐剪裁巧。要是騷雅遺，而非鄭衛姣。量不勝杯杓，爲君飲稍稍。君詩如漢書，讀竟從醉倒〔註12〕。

樊鄭二人於宣統元年經陳三立引見而相識，彼時鄭在寧辦實業，樊曾贈己作一部；由鄭答詩知，他在讀樊詩後，與陳衍感觸類似，亦覺與之前所聞不同，而歎才人兼擅。同爲張之洞門下士，鄭孝胥向樊增祥求證對廣雅之死及其晚年創作的看法，但樊巧妙地迴避了這個問題「世非無曹劉，當就許劭評」，僅以「朝局復相惱」一句帶過，而只討論張詩宋意唐格、體贍精思的優長〔註13〕。對於張之洞的蓋棺論定，不惟執弟子禮的樊增祥爲尊者諱，不欲

〔註11〕鄭孝胥著，黃坤、楊曉波校點：《海藏樓詩集》，上海古籍出版社，2003 年版。

〔註12〕樊增祥著，涂小馬、陳宇俊校點：《樊樊山詩集》，上海古籍出版社，2004 年版，第 1755～1756 頁。

〔註13〕樊增祥對張之洞詩學觀的比擬，類中亦有不倫。切實處：朱指朱彝尊，以積學爲詩，晚作時羼宋調「能結唐宋分馳之軌」（沈曾植語）；王指王士禎，主神韻說，蹤唐調之遺響；宋賢當指蘇軾。張之洞所謂「唐格」，即以才識與意境相濟；所謂「宋意」，指運東坡之性情「喜廣易而惡艱深」（陳衍：《石遺室詩話》卷十一，《民國詩話叢編》第一冊，上海書店出版社，2002 年版，第

多言，當時的煌煌輿論也莫衷一是〔註 14〕，其中牽涉對新政、立憲、皇族內閣，甚至清朝覆滅歸咎責任的複雜糾葛；鄭孝胥的提問，或許也在故意探明樊增祥的立場。

由評價張之洞晚年創作引申出對「清切說」的平議。「清切」是張之洞的詩歌審美主張，他不滿同光體的僻澀，更將江西詩派斥之爲「魔派」，而力持雅正〔註 15〕。鄭孝胥曾對此論調不以爲然「其說甚正，然余竊疑詩之爲道，殆有未能以清切限之者」〔註 16〕，但後來也有所矯正。當論及樊山風格時，鄭孝胥極稱其風趣、淺易，與陳衍「歡娛能工，不爲愁苦之易好」之論相同；樊增祥則以語俊骨清互許，還對當時詩評標準不滿「品詩徒妄論，何足當鍾嶸。選詩無具眼，何足擬昭明」。樊增祥學詩主張轉益多師，不限一朝一家面目，講求風格多樣，各體兼擅，所以詬病《詩品》式的推尋源流，也反對選詩時的顧此失彼〔註 17〕。事實上這兩種弊病在陳衍對樊增祥的批評中都

---

156 頁）。總之，虛與實結合，充實的内容和深遠的意境統一，將唐詩所重之情景、宋詩所主之事理包容在一起，就構成了張之洞「有理有情有事」的神味境界（見黃霖：《中國文學批評通史·近代卷》，上海古籍出版社，2007 年版，第 263 頁）。不確處：增祥謂廣雅貪多，其實不然，張詩僅存七百餘首（朱彝尊貪多之譏，後人亦已駁之，見錢仲聯：《夢苕庵詩話》，《民國詩話叢編》第六冊，上海書店出版社，2002 年版，第 224 頁）。

〔註 14〕桑兵：《蓋棺論定「論」難定：張之洞之死的輿論反應》，《學術月刊》2007 年 8 月號，第 138～146 頁。

〔註 15〕所謂雅正，錢基博先生論之「心思緻密，言不苟出，用字必質實，勿纖巧；造語必渾重，勿弔詭；寫景不虛造，敘事無溢辭；用典必精切，不泛引，不鬥湊；立意必已出，毋襲故，毋阿世；稱心而出，意不求工；刊落纖濃，寧質勿綺；雖以風致見勝處，亦隱含嚴重之神，不剗滑，其生平宗旨，取平正坦直」，可爲注腳。見錢基博：《現代中國文學史》，嶽麓書社，2010 年版，第 238 頁。

〔註 16〕鄭孝胥認爲「世事萬變，紛擾於外，心緒百態，騰沸於内，宮商不調而不能已於聲，吐屬不巧而不能已於辭。若是者，吾固知其有乖於清也；思之來也無端，則斷如復斷，亂如復亂者，惡能使之盡合？興之發也匪定，則儵忽無見，惝恍無聞者，惡能責以有說？若是者，吾固知其不期於切也。並世而有此作，吾安得謂之非眞詩也哉」。

〔註 17〕通過比較可知，樊山的論點應直接導源於《隨園詩話》卷十四「選家選近人之詩，有七病」條之前三病「凡人全集，各有精神，必通觀之，方可定去取；倘捃摭一二，並非其人應選之詩，管窺蠡測，一病也。《三百篇》中，貞淫正變，無所不包；今就一人見解之小，而欲該群才之大，於各家門戶源流，並未探討，以己履爲式，而削他人之足以就之，二病也。分唐界宋，抱杜尊韓，附會大家門面，而不能判別眞僞，採擷精華：三病也」。

出現過，如認爲「樊詩似陳雲伯、楊蓉裳、荔裳。而樊山自言，少喜隨園，長喜甌北」；又如只選「樊山往來贈答與豔體之作」〔註18〕，所以樊的回應似有所指。

端午日，樊增祥與王仁東過訪沈曾植：

> 午日卓午見王猛，長安舊雨今逸遺。當年宣南數晨夕，李袁王盛若連枝。生天成佛彼何幸，吾三人者丁此時。只令五倫廢君父，獨留朋友相扶持。晨星落落此數子，斯文九鼎懸一絲。含風不賜杜陵葛，並日一食西山薇。且將角黍擲海水，溯江而上餉湘累〔註19〕。

故舊者僅存此三老。夏至後一日樊增祥答沈曾植、陳三立云：

> 夷場十里乾淨土，衣冠於此存孑遺。衣穿迤恤孤縶緯，三日新婦深閉帷。凝神苦吟萬事屏，尩羸不墜承蜩枝。……今之乘堅策肥者，昨日不免卑田悲。儉人莫犯閣丘曉，武夫並少僕固懷。餌菊我慕陸天隨，愛蓮君是周敦頤。與世無爭人無忤，所蓄一寓之於詩〔註20〕。

自表清白高節，嘲笑民國權貴，但又不敢得罪，只能以詩避世。

辮子去留在遺民圈中是一個非常敏感的話題，象徵入民後的政治立場，留辮者或表示忠於前朝，或不贊同共和之意〔註21〕，所以易順鼎入都所作《告剪髮詩》，刺激了遺民的神經。于式枚以迴護口吻，特作詩四首補正其失「易五此詩，但述遭際坎坷，及先後中外諸臣民誤國害人罪狀，曾無一語詆及本朝，心跡固可諒也」；陳三立評曰「噴薄出之，讀之能令人笑，亦令人哭」；梁鼎芬評曰「光芒萬丈」；葉昌熾則曰「賈生痛哭無此激切，禰衡摻撾亦無此淋漓痛快」〔註22〕。後來他又作《不剪髮詩》（原詩未見），表示一種進退維谷的彷徨：當民國政府推行剪辮令時，他「甘違禁令逾半載，時時護

〔註18〕 陳衍曾以戲謔口吻問樊增祥「猶作豔詩否」，令其不悅，只說「越宿自視，亦當不知所謂」，見樊增祥著，涂小馬、陳宇俊校點：《樊樊山詩集》，上海古籍出版社，2004 年版，第 1853 頁《無題八首》小序。

〔註19〕 樊增祥著，涂小馬、陳宇俊校點：《樊樊山詩集》，上海古籍出版社，2004 年版，第 1775 頁。

〔註20〕 樊增祥著，涂小馬、陳宇俊校點：《樊樊山詩集》，上海古籍出版社，2004 年版，第 1776 頁。

〔註21〕 前者如海上遺老，後者如嚴復。

〔註22〕 各家評說，見易順鼎著，王飆校點：《琴志樓詩集》，第 1206 頁，及范志鵬著：《易順鼎年譜長編》，華東師範大學 2013 屆博士學文論文，第 320 頁。

惜深掩藏。有時欲作頭陀服，有時欲改道士裝」，但又深恐別人笑他忠於一家一姓，於是「今朝決計便剪去」；當即將付諸行動時，他似乎又猶豫了，於是又以不剪髮相標榜。如此糾結反覆，足見內心煎熬。

　　樊增祥以所謂「毛箋鄭注」之法來解讀易順鼎的行爲〔註23〕，卻用謔語將「忠於清」的嚴肅命題調侃成「順於妾」的私房話語，看似荒誕不經，實際主張已明：首句「九鼎一髮孰輕重，去留曾不關癢痛」的反問，就將留髮與社稷聯繫起來，表示認同遺民立場，但他又不徑言，故作曲解，或許在有意消解敏感的意味。

　　六月初二，王闓運作書問訊避地諸子，首者便爲樊增祥，又有李瑞清、沈曾植、陳夔龍、瞿鴻禨、俞仲隅、余誠格、左孝同、趙渭卿、陳三立、易順鼎、岑春蓂、袁樹勳、沈秉堃等，由此亦可睹在滬遺民之概觀。

　　重陽節，釋敬安招樊增祥、陳三立、熊希齡等於靜安寺作重陽會「十洲浩浩蟲沙劫，如此人天作道場」〔註24〕，孰料竟成絕響；十月初二，法師在北京法源寺圓寂。

　　十月初三，樊增祥招楊士琦（杏城）、梁鼎芬、陳三立、易順鼎、楊士晟（蔚霞）、楊鍾義等十一人集茶仙亭作詩鐘之戲。士琦是北洋要員，而非文場中人，樊邀其列席，是否有交通京城消息的用意，或是楊主動接近各位遺老，以探其虛實。席間樊聲聲表示「王陽不慮黃金盡，自酌鸞杯自賀貧」；易則嗟歎「食單茶具還精絕，應笑東坡畠飯貧」。次年初，順鼎進京依士琦幕，樊山則婉拒不就：

　　　　依然癸丑永和年，催起嘉賓幕裏眠。天定猶當與天競，人才難
　　得有人憐公待石甫極厚。從他瓦缶雷音沸，還我金甌國勢堅。春夜新
　　宮無夢到，蒼龍溪上憶山玄。

　　十二月十七日王闓運至上海，樊增祥坐小艇迎迓，上船談至夜半，作《喜湘綺至滬》四首〔註25〕；次日偕陳三立等訪王闓運，邀至愚園聚飲〔註26〕，

〔註23〕原詩見易順鼎著，涂小馬、陳宇俊校點：《樊樊山詩集》，上海古籍出版社，2004年版，第1778頁。
〔註24〕同上，第1834頁。
〔註25〕同上，第1855頁。
〔註26〕陳三立：《湘綺丈蒞滬越旦爲東坡生日親舊送迎集愚園張宴紀以此詩》，見陳三立著，李開軍校點：《散原詩文集》，上海古籍出版社，2003年版，第345頁。

又至酌雅樓與瞿鴻禨、沈曾植、吳慶坻、曾廣鈞〔註27〕等同集。諸君皆勸王留滬度歲，遂暫住瞿宅，與樊廬對面而居。

遺民紛紛讚揚王闓運不仕新朝的態度「節物固不異，睠焉同素心」，其實他的行藏頗多反覆。據《湘綺樓日記》自述，十一月十六日，譚延闓遣秘書官黎承福送公文，謂袁世凱請其入掌國史館，將在北京親迎之，以示優禮。王並未謝絕，而以「正欲送女北行，怯於盤纏」之由欣然應之；但當聽聞有人為阻其北上而欲以炸彈恐嚇，亦有人投詩以莽大夫相規時，他又不怒反喜「誠為愛我」，認為這些都是警告他謹守晚節的善舉。廿九宋教仁來訪後，他的態度由「決計北上」轉向「南北未決」，即樊增祥所謂「誰使北遊狂獮歡，終憐南向鷓鴣啼」，馬積高先生分析「宋及其黨人雖尚擁袁，然正積極活動，策劃責任內閣，限制袁之權力，疑其來見湘綺，除談史事外，亦於北京政治形勢略有暗示」〔註28〕，使王闓運感到袁世凱地位不穩。總之，由於外界輿論壓力及對時局的審度，迫使（或說促使）王闓運最終選擇東行上海，從而保住了遺民的「資格」。

民國二年正月初五，樊增祥招王闓運等宴集樊園，座中皆遺老，限三江韻分題賦詩；人日陳三立作東，又集樊園探梅，限三肴韻再賦，《湘綺樓日記》載一插曲「中有吳騙闖席，樊山徑入，乃失意而去」。

十日王闓運得孔孟會證書「推我品行，告以不端；又欲要樊、瞿，告以無用」〔註29〕，這裡應指民元八月二十七日（相傳為孔子誕辰）成立於上海的全國孔教總會，當時欲邀樊增祥、瞿鴻禨入會，或借助二人在遺民中之威望，但「不端」、「無用」之說是推脫遁詞還是真實評價，因王闓運常作詼詭之論而顯得模棱兩可。

孔教風潮是由浸濡於傳統的遺民，在民國廢除尊孔後，欲重張儒學大旗，解決鼎革之際信仰危機和文化失語而發起的運動：

> 海宇今多難，以慈雲衛之。萬流基定命，五運警將衰。象教同先覺，麟經發古悲。觀型圖仕女，留與話霜髭〔註30〕。

〔註27〕獨曾廣鈞以為「史不可減，何以謝為，漫遊北京有何不可」，鼓勵王北上。

〔註28〕王闓運著，馬積高箋注：《湘綺樓未刻詩》，《湘綺樓詩文集》第四冊，嶽麓書社，2008 年版，第 606 頁。

〔註29〕王闓運著：《湘綺樓日記》，嶽麓書社，1997 年版，總第 3224 頁。

〔註30〕陳三立：《尚賢堂歡迎湘綺丈雅集即事》，見陳三立著，李開軍校點：《散原詩文集》，上海古籍出版社，2003 年版，第 346 頁。

如在康有為授意下，陳煥章、麥孟華等人，與在滬遺民沈曾植、陳三立、梁鼎芬等謀劃創立的孔教會，以及與之幾乎同時發起的鄭孝胥、王仁東、沈瑜慶、林開謩等人開辦的「讀經會」（民元六月初二始），徐紹楨主持的昌明禮教社之扶風月報〔註31〕（創始於民國元年三月）等。這些復古活動不宜簡單的以頑固守舊而一概抹殺，應考察其出於政治或學術的不同動機：簡而言之，此類組織或是與共和政體分庭抗禮；或是希望儒學意識形態化，藉此重返精神領袖地位，進而躋身權力核心；或確有挽救國學瀕危的衷心，儒學是他們的生命價值，也是他們失卻權力後唯一的文化資本〔註32〕。孔教會在當時影響最大，他們標舉「昌明孔教，救濟社會」宗旨，試圖仿傚西方啟蒙運動之後政教分離的方式，將儒家教會化，為失去制度性支撐的儒家尋求一種超越於現實的權力，而對社會秩序和國民道德發生實質性作用〔註33〕，並且寫入憲法，立為國教。

　　孔教會名義上以講習學問為主，定有學規課程，內容以「宗祀孔子以配上帝，誦讀經傳以學聖人。敷教在寬，借文字語言以傳佈；有教無類，合釋老耶回而同歸」〔註34〕。可見經過康陳改造的孔教，並非純粹儒學的「原教旨」，而是綜彙了中西各教之長；孔子也超越諸教之祖，成萬事不祧之教主，其實仍延續了託古改制的思路。王闓運治公羊春秋學，與康門學術有聲氣相通之處，且年輩既尊，久稱宿儒，故被招致麾下；樊增祥向不以學術見長，且其受教於李慈銘與張之洞，偏於訓詁考據，所以雖然孔教會有破除今古、漢宋的門戶畛域，悉數保存儒家經典的主張，但其微言大義的祈向，仍非樊可勝任，所謂「不能」或自於此。

　　當時部分西人也支持孔教會活動，如美國傳教士李佳白為呼籲明定孔教為國教而積極奔走，利用其在上海創辦的尚賢堂，為宣講孔教提供場所。王闓運剛抵滬，就受邀講學「尚賢堂裏微言在，夷狄猶知世有君」，中西學

者聚於一堂「比肩百世士，攜手四洲人。道論無畦畛，天倪見智仁」。這些西儒長期在華，對中國傳統文化已有較深接觸，又大多出身傳教士，所以多從宗教觀角度立論，認同孔教創立的必要性和正當性〔註 35〕，並且主張儒釋耶結合，李佳白創立中外教務聯合會，即配合孔教實現本土化與世界化的大同。

　　正月廿一日王闓運將返湘，樊增祥、沈曾植各贈湘綺二百元，並有送行詩：

> 雲堂來去無常住，史館空虛要作家。見說安車徵濟北，未應惜誦返長沙。海濱揮手青藜杖，天下傷心白柰花時隆裕新逝。省識相公家國恨，不堪折柳向天涯。

王闓運滬上之行，通過與故友的詩酒唱和，其實也有商榷時局以決出處的意圖，多數舊人希望他以士林領袖身份，為勝朝遺老表率，勸阻他不要北上附袁「興廢至人安若命，去來濁世道能肥」〔註 36〕。

　　民元，樊增祥在徐園東南「賃茲三畝園，堪入十洲畫」，安心做起寓公，在《夏日園居雜詩》寫道：

> 久以官為苦，乞歸輒見留。一朝兵事起，乃與國同休。避地居海濱，庶幾桃林牛。奈何桑梓誼，絡繹繡幣求。老馬一把骨，黃金絡其頭。信使十餘輩，著身如漆髹。寧無知己感，意重難為酬。離鄉四十年，城郭非舊遊。後起誠多才，無奈一面謀。此亦何等時，而冀桑榆收。再拜謝軍府，衰年乏遠猷。我亦非夷齊，我亦非伊周。惟聞堯舜世，其下有巢由。

> 旅居三十口，坐食清俸餘。親知為我愁，食盡當何如。能貴不能貧，豈是士大夫？幸未及溝壑，聊當謀自娛。有書五十箱，萬里轉舟車。地狹不敢開，開即充我閭。揚州書販至，緗縹百許廚。別無精善本，只便學堂儲。選留數十種，三百墨西銖。譬有積倉糧，而又糶米珠。知者謂我達，不知謂我愚。大字寫書面，小字寫書趺。夜夜青燈下，流汗沾肌膚。

> 四旁多麥地，比戶勤耕作。一聲婆餅焦，新麵已受磨。囊盛百

〔註 35〕 見《孔教論》李佳白、李提摩太、費禮賢等序，出自陳煥章著：《孔教論》，見《民國叢書》第四編第二冊，上海書店出版社，1992 年版，第 1～6 頁。

〔註 36〕 《送別湘綺丈還山》，見陳三立著，李開軍校點：《散原詩文集》，上海古籍出版社，2003 年版，第 350 頁。

勸雪，鹽飴聽徒和。水引雙蝶飛齊高帝食水引麵，名蝴蝶麵，餅蒸十字破。孫曾盈我前，人得三五個。小同月始彌，乳罷搖籃臥。老荊喜含飴，弄孫爲日課。茶試老人泉，酒熱小娘糯。舉家雖流離，口福亦云大。奈何我部民，百萬黔桑餓。

　　小女泥我側，盍觀蝴蝶杯劇名。欣然命車往，兒女孫與偕。入座具茶果，接席繁巾釵。千燈紫電發，萬扇清風回。雲青持槳出，歌泣一何哀是劇以漁人女爲正腳，雲青主之。描摹孝義俠，頗見情與才。自我觀此劇，二十年以來。梨園如積薪，後者爲之魁己丑年見鳳齡演此劇，不及雲青。歸與病婦言，燈前一笑咍。世之富貴兒，嬌若花含胎。深居且憚暑，敢近歌舞臺。不圖七十翁，酣嬉猶童孩〔註37〕。

以極淺近的語言，勾勒退處優游的場景，即使坐食餘俸，以鬻字自活，也無意出山，而以娛老爲計「第一莫如吟，第二莫如睡。清談居第三，顧曲則第四。勞勞五十年，今始得無事。縱有閒中忙，不損定中慧。有事無事閒，殖我養生地」；又借筆墨遣懷：

　　芙蓉粉養紙，硫磺酒養筆。綾文蓋養硯，豹皮囊養墨。酒以舒其毫，粉以保其色。綾以隔其塵，皮以遠其濕。養汝即自養，周旋竟日夕。懌悅我性情，發揮我鬱積。增益我神智，慰安我孤寂。不酒可無愁，不藥可無疾。不花自有香，不官自有職若管城子，即墨侯之屬。供養煙雲間，惟四君子力。可好斯好之，吾亦有少癖。平生師兼愛，四友皆莫逆。活潑養吾心，澹靜養吾德。豈惟養我身，兼以悅我客。光祿五君詠，竹林已成跡。支公十處士，首列床枕席。皆不若四友，秉資貞且吉。無貴賤貧富，歡然各相得。未識面而思，不開徑而益。相見睟盤中，至於臨老日。巾車與畫船，與我共遊息。花縣與玉堂，與我爲逑匹。道咸及光宣，與我同閱歷。得心始相應，思誤亦一適。凡我所發明，皆從四子出。今者老虞卿，閉門專著述。四子從吾遊，抵三千七十。磅礡乎我前，奔走乎我側。運思若神助，脫腕若電掣。計詩當盈萬，論年已過百。斯爲耐久朋，歲寒見松柏。世世萬子孫，勿改巾箱業〔註38〕。

〔註37〕樊增祥著，涂小馬、陳宇俊校點：《樊樊山詩集》，上海古籍出版社，2004年版，第1759～1761頁。

〔註38〕樊增祥著，涂小馬、陳宇俊校點：《樊樊山詩集》，上海古籍出版社，2004年版，第1758頁。

但他自稱並非夷齊之類「遺民」，而只願作巢由式的「逸民」〔註39〕，當時湖北議會公推樊增祥爲湖北民政廳長，湖北都督黎元洪曾遣代表赴滬一再禮聘（劉成禺亦爲軍政府邀請樊山代表之一，後來他將此事記入《世載堂雜憶》），但他堅辭不就，《新語林》記「黎黃陂促樊雲門赴鄂省長任，樊請寬限三月，黎再催曰『微論九十春光，視陰不及，即此一日三秋，已不勝東山蒼生之慕』」〔註40〕。《申報》曾連續數月跟進此事，4月6日刊《樊雲門可以出而仕矣》：

> 鄂省各司長皆新進少年，難饜眾望，黎副總統欲起用老成名宿，借資表率。前曾電聘前清寧藩樊增祥回鄂爲内務長，以期全省民政之整飭。乃樊君以姚晉圻、徐撫宸輩均未出山，亦辭不就職。經黎公殷勤勸駕，至再至三，情實難卻，不得已覆書謂精神頹唐，只能就顧問之職，如蒙委任，即束裝旋鄂，黎公以樊既願俯就顧問，不難強之使任司長。昨又電致上海新聞路二十七號樊之寓邸，促其速整歸鞭矣。

黎元洪敦促電文約有十數通，未果遂懇請臨時大總統下令委任：

> 樊君宏才卓識，海內同欽，值此政體初定，端賴英賢共擔義務，誼關鄉梓，可以坐鎮，職極清華，尤資峻望，務希代致敦勸之忱摯，事維繫情殷，想已繡玉載道〔註41〕。

袁世凱致電樊增祥：

> 屢誦來電，詞意堅確，自愧誠悃，未能回動名賢之意，然爲國計，不能不望執事之翻□而起，軍興半載，民牧之權並於軍吏，六朝方州、晚唐鎮帥履霜有漸，水深火熱幾於萬挽。黎副總統獨見其大，首先倡導，徙薪曲突，固謝民政以屬執事，此誠中國之福，執事學術，抑揚賈董，舉世所欽，庚辛之間屢興大謀，功在生靈而人莫識出其餘緒，以治關中，即款集事，舉民無勞怨，召杜韓范，蓋曰一人。屈指當時，殆無儔對。陶侃督荊，必資溫嶠，允文參樞，

〔註39〕關於「遺」與「逸」之辨，趙園先生曾有明確界説，要之「遺民」是在興廢之際，自視爲前朝之所遺者；「逸民」則是懷抱道德，不同於世者，換言之，「逸民」不以易代爲限，詳細申説見趙園：《明清之際士大夫研究》，北京大學出版社，1999年版，第257～269頁。

〔註40〕陳贛一：《新語林》卷二，上海書店出版社，1997年版，第19頁。

〔註41〕《申報》1912年4月17日文。

特推張栻，鄂於全國實爲中權，鄂民而安，區夏自理。玄纁束帛，敢瀆再三，南望滬江，拳拳無已。爲民造福，爲國延期，執事之名，斯爲不朽〔註42〕。

但樊增祥仍不從命。5月16日《申報》文：

臨時大總統命令，前已任命樊增祥爲湖北民政長，並迭經電催赴任。茲準黎副總統函稱，該員蒞任尚無確期，湖北縮轂中原，地方重要，現又當議分軍政、軍政之始，規劃建設端緒殷繁，正賴得人；而理改員通才碩望，學識冠時，勤政愛民，夙著績效，亟應催令迅速赴任，以重民治，其未到任以前，任命劉心源暫行署理。

6月9日，黎元洪致電關炯之勸駕樊增祥歸鄂，6月11日關回電：

頃謁樊山，據云中央兩次委任，皆以老辭，感荷隆情，預備顧問，囑爲代達。樊山雖老，風義重於侯嬴，或備異日信陵之用，我公虛懷好客，人望所歸，暫駐蒲輪，以全高節，想中原麟鳳，終遊大匠之門矣。

同日《申報》刊文《湖北民政長缺員》：

副總統前因樊增祥君意存觀望，不肯即到湖北民政長之任，乃請袁大總統暫以劉心源署理，俟軍民分治，粗有頭緒，樊氏或樂俯就，亦未可知。劉君因黎公隆情厚意，願爲桑梓造福，已允暫爲其難，正擬擇日視事。詎同盟會中人大爲反對，謂劉係臨時議會議長，今總民政，未免立法與行政混合，咸不承認。劉意以民政長一職不過暫爲代庖，若辭去議長，則成永久擔任民政，輿論既不以舉人代理議長爲然，某會又反對甚烈，故頓改初衷，亦辭不肯到民政長任。昨黎公乃再電催促樊氏迅速返鄂，聞已得覆，詞意甚堅決，略謂屢蒙寵召，愧感莫名，但衰病之軀，不克膺茲重任，已將委任狀璧還袁大總統，並附政見書一通，聊獻芻蕘。茲另鈔一份呈鑒，聞其書洋洋數千言，皆現今救國良謨云。

6月20日再發評論：

吾鄂老成碩望非不多，而富有舊學新知、政治經驗者實難其選，聞黎公偏重於老成一方面，恐不宜於現今革新時代，倘樊山、幼老肯就職，吾輩備極歡迎，若再委任他人，斷難勝此重任。

〔註42〕陸純編：《袁大總統書牘彙編》，臺北文海出版社版，第245頁。

　　7月19日,《申報》稱「樊山前呈辭職,僅允遙備鄂中顧問,將任命狀寄橄,勢難挽回」,至此樊增祥始終未應湖北民政長〔註43〕之職。民元黎元洪提出各省軍民分治主張,迎合了袁世凱地方分權而中央集權的心意,湖北作為辛亥首義,其示範效應明顯,所以袁極力促成;樊之任命由湖北議會選舉產生,並經黎反覆曉諭,就是看中其年望資歷與地方經驗,而樊之請辭恐有幾重顧慮,一來在遺民中的反響〔註44〕,二來時局尚不明朗,從中央到地方,黨派、新舊之爭關係錯綜複雜「是時民黨方用事,議會跋扈,官吏至不易為,宜其堅辭矣」〔註45〕,抱有觀望態度。

　　當時袁世凱還有意讓樊增祥出任國史館長:

>　　民國國史館已告成立,該館官制草案業已由法制院編訂,不久即當公佈。館長一席,章炳麟本屬首選,刻以章氏落落寡合,政府中人多不喜之,而章亦不甚願就。袁總統以樊增祥固辭鄂民政長,擬召其來京,畀以斯席。緣樊本以文學見長,為袁大總統在軍機時之舊識,近日樊又特上一書,於總統洋洋萬言,頗自衒其史學,蓋亦不著跡之運動也〔註46〕。

並在7月24日國務院題名內閣成員名單時,擬樊增祥出任農林部長。最終,袁世凱決定讓樊增祥充總統顧問:

>　　樊雲門前辭鄂民政長時曾有願任顧問之說,茲聞袁大總統以樊氏老成持重,吏治尤擅專長,既願備位諮詢,自非甘老林下者所可比,意欲畀以要職,恐不樂俯就,昨特派秘書赴滬延聘顧問委任狀,並面謁慰問病狀如何,若以病痤,即邀與偕往京師商議要政,然後再授以職,俾免推辭云〔註47〕。

樊增祥均堅辭不就,但又留有餘地,老謀深算的袁世凱也看出他並非堅定的遺民,為日後極力羅致提供了可能。樊山也確未如詩中標榜的那麼安分,據說他在民元就曾給袁世凱致信,反對官吏自稱曰「僕」,又謂民國宜有五等之

〔註43〕民政長為一省行政長官,但權限終不及都督,而仍須聽命。見陳明:《集權與分權:民國元年的軍民分治之爭》,《學術研究》2011年第9期,第116～127頁。

〔註44〕如劉成禺《遁臣爭印》中所言,如果樊赴鄂,就應將當年所攜之印交出,故事不一定真實,但可見遺民之心結。

〔註45〕王森然:《近代名家評傳》(二集),生活‧讀書‧新知三聯書店,1998年版,第3頁。

〔註46〕1912年6月13日《申報》刊文《樊山將充國史館長》。

〔註47〕9月18日《申報》刊文《大總統慰問樊山》。

爵〔註48〕，說明他並不排斥民國，也不疾視袁世凱；而民國肇始，百廢待興，政府望治心切，亟盼用人之際，對遺老的殷勤召喚，既是一體視之的表現，以此安穩老輩，也是過度時代的表徵，行政新舊摻雜。無論內情如何，樊山這次屢召不出的節操贏得了海上遺民的信任和讚譽「咸稱其高尚」，得以在這個圈子裏更加從容地棲居。

民元臘月，樊增祥賃下今靜安路一帶的絜園爲在滬的第二處寓所「所到園林即爲主，若須吾有定何年」：

> 賃居辛園旁，忽忽已經歲。譬彼幽谷鶯，常爲改柯計。此宅固
> 不惡，新堂美十倍。樓屋四十間，金迷紙復醉。既有高下殊，能勿
> 彼此易。脂車臨當發，回顧轉淒戾。砌草與庭花，如含惜別意。萬
> 物各有情，所悲在離棄。我馬亦踟躕，柳邊嘶再四〔註49〕。

基調發生著微妙的變化，「改柯」一語雙關，不再高吟安貧樂道，轉而追求華屋美廈，也意味著思想的蛻變；離別時縱有不捨，終抵不住誘惑前行。但這些自白此時仍只是潛臺詞，而新宅儼然成爲遺老聚會的首選地「更開超然社，濟濟多嘉賓」；當時王闓運在滬，遂親題「樊園」匾額，當有希望其安生長住之意。

民國二年正月十二，吳慶坻招眾人集樊園觀北周都督寫經本，適聞湘鄂戒嚴：

> 敦煌有石室，厥地近允街。藏書過千齡，蔚若群玉厓。去歲忽
> 啓鑰，貫胡卷而懷。寫經數百種，一種歸南齋。北周建德年，字不
> 訛別淮。吐知其氏族，都督其勳階。爲七世父母，上報德靡涯。嗟
> 比武夫耳，日負弓箭靫。佞佛未宜責，返本固已佳。今之呫嗶者，
> 及貴化梟豺。罔知君與父，自尊同井蛙。其生也空桑，其死也大槐。
> 汝固不足惜，奈何累吾儕〔註50〕。

前十韻尚在考證古物；後四韻借古諷今，針對譚延闓、胡漢民抵制袁世凱的企圖，樊增祥視爲犯上作亂，無疑變相默認了自己的民國身份。

正月十七，隆裕太后去世，樊增祥作挽詩：

〔註48〕臺灣中華書局編輯部編：《袁世凱竊國記》，東方出版社，2008 年版，第 152 頁。
〔註49〕樊增祥著，涂小馬、陳宇俊校點：《樊樊山詩集》，上海古籍出版社，2004 年版，第 1764 頁。
〔註50〕同上。

才聞嘉節慶長春，俄見軒星隕紫宸。正月宮花齊縞素，前車禪

草斷絲綸自遜位後無制語。黃泉見帝詢宣統，彤史稱天謚孝仁。二十

五年天下母，遺容猶是洛川神。

長秋始建佇從姑，椒寢無恩逮翟褕。積雪今年悲鶴語後賓天陰晦

累日，繼以大雪。占星一世作鸞孤。移宮漫陟瓊華島，投璽先亡赤伏

符。富貴終須憂患裏，傷心從古后妃無〔註51〕。

而沈曾植《挽辭》則云：

華蓋淒無色，齊州黯不春。雪寒聞鵲語，地老泣蟲人。無分陪

臨位，超遙望帝晨。空傳朝夕奠，窮海蟄孤臣。

新室符言改，梁臺詁令存。九州還揖讓，十世厄艱屯。淚隕金

雞鑄，襦連玉不溫。壽原鏦楚挽，機空許誰論？

旌識更賓館，邦憂在簡書。豈無觀魯宋，莫更闋金車。漢正登

遐日，商家亮闇廬。遙傳眞令語，淒斷受遺初。

湘浦龍輴駕，蒼梧象齮長。霜嚴回七萃，雨泣遍諸方。密記留

長御，飛魂屬挽郎。原陵長闋絕，天地一悲涼〔註52〕。

兩相對讀，立場判別。樊對隆裕的讚譽首先就在禪讓之功，並於退位後謹守
承諾，不再預政；沈則無法接受民國代清而立的治統變遷，如今勝朝的主要
象徵已逝，更加如喪考妣，孤臣泣淚「王澤既窮，三川遂竭」。

一二月間，瞿鴻機發起超社，樊增祥作《超然吟社第一集致同人啓》：

孫卿氏曰：其爲人也多暇日者，其出人不遠矣。吾屬海上寓公，

殷墟黎老，因蹉跎而得壽，求自在以偷閒。本乏出人頭地之思，而

惟廢我嘯歌是懼。此超然吟社所由立也。先是止菴相國致政歸田，

築超覽樓於長沙。今者公爲晉公，客皆劉白，超然之義，取諸超覽。

人生多事則思閒暇，無事又苦岑寥。閉戶著書者，少朋簪之樂；征

逐酒食者，罕風雅之致。惟茲吟社，略仿月泉，友有十人，月凡再

舉。晝夜兼卜，賓主盡歡。或縱清談，或觀書畫，或作打鐘之戲，

或爲擊缽之吟，即席分題，下期納卷。視眞率之一蔬一肉，適口有

餘；若《禮》經之五飲五羹，取足而止。今卜於二月十二小花朝日，

〔註51〕 同上，第 1867 頁。
〔註52〕 沈曾植著，錢仲聯箋注：《沈曾植詩集校注》，中華書局，2001 年版，第 538
～540 頁。

> 在樊園爲第一集，加未必來，抵亥始散。春在剪刀風裏，柳色初黃；
> 雪消熨斗坪心，草痕微綠。金鯽群遊，聊堪養目；芳梅半落，猶可
> 點心。天廚蘭橘之味，昨夢迷離；小齋檉柏之華，一時心淨。深衣
> 入畫，倏然十竹之清風；一醉無名，特借百花之生日。先期束約，
> 單到書知〔註53〕。

筆者以爲，樊增祥意在凸顯結社的消閒性，以淡化而非強調詩社的遺民性〔註54〕：首先，從後兩句看，「殷虛黎老」之謂落腳點在參加者的年輩上；其次「略仿月泉」，固然有追慕宋末遺民之義，但更著意其徵詩形式〔註55〕；第三由文啓看，詩社爲一純粹文事活動組織，並無謀圖恢復之類政治傾向，成員來去較自由，所以這份文字中的「遺民」只是對參加者身份的一種籠統的界定。

第一次開社，就因追悼隆裕太后展期十天，關於最終日期的確定，還有一段小插曲，沈曾植在給吳慶坻的書信中提到：

> 子展於超社有違言，不欲語樊，再滋口舌，弟於樊山先有諍言，
> 既已改期，不能不略爲辯護，姑以報紙不可盡信爲詞，引輓歌辭，
> 易「大行」字爲「清」字作證（鄙詩由樊山鈔去，然改字亦決樊山
> 也），不意來書誤會至此（可笑而不敢笑也），無從作答，亦不敢再
> 著筆墨（此極無謂）。
>
> 昨以此（指隆裕太后喪期）商樊山，得止菴同意，諒必可展遲
> 數日〔註56〕。

太后薨，屬清臣民應以禮服喪，期間不宜舉行遊宴詩會，且二月十二日北京政府將爲隆裕舉行國民哀悼會，所以在遺民看來，此事關乎君臣本分。王存善（字子展）表現得比較決絕，樊增祥則有些不以爲意，沈曾植折中緩頰，以延期十日開社，避免觸碰脆弱的遺民情結。

二十二日，眾人集樊園開第一集，賞杏花，限東韻賦詩。與會者有樊增

〔註53〕 樊增祥著，涂小馬、陳宇俊校點：《樊樊山詩集》，上海古籍出版社，2004年版，第1982頁。
〔註54〕 朱興和博士曾條分縷析地解讀這份文啓及其遺民意圖，見朱興和：《超社逸社詩人群體研究》，華東師範大學2009屆博士學位論文，第33～36頁。
〔註55〕 可對照施新：《月泉吟社活動形式考》，《浙江社會科學》2007年第二期，第168～169頁。
〔註56〕 許全勝著：《沈曾植年譜長編》，華東師範大學2004屆博士學位論文，第363頁。

祥、沈曾植、瞿鴻機、陳三立、繆荃孫、吳慶坻、吳士鑒、王仁東、沈瑜慶、林開謨、梁鼎芬、周樹模。樊增祥詩云：

> 二月十二哀中宮，更展十日攜吟筇。花朝玉梅落如雨，不如來襯新杏紅。是時春寒已無力，鵝黃柳色迎暄風。貂藏筍不復御，吳棉袍襖襲兩重。少焉裙屐紛來集，合晉七賢梁四公。聯翩入林皆老輩，酣嬉賭跳猶孩童與貽書。佳日佳境聚佳客，薄酒可敵祿萬鍾。清談茗飲半日足，煜煜紫電輝金釭〔註57〕。

極言佳日佳境，但在沈曾植筆下，卻是：

> 海濱十日舶趨風，春寒切骨無饒容。句萌不申天喋痦，列缺失職雲溟濛。術人謬數九執墨，東君未放千華紅。樊園路近慳步屧，病夫墐戶裘蒙戎。尚書春非玉樓鬧，學士燭掃金鑾空。七百年前曲江夢，枉將諍論留談叢。熒熒似聞花歎息，寂寂自閟香瓏璁。樊侯距躍氣尚雄，林逋梅下搴衣從。老夫何妨競兒戲，酌酒正與澆愁胸。嗟余隨行苦鼙鼙，敢希社飲醫喑聾。長箋卷舒無綺語，芳樹徙倚成悲翁。

一則春日暄暖，一則春寒料峭，難道一日之內，氣候不齊？再看繆荃孫云：

> 江南二月披和風，樊園花事春融融。主人好花兼好客，樓臺虛敞閒庭空。黍離麥秀歌慷慨，畫禪書蠹談從容。張燈賭酒足豪放，興酣一往拈詩筒。

瞿鴻機云：

> 春寒不出棲樊籠，花朝十日拋悤悤。窺園尋賞得幽快，一洗霧眼披塵胸。主人健步若飛鞚，我亦忝遊能去筇。移時飽看未忍去，勝友畢至驚相逢。同是貞元一朝士，曲江來往懷前蹤。天涯坐對轉惆悵，徒餘泥雪隨飛鴻。

陳三立詩：

> 孰意離亂匿海澨，重疊花事揩雙瞳。奸凶相斫日大索，天假隙地哀疲癃。耆賢況腹草木疏，各倚彩筆追化工。主人吟對益飛動，一花一句猶難終〔註58〕。

〔註57〕 樊增祥著，涂小馬、陳宇俊校點：《樊樊山詩集》，上海古籍出版社，2004年版，第1785頁。

〔註58〕 沈曾植以下詩見沈曾植著，錢仲聯箋注：《沈曾植詩集校注》，中華書局，2001年版，第552～556頁。

似乎當日確是風和景明，並無愁雲慘淡，可見是個人心境陰晴所致。樊湎於嬉樂，沈則溺於悲戚，兩人迥異其趣，又與瞿軍機談及舊事，更添朝政不可聞之慨；陳詩所謂奸凶，或指不久前發生的宋教仁遇刺案，亦可見其對民國各派之態度。眾人筆下的樊山，輕健若頑童，與當時「國破主亡」的整體壓抑氛圍頗為不合。

三月初三，樊園超社第二集，用杜詩麗人行韻，樊增祥作序：

> 歲在癸丑，三月三日，超然吟社諸公，仿蘭亭修禊事，集於樊園。止菴相公，夙戒庖廚，命嘯儔侶。芳晨既屆，嘉賓徐來，相公分題試客，即事成章，既軌曲江之遊，式遵麗人之韻。乙菴則謂事同王謝，故當詩仿蘭亭，爰約同人，各賦五言七古詩二首，一人兩詩，亦蘭亭例也。臨河之敘，以屬不才。竊謂今日之會，與蘭亭同之者三，異之者四，勝之者一。東晉人物，標映江左，群幅白練，動墨成花，麈柄玉光，與手同素。今也衣皆鶴氅，帽盡高簷，致兼風雅，堪入龍眠之圖；地遠塵囂，有似烏衣之巷。而況風流宰相，方駕東山；提學父子，追蹤羲獻，此一同也。

> 蘭亭圖中，殊形異態，隔竹而安筆硯，據茵而整衣冠，俯玩遊鵝，仰承墮鵲，臨流捲畫，掃石題詩，執筆欲下，褰茂袒衣，流杯既盈，後綿酩酊。今也線裝在手，錦韜隨身，寫經則《道德》五千，小說亦《虞初》九百，開簾放燕，臨水觀魚。高齋擊缽，則墨灑羅箋；小徑穿花，則粉沾巾幀。斯文雅近南朝，此酒何殊曲水，此二同也。

> 逸少敘曰「天朗氣清，惠風和暢」，雖復秋景入春，見遺於蕭選，而時晴為快，最宜於禊遊。今也宿雨新霽，春陰甚薄，松露滴衣而微潤，柳風吹面而不寒，西亭舉酒，非典午之夕陽；東塾圍棋，得謝家之風氣。而況感知迭嬗，先後同符，既文章氣誼之相孚，更年月日時之無異，此三同也。

> 夫以韶華百五，天下皆同，巖壑萬千，山陰所獨，蘭亭登高望遠，全收禹穴之山川；俯唱遙吟，盡有鑒湖之風月。樊園千弓拓地，萬木成林，檉柏新淨而有餘，澗壑蒼深則不足。吳淞之江一半，有水而無山；碧桃之壽三千，多花而少竹。右軍不如我，在金粉之樓臺；我不如右軍，在青綠之山水，此一異也。

蘭亭之會，四十二人，超社聯吟，才得十二。而伯嚴在南，濤園在北，今日之集，近比西泠之才子，遠同北郭之詩人。著十芹之論，寫蠶紙而難盈；題十竹之齋，望茂林而興歎。以言乎結納，何今嚴而昔寬；以言乎性情，似彼通而我介，此二異也。

永和癸丑，年號昭然，首題第九之春，式著紀元之義。今也伊耆揖讓，周召共和，義熙甲子，紀年僅出私家；德祐詩歌，撰集只憑遺老。湔裙銀河之水，天上何年；採藍楚澤之濱，人間幾世。意者斷自前朝宣統之初，不落炎漢文景以後乎？此三異也。

往者王謝之遊，屬當平世，雖復五湖雲擾，寧妨二老風流。其時王敦蘇峻，世難已夷，鏡水稽山，春光可戀。故安石非甚矯情，義之卒當樂死。今者九夷卜宅，三島接鄰，雖鼓吹之盛，無憾於藍田；而聲淚之驚，有甚於泚水。安上門外，尚掛流民之圖；太史書中，將添刺客之傳。是何景象，聊此祓除，此四異也。

夫王謝尚矣，興公次之，自餘諸子，大半無聞。曳白一十六人，殺青三十七首，四言同於榮菖，五字異於河梁，扣木得音，嚼蠟寡味。超社同人，最多尊宿：相國英絕領袖，爲今晉公。乙庵體包漢唐，義兼經子。藝風抗聲於白傅，散原振才於西江。琅琊弟兄，憖遺一個；延陵父子，奕葉重光。京兆翰林，標八閩之俊；中丞給諫，翹三楚之英。僕雖無似，而豎義常豐，述情必顯，竊附諸公之末，微有一日之長。以今方昔，自謂過之，此一勝也〔註59〕。

躬逢蘭亭修禊後的第二十七個癸丑上巳（353～1913），樊山在序中臚列諸多異同，其中三、四兩異可窺其遺民情懷。眾所周知，民國採用公曆紀年，而遺民多仍襲農曆干支法，更極端者則沿用宣統年號，樊所言「前朝」，表示他已承認易代；昔日之太平與今日之動蕩大異其趣，以致回歸了修禊禳災之本義〔註60〕。他在詩中道：

〔註59〕 樊增祥著，涂小馬、陳宇俊校點：《樊樊山詩集》，上海古籍出版社，2004 年版，第 1977～1980 頁。

〔註60〕 有一種觀點認爲，癸丑詠懷，永和年事自爲導源，但又非僅據彼，而是含有讖緯之意，即逢此干支多難，有清康熙朝癸丑有三藩之亂，乾隆朝癸丑有白蓮教起義，咸豐朝癸丑有太平天國，入民國癸丑興二次革命。見羅惠縉：《清末民初遺民話語系統的文化解析》，《廣西社會科學》2007 年第 8 期，第 114 頁。

樊園碧桃開作花中九苞鳳，樊園賓客並是人中獨角麟。問花有
何好，美女穠點胭脂唇。問人定何似，絳縣疑年亥六身。人不分無
著與天親，花不識炎漢與暴秦。有人欲釣滄海巨鼇黃金鱗，千百不
義丈夫爲餌，萬丈長虹爲絲綸。吾輩無爭無忤超出軟紅十丈塵，花
裏行廚羅列五國間八珍。不知天上之水有九曲，海上之山有三神。
欲舉傅變自有南陽之范津，倘拒安史自有睢陽之張巡。眼前花如錦
草如茵，採蘭未已復採蘋。今日之風襲我衣，昨日之雨墊我巾。君
不見右軍之樂樂在敘天倫，及時行樂勿將兒輩瞋〔註61〕。

沈曾植詩有句：

昔偕紫芝逃嬴秦，武陵路絕波鱗鱗。不知魏晉是何世，或有卞
鮑蹲垂綸。題卷豈非天祐歲，正冠不墊林宗巾。酒狂忽發歌絕倫，
起捋花須花不瞋。

瞿鴻機詩句云：

誰言王風變離黍，空報遺經傷獲麟。略如新亭藉草坐，舉目那
堪酒入唇。過江山色秀未改，風景依然清淨身……見彈求炙太早計，
昆明黑灰餘劫塵。樊山火速更豪快，飛將旗鼓驚如神。人生到處皆
迷津，醒狂不待酒數巡。晉代衣冠委蔓草，楚客詞賦褰芳蘋。柴桑
兀傲自心遠，快飲不負頭上巾。

沈瑜慶詩有云：

舊學商量寧反唇，橫流滄海肩一身。凜然大義懷君親，豈有桃
源堪避秦。閒居何人拜路塵，累書卻聘非席珍。舌有風霜筆有神，
皈依焉用疲梁津〔註62〕。

其他如王仁東詩句云「西風怕污元規塵，千金敝帚吾自珍」等；沈曾植又以
天字韻賦五古「樊山五體投地，謂『此眞晉宋人詩，湘綺畢生何曾夢見』，雖
謬讚卻愜鄙懷，其實止用皇疏《川上章》義，引而申之」〔註63〕。詩人們思

〔註61〕樊增祥著，涂小馬、陳宇俊校點：《樊樊山詩集》，上海古籍出版社，2004 年
　　　版，第 1786 頁。
〔註62〕沈曾植語，見沈曾植著，錢仲聯箋注：《沈曾植集校注》，中華書局，2001 年
　　　版，第 557〜561 頁。
〔註63〕沈曾植語，見沈曾植著，錢仲聯箋注：《沈曾植集校注》，中華書局，2001 年
　　　版，第 561 頁。沈曾植在與金甸丞的書信中提出「三關」說，由元祐、元和
　　　上溯至元嘉，第三關之解脫月在「將右軍蘭亭詩與康樂山水詩，打並一氣
　　　讀」，融玄言（莊老道家、支遁佛學、皇疏論語）與山水（謝靈運），實現意、

接千載，所談逸出蘭亭主題，引向桃源情結，以示與民國的隔絕，二沈態度尤其堅決，瞿停留在故國後感傷中，對現實尚未完全接受，並由此暗諷樊的善變。的確樊增祥雖然不屑於「釣巨鼇」，但又盼著能像傅燮遇到范津那樣被人舉薦；末句歸結到及時行樂，放棄了道義的責任，而且默許「遺民不世襲」〔註64〕。同日梁啓超等在北京萬牲園發起癸丑修禊，盛況空前，詩均刊於《庸言》，南北呼應，樊增祥和易順鼎寄詩：

> 宣仁曾此奏詔咸，收也調辛冥適鹽。結綺臨春迎翠輦，金床玉幾列琅函。後宮侍從遊無倦，先帝溫恭口屢緘德宗見孝欽，不敢發聲。居仿龍人開洞戶，地連鮫室起岑嵒。周詢農圃磚移紡地爲農事試驗場，孝欽常教宮人紡線，摘發神奸鼎鑄讒。宮柳放教鶯百囀，園花常得鳳雙銜。俄聞河水移嫋寢，又見臺星拆傅岩張鹿二相相繼薨。璽綬中闈簽禪詔，樓船南國掛降帆。新軍盡縛黃皮袴，舊俗猶沿白袷衫。三日芳期吟芍藥，重臨郊墅倚松杉。魚來丙穴初登俎，蟹出丁沽不置監。俯仰自同王與謝，存亡莫問楚兼凡……朝貴禊遊還上已，御書遺墨尚西嵌。今此殘黎誰廓露，當時名將孰渾瑊。同倫氣焰何驕汰，桑孔心思太鍥劖。坐使揭竿興草澤，幾曾鑒水畏民巖。伊周待訪隆中亮，頗牧長思禁裏諴。稍喜勝朝群小退，轉憂鉤黨眾言儳。忍教地裂三分鼎，莫使天垂四丈欃。才士瑕瑜原互見，宦途賢佞每相攙。絕塵始識神駒駿，營窟休爲狡兔毚。車騎北來人擾擾時議郎聚都下，履綦西郭走颽颮。可無汐社詩成集，亦有蘭亭酒滿械。不少幽哀吟杜宇，倘能談笑卻羆麙。論高且可循卑迺，言小寧須避讒詀……入社分裁文鹿賦，望陵猶泣白龍緂。臨流雅愛眠沙鷺，投老羞爲入袋獮。判以餘齡樂歌舞，未遑歸里事犁鍬。洸洋自負談天衍，窮達何關賣卜嚴〔註65〕。

筆、色三長，《三日再賦五言分韻得天字》即其打通第三關的嘗試。沈學魏晉六朝，與王闓運標舉存異「湘綺雖語妙天下，湘中選體，鏤金錯彩，玄理固無人能會得些子也」，見錢仲聯：《夢苕庵詩話》，收入張寅彭等編：《民國詩話叢編》第六冊，上海書店出版社，2002年版，第208頁。樊增祥對玄言詩則凮論淡薄無味「我讀蘭亭詩，其言如腐木。即論蘭亭序，名儁苦不足。不登文選樓，逸少良自恧。淡薄如露盤，詎能厭多欲」，所以樊山在此揄揚乙庵，只看到第一層意思，並未窺其眞義。

〔註64〕王森然說樊增祥的子孫分據政府要津，由於其後代資料闕如，此説不得而證。

〔註65〕樊增祥著，涂小馬、陳宇俊校點：《樊樊山詩集》，上海古籍出版社，2004年版。

實際是對自己親歷的二十世紀第一個十年政局此消彼長的觀感和總結，由於庚子之後漸受重用，成爲既得利益集團中的一分子，所以他極力歌頌慈禧；但隨著宣統朝老臣去世，親貴當權，中樞政策出現倒退，最終導致離心離德，改旗易幟。對於民國議會政治，樊氏多致不滿，這也是他不肯出仕的原因之一。當日在北京想到樊山的不只石甫一人，袁思亮也在同題唱和中惋惜「吁嗟此意不可說，更念來者心忡忡。江陵文武道久盡，儒術廢棄同秦坑。只今海內數耆舊，晨星落落東方明。湘綺高臥不肯出，二陳樊鄭遠莫並」，表示對古學淪亡，文脈衰微的憂慮〔註66〕。

　　三月二十七日，方守彝（字倫叔）、廉泉（字惠卿）招飲小萬柳堂，縱觀書畫，與會者有瞿鴻禨、樊增祥、沈曾植、陳三立、李瑞清諸公。小萬柳堂位於曹家渡，有帆影樓等建築，爲無錫廉泉與妻子吳芝瑛偕隱地，滬上文人常聚於此觴詠品題，後曾欲轉手給樊增祥，因苦於財力不贍作罷〔註67〕。伉儷善書畫，精賞鑒，由樊增祥所記可睹其收藏概觀〔註68〕：

　　　　書畫平生好，琳琅劫火餘。牽船岸上住，疑是米家居〔註69〕。
　　　　一疋韓幹馬，肉鬃何磊磊。藉曰可饗軍，百夫飽欲死。
　　　　南唐佚祖石，乃見澄清堂。兩卷烏金拓，浮浮生墨霜〔註70〕。
　　　　一卷趙大年，董非陳曰是。不圖書畫家，亦有黨人意〔註71〕。

〔註66〕《庸言》第一卷第10號，《詩錄》，第8頁。關於癸丑京滬修禊事的他旨，可參考陸胤：《民國二年的「癸丑修禊」——兼論梁啓超與舊文人的離合》，《現代中文學刊》2010年第4期，第44～52頁；羅惠縉、周彩雲《主題選擇與文學表達的差異性——京滬1913年上巳日三場修禊詩比較研究》，《吉首大學學報》2009年第6期，第69～73頁。

〔註67〕樊以詩紀之，見樊增祥著，涂小馬、陳宇俊校點：《樊樊山詩集》，上海古籍出版社，2004年版，第1908頁。

〔註68〕樊增祥著，涂小馬、陳宇俊校點：《樊樊山詩集》，上海古籍出版社，2004年版，第1893頁。

〔註69〕沈曾植詩「雲谷憒憒樹無根，寶晉英光得細論。自有乾坤清氣在，霜縑招得董源魂」，自注「米襄陽（芾）長幅，清麗師北苑，非小米所及」（沈曾植著，錢仲聯箋注：《沈曾植集校注》，中華書局，2001年版，第580頁），可作樊詩注腳。

〔註70〕《南村輟耕錄》云「李後主命徐鉉以所藏古今法帖入石，名昇元帖，此在淳化之前，當爲法帖之祖」（陶宗儀：《南村輟耕錄》，中華書局，1959年版，第73頁），但此帖後佚，至南宋嘉定年間澄清堂重刻，見容庚《澄清堂帖考》。沈曾植考定其名爲南宋《海陵帖》，見蔣文光《宋拓〈澄清堂貼〉卷十一考略》，但在與樊增祥同觀小萬柳堂書畫後題詩謂「帖祖昇元出道流，澄心貢品鬥梅歐」，則沿襲董其昌等將南唐澄心堂與南宋澄清堂混淆之誤。

清湘一陳人，入粗復入細。滿山荷葉皴，人物龍眠似〔註72〕。

石濤最精本，十二幅瀟湘。吾憶高陽弱，一山三丈長。

雲林神仙骨，生氣得清空。我欲攜行卷，焚香蘆葦中。

掛壁龍蛇飛，高公十個字。筋骨誰與同？趙家鐵如意〔註73〕。

兩峰雙綠瞳，落筆見恢詭。老道腹龐然，寧啖丁香鬼。

奇彩發朱鉛，南山畫裏仙。眞花有此色，應更得人憐。

吾蜀論前輩，船山一代奇。山光濃似酒，畫筆好於詩。

寫經今勝古，瘦燕壓肥環。石室敦煌本，風神遜彩鸞。

藏品涵蓋自唐至清名家之作，既有海內孤本，也有二十世紀初開始被發掘重視的敦煌文獻。陳三立贊樊增祥精於鑒賞，結合詩句及參照相關注釋，可證此言不虛；但樊從書法藝術的角度，對藏經洞寫本不甚措意。

四月八日（浴佛節）超社第四集在樊園舉行，陳三立主持，爲林紹年岱獄之遊送行，賓主有樊增祥、梁鼎芬、瞿鴻機、繆荃孫、沈曾植、周樹模、王仁東、林開謩、吳士鑒等十二人，梁鼎芬寄言道：

公今登山須鋤耰，祈神助聖必雪仇。誕降麟鳳教貔貅，潛心默禱告所由。群兒嘻嘻撞金甌，群賊狺狺弄戈矛。貴人名士多倡優，屠沽走卒多王侯。邪臣傾邦甚於賕，大盜移國置之罦。重者誅夷餘幽囚，出民水火散以鳩。河山再造四海謳，日月重光百怪瘳。神若有靈如我求，有申及甫病即瘳。正直感通誰敢偷？敬告詩史勤雕鎪〔註74〕。

企圖借助神力推翻民國，復辟清室，此時他剛從京師攜陳寶琛《聽水齋》照片十幅歸滬上；四月十四日，超社同人集濤園觀之，樊增祥首唱云：

移朝改朔每含淒，日曆宮門似舊時。此時清朝師傅像，大書（《庸

〔註71〕 趙大年，名令穰，宋宗室畫家，與黃庭堅同時。沈曾植謂「正爾師承翟許近，不妨鑒別董陳殊」，自注「趙大年卷筆墨蒼古，與世傳工麗者絕異」（沈曾植著，錢仲聯箋注：《沈曾植集校注》，中華書局，2001年版，第581頁），故疑爲贗品，其實爭論自明末就有，董即董其昌，陳指陳繼儒。

〔註72〕 清湘指石濤，詩中點明其「荷葉皴」技法與宋代李公麟（號龍眠居士）畫法的關係。

〔註73〕 由陳三立「忠憲楹帖光屬聯」可知，「高公」當指明代高攀龍（諡忠憲），東林黨領袖，書法名家。

〔註74〕 沈曾植著，錢仲聯箋注：《沈曾植集校注》，中華書局，2001年版，第592～593頁。

言》記昭陽）宣統五年題。

仍奉前朝正朔，陳三立、沈曾植、吳慶坻父子、林開謩、瞿鴻機等紛紛稱頌陳寶琛受命危難之際的忠心耿耿。

四月既望，周樹模、吳慶坻、沈曾植、陳三立、瞿鴻機、沈瑜慶、梁鼎芬、王仁東、林開謩等集樊園同觀樊增祥藏鄭思肖繪露根蘭、倪元璐繪南枝柏〔註75〕，梁鼎芬提議將兩畫合詠，樊以主人首唱：

> 相聚以類合以群，黍離世界若崩雲。德祐崇禎及宣統，餐松餌芝多遺民。遺民相望七百載，精氣成神淚成海。古人墨寶今人收，兩畫虹光交月採。所南畫蘭皆露根，乾淨土無一塊存。一花兩葉照天地，九畹喚起離騷魂。配彼三筆大士像兩筆畫蘭，三筆畫大士，留此一脈香山春。讚歎何來姚廣孝，題署終愛衡山文。鴻寶畫柏表精忠，風波亭欄圍一重。龍虎雖死骨不朽，質如熟玉柯生銅。好留孤幹撐西日，更無一枝朝北風。減虜擊戈見章疏，千秋大節將毋同。此兩賢皆重節義，此兩畫能扶正氣。芳堅似蘭亦似柏，草木附人壽萬世。汐社往矣東林開，東林以後超社來。十友詩盟擬北郭，三年涕淚同西過臺。舫齋讀畫一絕叫，平津龍合何神妙。不忠不孝深自責，心史之心白日照。怒詈臣皆亡國臣，懷宗至死無公道指崇禎罵臣子。昔以所南方文山，今以鴻寶配所南。漵蘭可伺荼蔞苦，啖柏何如薇蕨甘。鄭蘭倪柏超社詠，藏之名山傳之其人鼎足而成三〔註76〕。

沈曾植題詩云：

> 圖中兩花間九葉，左方長短參差七。六陵雲黯一星移，白雁聲催北風急。右方二葉短復短，心存零丁海洋畔〔註77〕。可知正統遠仍存，塊肉猶延丙丁算。國香零落天之涯，國殤毅魄懷王知〔註78〕……滄海幾度紅羊劫，長卷珍留清閟玩。題詩原是太平年，黃閣紫

〔註75〕倪畫購於光緒二十九年，有朱彝尊題詩。見樊增祥：《題程白葭居士精忠柏斷片圖》注，樊增祥著，涂小馬、陳宇俊校點：《樊樊山詩集》，上海古籍出版社，2004年版，第1904頁。

〔註76〕樊增祥著，涂小馬、陳宇俊校點：《樊樊山詩集》，上海：上海古籍出版社，2004年版，第1790頁。

〔註77〕錢仲聯解讀爲「兩花寓意南北宋，九葉謂北宋自太祖至欽宗九朝，七葉謂南宋自高宗至恭帝七代，二葉謂趙昰及趙昺」。

〔註78〕錢仲聯引《寓意編》載鄭自題云「一國之香，一國之殤。懷彼懷王，於楚有光」。出處同上。

　　　　　樞眉壽願。十年我輩草間存，一老不遺箕尾遠。酒闌坐客重披看，
　　　　若有人兮淚如霰〔註79〕。

《蘭》圖已有元明題跋三十餘處，另有光緒丁未年張之洞題詩、樊增祥自
題七言長篇一首、絕句八首。樊山詩中的遺民心曲，朱興和認爲有取悅之嫌
〔註80〕，筆者認爲恰恰相反，他其實暗含諷刺：七百年間的遺民情結表面上
一脈相承，至民初卻已「貌合神異」；前賢是在爲漢族的正統政權守節，而他
們卻在爲曾經的敵人效忠；但這種尷尬不好明說，所以他有意迴避清初的遺
民詩人，而接續東林黨，於是關注點就不止在於對前朝的固守，更傾向於對
覆亡的反思。

　　五月廿六日，樊增祥自靜安寺路移寓寶昌路〔註81〕，新宅與周樹模毗鄰，
遷居之議由周發起，也正合樊的心思，他自云「舊居計地二十餘畝，頗勞警
備，此宅僅三畝餘，而精嚴過之」。沈曾植贈言曰〔註82〕：

　　　　早知桑下情無住，題作蕭齋地即佳。嵐渚偶爲金谷感，右軍奚
　　　羨季倫奢。舍衛園林多長者，永嘉名士是流人。三閭不墜睢漳望，
　　　四上常留屈景春。新居重賦樂天翁，遁世長懷邵曼容。兒輩覺寧妨
　　　謝傅，吾廬愛自愜陶公。

暗諷他見異思遷，告誡他要效法屈原懷思故國，或像陶淵明那般遺世獨立。
面對摯友的婉諷，樊山極力掩飾：

　　　　任是忘言猶欲辯，乙公詩意此中佳。同遊弟有白行簡，寫帖君
　　　輕朱子奢。衡廬昔與麥根鄰，鴻廡雖移氣味親。廣狹僅多旋馬地，
　　　是非莫問釣魚人。

但一句「杜陵茅屋渾堪笑，各有平生五鳳樓」，似吐露分道揚鑣的意圖。

　　梁鼎芬再從崇陵爲隆裕守靈歸來，眾人集宅敬觀大行皇太后頒賞遺念翠
牌、金表各一件，樊增祥作《梁按察宅敬觀大行皇太后頒賞遺念翠牌金表各
一事恭賦五十韻》：

　　　　遜國之三年，孟春雪如篩。太姒俟上賓，九州失母慈。海濱一
　　　髯翁，慟極聲爲嘶。飆輪一晝夜，葡匐奔京師。麻衣謁舊輔，導引

〔註79〕同上，第 600～601 頁。
〔註80〕朱興和：《超社逸社詩人群體研究》，華東師範大學 2009 屆博士學位論文，第
　　　195 頁。
〔註81〕樊增祥在靜安寺街故居住了一百五十天，後質之於西人。
〔註82〕沈曾植著，錢仲聯箋注：《沈曾植集校注》，中華書局，2001 年版，第 617 頁。

入中闈。蹴角叩梓宮，淚下如絙縻。逡巡發龍輴，左右執鸞綏。大行雙在殯，復土猶威遲。故臣凡幾人，九拜陳椒后。禮成相對泣，執別何言詞。惟君藉草坐，陵戶進漿酏。繫冠朝少莫，罔敢以疾辭。嘔血忽數升，拜起力不支。故相勸君行，衛尉送君歸。自津歸於滬，瘠若秋鷫鸘。哀怒摧中腸，疼痛連左肢。益以癃痔發，昇床就西醫。肌肉試刀割，膿血交流漓。三旬病坊臥，倦得百首詩。病起入超社，斗酒相熙怡。南冠一朝集，北書千里馳。先後頒遺念，趣君謝隆施。昔兩宮晏駕，此恩荷者希。內唯五輔臣，外唯兩兼圻。君一廉訪使，手澤椒風貽。隆天而重地，曠古無此奇。同社勸緩行，創合生新肌。火車顛頓中，孱軀或告疲。君掉頭弗顧，冒雨涉南畿。一日入京邑，二日趨丹墀。三日詣崇陵，薦慮橘荔枝。四日返宣南，舊雨相問隨。內傳沖聖敕，命書先後碑。翰林秉忠赤，唯汝鼎芬宜。君病慮腕弱，上曰可徐之。五日擎賜物，感激涕交頤。六日至津沽，七日復來歸。歸來約朋好，聚觀所奉持。冠我珊瑚冠，衣我獬豸衣。襲以黃羅帕，承以雕玉匜。一為翡翠牌，碧瑕飾其綏。一為黃金表，明珠嵌累累。牌者臣之節，表者聖之時。金以衛乃身，翠以為羽儀。佩玉見君子，轉珠誦牟尼。上帝鑒薦棐，子孫永寶茲。臣忠君有禮，遭遇乃至斯。惜哉遭遇晚，無救彼黍離。君常紀異數，匪直銜恩施。前庶吉士臣，增祥為此辭〔註83〕。

又作《節庵自梁格莊寄書題後》：

> 東陵宰木掛斜曛，遙念孤臣執紼勤。啼盡蜀鵑一口血，飛來遼鶴滿身雲。祭余御饌頒遺老，夢裏麻衣見舊君。願作藍田銜土燕，白翎長繞漢家墳。

及《答節庵見贈》：

> 君病我康分灼艾，君憂我樂共看花。衛君子愛猗猗綠，虞美人開灩灩霞。果木且為癃痔累，鷟鴻何患網羅加。放翁四月聞鶯日，病起先須訪酒家〔註84〕。

節庵展示賞賜的目的，意在彰顯皇恩浩蕩，藉以引起共鳴，樊山恭紀也寫得

〔註83〕 此詩未收入《樊山外集》，見於《庸言》第一卷第20號，故補錄之。

〔註84〕 兩詩俱見樊增祥著，涂小馬、陳宇俊校點：《樊樊山詩集》，上海：上海古籍出版社，2004年版，第1874頁。

感激涕零「語多肫摯，尚與尋常名士不同」〔註 85〕；節庵數次守陵，心懷悲戚，形銷骨毀，盡顯孤忠，樊山卻不以爲然，甚至以此與自己的安逸狀態作比，就有些不厚道了。

天貺日（六月初六），樊增祥與胡聘之、左紹佐聚周樹模泊園夜飯，四君均爲湖北人，談及各自功名仕途，受知南皮，俱爲封圻，如今已成淞濱閒鷗，過往雲煙，都付茶酒：

> 近作多傷逝，遺書各抱殘。此詩如楚菊，聊共左徒餐。
>
> 三戶莫作南公語，萬言俱是東方諧。試問東野十詩九言愁，何如淵明十詩九言酒〔註 86〕。

不存復辟之志；十二日爲山谷生日，超社同人集於泊園，沈曾植將所藏宋本任天社注《山谷內集》〔註 87〕出示，各選集中七古韻一首步韻即賦，樊增祥用演雅韻「相逢俱是熙寧元祐人，歸來自詫明月清風我」。

六月，李烈鈞在湖口發動二次革命討伐袁世凱，黃興於南京、陳其美於上海、柏文蔚於安徽群起響應，滬上風雲激蕩，沈曾植作《南風》極言戰禍慘烈，樊增祥也寫道「話到家山烽火急，那能安臥貼耳茵」；當聽說鎮江炮臺獨立後，寫下「浮玉山前添戰壘，松蓼閣上宿牙兵」，又借武夷茶感慨福建獨立「福州城裏沙蟲立，又道汀漳羽書急」，以及福建民政長張元奇的遭遇「閩兵視賊乃過之，轟霆逐走張元奇」，也許還會慶幸當初不就任的選擇「揭來夷落避兵塵，江綠陳紅仍歲致謝」；七月袁系勢力反撲，各省宣佈取消獨立「眼前鈎黨誰成敗，紙上新聞說畔降」，二次革命最終失敗。

八月廿八王漁洋生日，吳慶坻招同人集於樊園，以「尙書天北斗，司寇魯東家」分韻，沈曾植得「鬥」字，中有一句對繆、樊二人評價道「藝風瓣香斟雋永，天琴大官嫌餅餦」，看似浮光掠影，其實在心中早有軒輊；他還藉以提出自己「雅人深致」的詩學觀〔註 88〕。樊增祥則大談對漁洋詩學的接受：

〔註85〕 梁濟著，黃曙輝編校：《梁巨川遺書》，華東師範大學出版社，2008 年版，第218 頁。

〔註86〕 樊增祥著，涂小馬、陳宇俊校點：《樊樊山詩集》，上海：上海古籍出版社，2004 年版，第 1885 頁。

〔註87〕 錢仲聯引《海日樓藏書目》云是集爲宋版，一匣八本，有翁方綱跋。

〔註88〕 《止盦詩集敍》，見沈曾植著，錢仲聯箋注：《沈曾植集校注》，中華書局，2001 年版，第 678 頁。

　　　　吾年十九二十餘，雅愛新城王尚書。讀書稍多詩亦進，明賢復
愛何李徐。三十以後覺杜好，不敢希聖學白蘇。回視新城善修飾，
譬之詩國女相如。晚年兼愛何分別，家家皆璞人人珠。文簡實清朝
第一，瓣香亦可躋錢吳。小山叢桂花未落，一星照世明南弧。生後
宣聖才一日，特豚不食儕於朱……公昔説詩主神韻，羚羊掛角滄浪
徒。山薑秋柳諸少作，傳之今日半謗譽。江山萬里入行卷，骨氣始興
揚州殊。擯之太甚厭忠雅，諛之太過嫌歸愚。秋谷微譏鈍翁怒，蛾
眉眾忌何傷乎！袁趙一長吾猶取，況公壇坫雄國初。輕縑素練邊幅
窄，新妝袨服顏色姝。擬之於味特甘淡，芳椒青子公則無〔註89〕。
推己及人，平議清人褒貶，吳慶坻心有戚戚「天琴一語吾所忱，妙理還從淡
中得」。

　　入秋，樊增祥患牙痛不再與會，瞿鴻禨、沈曾植以詩慰之。十二月初八，
梁節庵將赴崇陵種樹，樊增祥設宴餞行，同人賦別。

　　袁世凱政府在平息二次革命後，政治更加保守，對遺老羅致尤甚，十月
十六日，因取消國民黨籍議員資格，參眾兩院不足法定人數停止運行，袁世
凱下令組織中央政治會議取而代之，十二月一日召集，題名徐世昌、馬良、
李經羲、李家駒、寶熙、樊增祥、湯化龍、王家襄爲總統代表，樊允爲擔任；
十一月初一又特任其與李經羲、梁敦彥、蔡鍔、寶熙、馬良、楊度、趙惟熙
組成會議中央機關：

　　　　共和精義，在集思廣益，以謀利國福民，期於實事求是。現在
正式政府業已成立，本大總統督率國務院，業將大政方針次第議決。
但建議之始，萬端待理，關於根本大計，討論不厭其詳。前經電令
各省舉派人員來京，特開政治會議，以免內外隔閡，俾得共濟時艱。
現各省所派人員，不日齊集，應再由國務總理舉派二人，各部總長
每人舉派一人，法官二人，蒙藏事務局酌量舉派數人，本大總統特
派李經羲、梁敦彥、樊增祥、蔡鍔、寶熙、馬良、楊度、趙惟熙合
組政治會議機關，務各竭所知，共襄郅治，奠邦基於磐石，以慰全
國喁喁待治之心〔註90〕。
當時報載稱副總統黎元洪在政治會議上的致辭係樊增祥所擬「引證法之參事

〔註89〕同上，第688頁。
〔註90〕《申報》1913年11月19日文。

院，日之顧問院，條分縷析，頭頭是道，立言頗稱得體」，袁世凱還在總統府附近爲樊準備住處，與李經羲同宿，以備遇事商詢。其實這些說法都不符實，雖然《申報》十一月十九日稱樊允爲擔任代表，但他根本未從上海動身，並且在政府數次催電後仍虛與委蛇；而且就樊增祥對外國政治思想的熟稔程度，恐怕也提不出參合各國議院的主張；當時有評論說樊志在從政而不在議政，也未必盡然。

十一月十五日《申報》刊文《樊雲門去留問題》，明確其並未出席：

> 大總統所派出之政治會議委員樊增祥行將來京，茲又得一消息謂樊已有電來京云「政治會議表面上既負有政治上之責任，設認眞去做，又恐政海潮流變幻莫測，或致立腳不穩。且衰老餘生，早已放浪形骸，不復問世，一旦呈身政局，與新進英髦旅進旅退，伴食中央，適足貽人笑柄。」因此之故，此老對於政治會議之席，已決計不願問津，此一說也。或又謂雲門晚年官祿狂熱，未嘗稍減，此次來電力辭，未免裝腔作勢，故作驚人之筆，其實俟經總統再三勉留，而後入彀，此又一說云〔註91〕。

最終也沒有參與「堅辭挽留，亦復無效」，只得改派楊士琦。

民國三年立春，沈曾植、瞿鴻禨、繆荃孫、樊增祥、吳慶坻、陳三立、左紹佐、王仁東、梁鼎芬、周樹模、林開謩、吳士鑒、沈瑜慶共集濤園，用元微之韻賦得「何處生春早」詩，沈瑜慶記曰：

> 錢牧齋《有學集》先和此詩，樊山方伯詩先成，題署「和錢」。
>
> 沈觀中丞不以爲然，質諸止相，改從和元〔註92〕。

從這一小小的舉動可知當時遺民在大節問題上的敏感程度，追和古人本是常見的文事活動，但錢謙益的貳臣身份，此時漫過了他的文壇地位，成爲唯恐避之不及的禁區，不論這些遺老心事如何，但表面上都生怕沾上不忠的嫌疑。這次超社諸君悉數亮相，以完全相同的體式各抒懷抱，現節錄部分詩句如下：

> （瞿鴻禨）禾黍彷徨什，淹留夔鑠翁。五陵鬱佳氣，三户問南公。
>
> （繆荃孫）淹雅推名輩，飄零老寓公。搜求四庫外，餘事話蠶叢。
>
> （陳三立）何處春生早？春生章贛中。承家吾有愧，流寓子偏同。

〔註91〕《申報》1913 年 12 月 12 日文。
〔註92〕沈曾植著，錢仲聯箋注：《沈曾植集校注》，中華書局，2001 年版，第 757 頁。

（吳慶坻）楚人思令尹，蜀士拜文翁。瓜葛爭相似，公卿慚豈同。
（左紹佐）著書常閉戶，方技亦兼通。詩末尋醫去，人寧避俗同。
（王仁東）本原守忠孝，世德慎初終。癡聾博長健，準備作家翁。
（梁鼎芬）穹窿松柏路，灌溉歲時功。山陵新奉使，飛白已襃忠。
（樊增祥）何處春生早？春生詩史中。遺山作亭願，枋得卻書同。
　　　　　避地翁能浪，論文叟不蒙。春王書法在，小技豈雕蟲。

竟言可鑄遺民詩史，實在自視甚高。沈瑜慶曾評價樊增祥：

堂堂樊山老，彌天眞勁敵。雙鳥偶唱酬，一言成典實。雞林重
聲價，龍門徵得失。編集分內外，紀年具起訖。緬懷乾嘉盛，下逮
同光末。羽翼誠有功，補救翻無術〔註93〕。

結句點睛，樊增祥一世文章政事，雖始終克勤克勉，卻未曾引領預流，只是
在既有政策下興利除弊，不能越出體制的框架，縱然稱循吏，畢竟一書生。

二月樊增祥再賃位於斜橋西的新宅，與陳夔龍毗鄰。沈曾植贈賦：

海鷗翔集島鳧趨，共道先生此卜居。丘令宅圖經幾換，永嘉土
斷復何如。藥闌喚客看新樹，瓜菜當筵說故廬。誰與布金開丈室，
倏然插架理藏書。

三年隱几共於喁，二老風流在索居。世界迅摧塵劫劫，詩心妙
總印如如。蒐裘君就新昌宅，駕檮吾歸闤塞廬。長聚固應非鹿豕，
有懷終自戀琴書〔註94〕。

語氣近乎質問了，分歧也日益凸顯。

袁世凱在鎮壓二次革命之後，北洋政府暫時底定，他解散國會，授意政
治會議修改約法，民國三年五月宣佈《中華民國約法》，成立參政院，爲審議
重要政務，代行立法權責之機構，實際就是袁世凱的御用備詢機關。參政由
袁世凱親自遴選五十至七十名〔註95〕，嚴訂資格五項（一）有勳勞於國家者；

〔註93〕群和詩及沈評出處均同上，第757～766頁。
〔註94〕沈曾植著，錢仲聯箋注：《沈曾植集校注》，中華書局，2001年版，第784～
785頁。
〔註95〕袁世凱極爲重視參政資格，初設時有士面詰之，他徑言「漢之良相即亡秦之
退官，唐之名臣即隋之故吏，政治不能憑虛而造，參政責任蓁重，非復有經
驗者不理」。見陳灨一：《新語林》，第20頁。當時保障評論「樂見其成者認
爲，昔時之老成物望者皆連翩而出，大局見歸平定，中國似有由否而泰之機
矣；憂心忡忡者則擔心中央意旨未曾透徹鮮明，奉行之官又多舊人，輒復矯枉
過正，竊恐本意在重經驗，而所保存者僅其習氣；本意在注意制度，而所恢

（二）有法律政治之專門學識者；（三）有行政之經驗者；（四）碩學通儒，有經世著述者；（五）富於實業之學識經驗者，分別簡任，並特任黎元洪爲院長，汪大燮爲副院長，張國淦爲秘書長。其中王闓運以碩學通儒入選，樊增祥則屬於第三類，說明袁世凱並非視之爲侍從文人之流。

五月樊增祥最終應聘，引起遺民圈中一片譁然，在京的前清甘肅學政葉昌熾聞之忿言「舊人新官，從此一錢不值矣」；不可思議的是，樊山還作留別詩索同社和，海上同人藉此紛紛諷諭〔註96〕。出仕新廷意味背叛舊朝，要承擔政治違約風險；依照樊增祥的處事風格，即便眞的「變節」，也不會如此招搖過市；況且他雖言留別，但並未立即離滬，因爲原詩闕如，所以無法瞭解當時的創作動機。從各家和韻中可知，大概有嗟貧之語，所以筆者推測，樊山這組留別詩，並非與遺民圈決裂，更無意刺激同人，彼時他已有出山念頭，但並未下決心，所以將此議題開載布公地質諸討論，試探大家的反應，以決定自己是否、何時或以何種方式出山。

樊增祥雖然接受了政府聘書，但又以牙病爲由電告袁世凱乞假緩行〔註97〕，引起外界懷疑「樊增祥氏去年入冬以後，頗上條陳，大抵皆樊樊山一流文意，其來否誠未可知矣」〔註98〕，甚至有意錯過六月二十四日之開院禮〔註99〕，但袁世凱不以爲意「今政府所行各制度，此輩諸公實多有貢獻，特知之未深也耳」，料定其早晚會來。

對於遺民而言，忠於舊主，不仕新朝是一條不能逾越的紅線，樊增祥對此心知肚明，他在戊戌政變後曾寫過一首《國士橋》，專論節義問題：

中行氏滅別擇君，待以眾人報以眾人。韓魏反戈智伯死，待以國士報以國士。君臣義不論報施，反顏事仇豈其宜？橋亭一客坐搖手，君見識時俊傑否。君不聞漢恩自淺胡自深，明妃樂在相知心。

復者僅其流弊；本意在無擾，所減少者僅往日豪右惡少借黨會魚肉狼藉之弊患，而地方之眞正疾苦，新社會新人物之悲觀怨鬱，將醞釀而益深，至於不可收拾。且今日大患，即在一般人物對於國家感情日淡日惡，其原因即在新人物之屛棄不用，新政之基礎日益敗壞」，見《申報》1914年6月20日。」
〔註96〕沈曾植、瞿鴻禨、楊鍾羲、吳慶坻均有詩，見沈曾植著，錢仲聯箋注：《沈曾植詩集校注》，上海古籍出版社，2001年版，第820～832頁。
〔註97〕《天琴以左車痛電告總統乞假緩行電生誤左車爲左足戲簡一首》，見易順鼎著，王飆校點：《琴志樓詩集》，上海古籍出版社，2004年版，第1362頁。
〔註98〕《申報》1914年6月5日刊文。
〔註99〕《湘綺樓日記》稱「當日到者不及半，亦無同年者，亦是一缺典」。

又不見昔為桃李今冰雪，綠琴弦為相如絕。君不聞商阿衡，就桀為草芥，就湯為日星。又不見齊管仲，事糾如犬馬，事桓如龍鳳。膠鬲微箕，從周去殷，百里由余，款關入秦。漢有淮陰及黥彭，唐有王珪及魏徵。大都事闇君則敗，事英主則成。感恩知己不可誣，飲水冷暖心自殊。楚國桃花不效綠珠死，都尉鴛鴦寧似蘇武愚。我聞客言一絕到，不忠之臣失節之婦皆大好。西山那得采薇人？臺閣盡為長樂老。嗚呼！宣尼不作夏用夷，綱常九鼎懸一絲。夏姬視夫如傳舍，宵喜視君曾不如弈棋。君臣大義今已矣，文官愛錢武惜死。不走即降了無恥，藉口中行與豫子。客坐不讀中國書，春秋書盜為怪迂。事有大於餓死者，節義豈可一日無？身為臣子何恩怨？同戴一天何貴賤？君不見補鍋匠與葛衣傭，抵死不登貳臣傳〔註100〕。

這首雜言詩以答客難的方式，首先發問春秋義士豫讓究竟算不算「義」。據《戰國策》記載，豫讓「始事范、中行氏而不說，去就智伯而寵之」；韓趙魏滅智，他為主報仇，刺趙襄子不得，漆身吞炭以毀形容，再行伏擊時被抓，趙面責之「子不嘗事范、中行乎？智伯滅之而子不為報仇，反委質事智伯。智伯死，子獨何為報仇之深也」，豫讓答曰「范、中行氏以眾人遇臣，臣故眾人報之；智伯以國士遇臣，臣故國士報之」，士民皆感其大義。豫讓的邏輯是士為知己者死才算義，在這一大前提下，背棄不賞識自己的主子不算失節。樊增祥認為君臣之義已定，只有絕對的服從，不能因報施的不對等而事二姓，所以豫讓不「義」〔註101〕；「客」以史例證明「賢臣擇主而事」的合理性，樊山力駁並誓言不作貳臣。

　　然而十幾年之後，他對忠的看法發生了微妙的變化，在《題熊襄愍公獄中詩》中如是說：

經撫功罪難具論，同卿抗疏排天閽。二祖十宗靈蓋絕，忠讜足瓻群小魂。獨怪多一逃反欠一死，元飆（原詩中有缺字）。賢者何為

〔註100〕樊增祥著，涂小馬、陳宇俊校點：《樊樊山詩集》，上海古籍出版社，2004 年版，第 737 頁。

〔註101〕《淮南子・主術訓》肯定了擇主而從「人之恩澤使之然也」；胡適《中國中古思想史長編》進一步引申，認為《淮南子》中的思想符合近代民治主義觀點，並借用孟子「君之視民如土芥，則臣視君如寇讎」的話，說明先賢承認人民有反抗暴君的權利。見胡適：《胡適全集》第 6 卷，安徽教育出版社，2003 年版，第 154 頁。

出此言，平生性氣先生傳。日星河嶽元氣存。爾時朝野言不一，謂
公夜禮北斗七。臨行歐刀風電疾，孤臣身首僊然失。可知天下痛公
冤，茲事何必論虛實。今觀遺墨四百年，碧血圜扉留絕筆。於嗟乎！
隆萬以還明命乖，遼藩兵來士氣短。孰寄軍咨馬白眉，稀逢驍將張
紅眼。白頭經略忏中樞，黃閣門生多左袒王化貞爲葉向高門生。是非顛
倒白日晦，至今三楚人心猶憤懣。潛園吾楚忠孝人，飛白明季捍邊
之虎臣。邂逅燕市詫奇寶，明珠寧逢按劍嗔。讀詩拔劍斫幾裂，如
顏透爪張穿齦。楚弓楚得是可賀，光氣上接三大辰。襄愍風雲生嘆
唶，謀比申胥勇項籍。銀濤白馬返江漢，雖不逝兮籲可惜。古今才
大爲用難，烈士常願從逢幹。同聲一泣傷膏蘭，甘壞砥柱揚狂瀾。
顛之倒之皆天意，不然闖獻之徒何由坐戴平天冠。國亡妖孽都如此，
白骨瞠瞠龍虎死。君是人間張子房，暫勿望尋赤松子〔註102〕。

熊襄愍公即明末遼東經略熊廷弼，因與巡撫王化貞戰略不合，導致廣寧失守
而繫獄，又在天啓閹禍、廷議黨爭的傾軋中遭戮，後世認爲他對遼東的整體布
局功大於過，《明史》對其失敗頗爲惋惜道「惜乎廷弼以蓋世之材，褊性取忌，
功名顯於遼，亦隳於遼。假使廷弼效死邊城，義不反顧，豈不毅然節烈丈夫
哉！廣寧之失，罪由化貞，乃以門戶曲殺廷弼，化貞稽誅者且數年」〔註103〕。
樊增祥想到自己在江寧的處境與熊多有類似，所以感同身受。結尾六句對「死
城守」與「盡臣節」等話題發表新論，他認爲前朝倒行逆施，亟行穢政，那
麼被新廷取代究由天意「芳期已藍尾，王者當揖讓」；而處於急轉中的士人，死
節固然可歌可泣，而傚仿張良積極襄助新生政權，亦不應有違言。

　　民元，樊增祥在《陳考功六十壽序》中，對於民國的認識及遺老的出處
又作了進一步闡釋：

　　　　萬事萬物，皆天主宰於上，而人適承之。今天下變數千年之局，
　　一旦共和，清太后之讓國，黨人之得志，天也，非人也。或則水火
　　干戈，死傷枕藉，或則白身而躋上位，赤手而獲三十六爐之橫財，
　　而疇昔之巨富極貴者，適與之代嬗焉。得者非功，失者非罪，皆偶
　　然也，皆天也。天能貴賤人，能貧富人，能消長人權，能生死人命。
　　而人亦有不貴不賤，不富不貧，不長不消，不生不滅。如吾屬海濱

〔註102〕樊增祥：《近著樊山詩詞文稿》，上海：廣益書局，民國十五年版。
〔註103〕張廷玉等撰：《明史》卷二五九，中華書局，1974年版，總第6723頁。

數子，以舊人物入新世界。風雲擾攘之會，相率而居夷；利名攻取之場，瑟居而閉戶。不自棄其舊學，而亦不取憎於新人，天以爲若而人者，前無營求富貴忮害民物之愆，則不當與殄民誤國者同其罰，人亦視之如冥鴻海鷗，無爭無忤，無所用其猜忌媚嫉之心，則眞吾屬之天幸也。

自古易代之際，忠臣烈士，碩德魁儒，膏白刃誅波臣者，不知其幾，然必有老成碩彥，聲名壽考，炳耀當時，以爲史冊光者。若漢四皓，魯兩生，唐之文中子，宋之鄭所南、謝皋羽，元之楊鐵崖，以及明季諸遺老，皆易姓受命時之星鳳也。以彼齒德聲名，文章學術，與君相似而實不同，何也？從來嬴蹶劉興，楊衰李盛，皆有事二姓之嫌，今則民國無君臣之可言，五族一家，清帝無恙，吾屬偶際此時，雖有黍離之悲，而實無貳臣之恥，則歷代忠義隱逸獨行諸傳中人，所不及也。且夫《尚書》言五福，壽爲之冠者，誠以天之報施善人，與位置才士，其消息盈虛之故，恒不在目前之利鈍，而當綜觀其豐此嗇彼，始窮終達之全，而不幸中有幸焉，而不名中有名焉，而未至其年不知也。

世界歷數千年，而偶值此共和之運，君閱六十年，而偶入自然平等之天，吾作文五十年，而偶有此不古不今、吐故納新之作。要之，此亦非吾文，天欲自發其報施不爽，與夫盈虛消長之原，吾偶代蒼蒼者司筆筒耳〔註104〕。

有些評論認爲樊增祥是不堅定的遺老、十足的政治投機客，但筆者認爲，這種游移「是非本難言」（龔鵬程語），牽涉到清末民初政治制度、文化心態的變軌及對西方思想的迎拒，不宜以陳舊的君臣觀簡單區別遺民出處的多元選擇。

首先，「夷夏之防」的尷尬。明遺民之所以被後人景仰，其中一點即他們以捍衛正統華夏文明爲己任，顧炎武「易姓改號，謂之亡國；仁義充塞，而至於率獸食人，人將相食，謂之亡天下」的警示振聾發聵，在當時尤針對滿族定鼎中原「華夷之防，所繫者在天下」。康雍乾三代通過修書、科舉、文字獄等恩威並施，逐漸馴化漢族士人，使之承認清朝作爲明朝繼承者的合法性；

〔註104〕樊增祥著，涂小馬、陳宇俊校點：《樊樊山詩集》，上海：上海古籍出版社，2004年版，第1966～1968頁。

並配以祭孔、尊奉程朱、獎掖考據等策略，確立其作爲中華文明代表的正統地位；但「反清復明」的暗流一直在民間存在，即使後來演變成會黨道門的一種幌子，也證明其仍有擁躉；革命黨人從政治上喊出「驅除韃虜，恢復中華」，國粹學派、南社從思想文化上提出「陶鑄國魂，復興古學」，操南音不忘本，恢復漢官威儀，均爲民族主義的徵候，並最終覆滅了清廷。當勝朝舊人再高標盡忠守節時，難免被嗤笑爲做慣了異族奴才的人，而無法得到明遺民那般的尊重，於是「他們維護自身立場的理論陷入尷尬的境地，在『忠清』的情感上產生認同危機」〔註105〕。

其次，「失節夢魘」的消解。君臣之倫爲三綱五常之首，在宋代理學後更加強化；由明入清的士人，一旦被扣上貳臣的帽子，不但在當時及之後漫長的歲月中，遭受著漢族士人的白眼與嘲諷，甚至連曾經利用過他們的統治者的子孫，出於鞏固政權的需要，也要在國史中單闢一傳，把他們昭昭列入，作爲反面典型。所以失節事大，沒有人甘願冒險。但民國代清，性質就大不一樣了，實在是三千年未有之變局，因爲它是以共和製取代君主制，以民族國家取代封建朝廷，終結了王朝政治的循環，入民國者只有國民，沒有臣民，也就更無所謂貳臣了。

再次近代中國對西方政治思想的引入，也影響到了遺民的價值觀。自戊戌至清亡，諸如民主、自由、平權、立憲、共和等學說紛至沓來，後來成爲遺民的許多士人，早年都是這些新思潮的受眾或參與者，如陳三立、康有爲、鄭孝胥；但鼎革之後，在迎新還是守舊的問題上，這群傳統士大夫出現了分歧，有些義無反顧地忠於舊君，鄭孝胥有段話說的透徹：

> 以利己損人久稱習慣之社會，而欲高談共和，共和者，公理之至也，矜而不爭，群而不黨之效也。
>
> 世界者，有情之質；人類者，有義之物。吾與君國，不能公然爲無情無義之舉也。共和者，佳明美事，公等好爲之；吾爲人臣，惟有以遺老終耳〔註106〕。

作爲那個時代有志於用世，並研究政制的知識分子，他對共和的理解較之傳

〔註105〕孫虎：《高不絕俗　和不同流——陳三立與清遺民的心態研究》，《漢語言文學研究》2010 年第 3 期，第 52 頁。

〔註106〕鄭孝胥撰，勞祖德整理：《鄭孝胥日記》，中華書局，1993 年版，第 1358、1356 頁。

統士人要明白得多，但他卻甘願爲愛新覺羅氏效犬馬之勞，甚至出任偽職，其愚忠可憫又可恥。

有些遺民如樊增祥，則開始擁抱新體制了，當年他在《國士橋》中憤慨「宣尼不作夏用夷，綱常九鼎懸一絲」，是站在維新變法的對立面，對這種西學東漸的新「夷夏之辯」猛烈批判；但經過躬行新政及立憲運動的洗禮，接觸並認可了部分新式思想，當民國再三召喚時，他就以趨新的面目出山了。他口裏言說著「共和」，儘管未必瞭解其中眞義〔註107〕，只是用這個當時最時髦的詞當做自我解脫的藉口。

對於民國的態度，更體現出遺民群體在政治認同上的差異，孫愛霞指出大致有兩種傾向：一是易代前後對民國的認知處於矛盾、變化中，曾經期待共和，失望後又轉向忠清；二是對民國的態度始終如一，或視爲敵國，或冷眼旁觀〔註108〕。樊增祥決定出仕民國，首先基於將民國代清歸之於天命「禪讓」〔註109〕，且未出現以往滅社稷、夷宗廟的「暴力推翻」，而是一種主動地「和平讓渡」，其政統的承繼性使得清朝的官就民國的職變得心安理得〔註110〕。他有意過濾掉南方革命黨「破壞」之功，只突出北洋系促成之效。陳三立對共和民國的認知與樊山有同有異，他也意識到「洞察一姓難再興之理，且以民主共和之政體，爲中國數千年歷史之創局，與歷代君主易姓有殊」

〔註107〕 樊增祥曾提出「共和」之義自古有之，即所謂「周召共和」；勞乃宣亦持此說，他作於辛亥年的《共和正解》云「共和一語，其本義爲君幼不能行政，公卿相與和而修政事，故曰共和，乃君主政體，非民主政體也」，主張還政清室而行君主立憲，見勞乃宣著：《桐鄉勞先生遺稿》，臺灣藝文印書館，1964年版，第141～142頁。鄭孝胥曾力詆清季之士夫「毫無操守，提倡革命，附和共和，彼於共和實無所解，鄙語有所謂失心瘋者，殆近之矣」，雖有感於程德全的搖身革命而言，但也戳中了樊增祥的軟肋。

〔註108〕 孫愛霞：《試論清遺民對共和民國認知的複雜性》，《天津大學學報》2011年第5期，第460～465頁。

〔註109〕 清帝退位詔云「特率皇帝將統治權公諸全國，定爲立憲共和國體，即由袁世凱以全權組織臨時政府」，字面意義可理解爲遜清禪位於民國。

〔註110〕 退位詔書中對變更國體多義模糊的表達，爲遺民出處提供了富有彈性的空間（孫明：《由禪讓而共和——梁濟與民初政治思想史一頁》，《史林》2011年第2期，第138頁）。禪讓也符合儒家理想的政權模式樊嘗自言「昔韓致堯不扈天復之行，汪水雲乃受合尊之餞。易代之事，從古難言。今天下雖分崩離析，而宮寢依然，侍從如故。凡屬孤臣遺老，迥非前代所及者，是亦不幸中之幸矣」，此論發於1924年，見雷恩海：《樊增祥詩文四篇補遺》，《青海民族大學學報》2011年第1期，第47頁。

〔註 111〕，但他不奉民國正朔，不爲袁氏所誘，對當世英傑有爲之士不傲拒亦僅飫聞〔註 112〕；樊山自言「不自棄舊學，不取憎新人」，企圖左右逢源，散原則被譽「高不絕俗，和不同流」，甘做神州袖手人，兩人志行何去霄壤。

九月九日，沈曾植、樊增祥、瞿鴻機、繆荃孫、吳慶坻、陳三立、沈瑜慶等十人集匯中飯店登高臨賦〔註 113〕：

> 沈翁垂頭如老鸛，暮愁蕩蕩彌埏垓。樊翁氣若晨鳴雷，兵家意氣仙家才。溺人必笑且有問，沈翁大愚誠鈍儓。樊翁一笑不知許，銜袖磊磊珠百緋。

這是樊增祥參加的最後一次超社集會，也是最後一次與老友沈曾植坐在一起，兩人的精神狀態完全不同，樊志得意滿，沈負抱孤貞，並充滿絕望。不唯此，早前報上傳出忠清遺老梁鼎芬與樊增祥絕交事：

> 樊雲門、周少樸諸人業已先後出山，爲國宣力，當去年時，國民黨氣焰盛時，此一班遺老達官多避居海濱，以爲樂土。近日參政發表，有多人入選，亦有堅臥不出者，或出或處，原屬各行其是，而梁節庵氏聞周樊二公出山，大爲憤懣，特自梁格莊致書超社，自言與二公絕交云云〔註 114〕。

但事實上，樊增祥一直盤桓至十月仍未進京，《申報》登文稱：

> 樊山前經總統任爲參政，迭經電召，迄未北上，茲於前日由滬抵漢，寄寓法租界勾留數日，當即乘車入都，惟是否就參政之席，尚在未知也〔註 115〕。

十一月，樊山終於要動身了，臨行前他寄詩易順鼎，中有云〔註 116〕：

> 朱門挾瑟久棲棲，蟬噪聲中別故枝。自揀良辰謀徙宅，歷頭偏說上官宜。老去連波作計非，杜鵑爭道不如歸。可知炮打襄陽夜，

〔註 111〕吳宗慈：《陳三立傳略》，收入陳三立著，李開軍校點：《散原精舍詩文集》，上海古籍出版社，2003 年版，第 1197 頁。

〔註 112〕孫虎：《高不絕俗 和不同流—陳三立與清遺民的心態研究》，《漢語言文學研究》2010 年第 3 期，第 54 頁。

〔註 113〕沈、陳詩中借作「惠中」，錢仲聯根據沈詩「重陽江樓躋崔嵬」等處考證，他們聚會的地方應緊鄰黃浦江，所以可能是指海大馬路外灘的匯中飯店，見沈曾植著，錢仲聯箋注：《沈曾植集校注》，中華書局，2001 年版，第 826 頁。

〔註 114〕《申報》1914 年 7 月 14 日文。

〔註 115〕《申報》1914 年 11 月 15 日文。

〔註 116〕樊增祥著，涂小馬、陳宇俊校點：《樊樊山詩集》，上海：上海古籍出版社，2004 年版，第 1916 頁。

中有蘇家織錦機。

淡泊之心全無，陳夔龍作《嘲仕八登前韻》譏之：

> 為貧而仕本非貧，車馬喧闐動四鄰。一德格天工獻頌，萬人如
> 海善藏身。迷途未識今猶昨，宦夢方濃幻亦真。太息樓頭雙燕子，
> 重來已是別家春〔註117〕。

從此樊增祥與海上遺民天各一方，自為其主；十日入京後「寓居打磨廠門外，以示不久留也」，葉昌熾諷云「十二月一日樊山毅然入都供職，兼參議、顧問兩官，又兼清史館。其婦尼之，絕裾而行。寐叟填鷓鴣天一闋嘲之」〔註118〕，其實此言諸多失謬，首先不聽婦勸之說，似與王闓運軼聞張冠李戴，且未必屬實；其次樊增祥從未充任清史館，記述《清史稿》成書歷史的《清秘述聞》中詳錄清史館成員名單，明確稱樊增祥、沈曾植被提名總纂，但均來電回絕〔註119〕，早前政府曾屬意樊增祥出任總裁：

> 民國成立以來，對於編纂前清一代歷史，擬設專館一節，早經
> 政府決議，惟於該館總裁一席，頗難其選，故遲遲未能從事組織。其
> 有此席希望者，先為康長素，後為樊雲門，嗣因他故均未成議。現聞
> 政府刻已決定以趙爾巽氏承乏斯席，大約不日即可發表〔註120〕。

後來還曾提出聘樊增祥、陳三立、宋育仁入國史館任協纂，均未接受〔註121〕。樊增祥自己嘗言「絕勝竹垞趨史館，斜街歸去但騎驢」，應為再避「貳臣」之嫌〔註122〕。

　　總結樊增祥的海上遺民歲月，可用「有黍離之悲，無復辟之念」概括，

〔註117〕李房：《陳夔龍年譜》，南昌大學 2012 屆碩士學文論文，第 166 頁。

〔註118〕轉引自沈曾植著，錢仲聯箋注：《沈曾植詩集校注》，上海古籍出版社，2001 年版，第 820 頁。

〔註119〕朱師轍認為總纂、協修等的聘任「不可以名位虛聲為高下，而當以有學術文章、能通史例者為上選，以有文采兼能潛心撰述者為次，見朱師轍著：《清史述聞》，上海書店出版社，2009 年版，第 28 頁。樊增祥獲得纂修提名，符合上述標準，亦未引起爭論，側面說明樊氏的學問在相當程度上與沈曾植不相上下。

〔註120〕《申報》1914 年 3 月 14 日文。

〔註121〕《申報》1914 年 8 月 21 日文。

〔註122〕關於清史館臣出處心態及其中蘊涵的勝朝記憶，可參考伏傳偉：《新朝與舊主的抉擇——清史館設置緣起與趙爾巽的就任》，《學術研究》2006 年第 5 期，第 104～109 頁，及林誌宏：《民國乃敵國也：清遺民與近代中國政治文化的轉變》，臺灣大學 2005 年博士學位論文，第 95～102 頁。

他對勝朝有哀悼「詩中亡國恨，分付翠瑤鐫」，但也時刻反省覆滅的教訓：

> 清以新政亡，九廟神靈哭。維新有三善，使我奉奉服。第一廢
> 弓鞋，第二禁罌粟。第三在官者，相繼解印緩。其為民賊蠹，不復
> 肆其毒。若賢士大夫，適以遂其欲。我昔居江寧，頗類羝羊觸。一
> 朝兵事起，來剪淞江綠〔註123〕。

他所謂亡於新政，當指辛亥革命，這裡足見對最後幾年政治的不滿，並為自己「順應」潮流辯護。他把癥結特別歸咎於宣統朝不但未平官僚集團的滿漢畛域，反而加緊皇族集權的步伐「前朝防制親貴，特防制其才且賢者耳；迄乎末世，不才不賢之親貴用事，舉一切家法而破壞之，國遂由之而亡，悲矣」：

> 清朝家法逾前制，不許天潢干預國是。詁晉紅蘭及紫瓊，只將
> 書畫供清閟。一從商部置尚書，岐薛門前鬧如市。媧皇一去天柱傾，
> 雲夢廣陵日驕恣。括財北宋青苗錢，談兵西川鐵如意。入朝黃閣俯
> 首從，還家紅粉千行侍。黑白五鬼使人迷，朱紫群兒自相貴。遂令
> 天下億兆心，競以虎狼待秦帝〔註124〕。

兩種極端而後者更甚，直接影響到包括張之洞、樊增祥在內的漢員的政治訴求和利益分配，引發不滿導致動搖了地方上體制內的統治根基〔註125〕。他進而否定了整箇舊秩序：

> 清官名士正經人，是造謗的機器；新衙門包打聽，是造謊的機
> 器；大挑即用，是造糊塗官的機器；不通翰林，是造腐爛闈墨的機
> 器；真卑鄙、假道學、大賄賂、闊親戚，是造陞官發財的機器；慳
> 客是造富的機器，揮霍是造窮的機器；野雞是造瘡的機器，飽食不
> 用心是造糞的機器；淫婦庸醫酷吏是造死人的機器，狂嫖昏賭、胡
> 吃混喝是病的機器，外國老鼠，是造瘟的機器；中國王貝勒軍機大
> 臣是造滅亡的機器〔註126〕。

這段罵得痛快，比易順鼎的恣肆有過之無不及，連同自己一併打倒，不拘繩

〔註123〕樊增祥著，涂小馬、陳宇俊校點：《樊樊山詩集》，上海：上海古籍出版社，2004年版，第1765～1766頁。

〔註124〕樊增祥：《近著樊山詩詞文稿》，上海：廣益書局，民國十五年版。

〔註125〕參考遲雲飛：《清末最後十年的平滿漢畛域問題》，《近代史研究》2001年第5期，第21～44頁，及李細珠：《清末預備立憲時期的平滿漢畛域思想與滿漢政策的新變化》，《民族研究》2011年第3期，第35～50頁。

〔註126〕樊增祥：《滑稽詩文集》，上海廣益書局，民國二年版。

尺，蕩佚無前，但對隆裕攜幼主這對孤兒寡母又時抱同情哀矜：

> 　　一朝兵氣滿乾坤，禪草東朝血淚痕。禁苑幽蘭啼貴主，曲江細
> 柳泣王孫。上公上公復何有，銅山金穴他人手。身非胡亥竟亡秦，
> 九泉爭見先皇后。

畢竟是舊臣，他對皇帝（而非皇權）的皈依仍然存在，在提到諸如「同治」、「宣統」時，仍稱毅皇、沖皇，且抬頭空一格以示尊崇；在與忠清遺民共話時，也總會流露出「誰與崇陵薦椒絮，孤城北望斷腸時」、「每看紙鷂傷屏主，欲檢銅人失御醫」、「平明奉帚龍標語，悵望昭陽念舊恩」的情緒，所以當北京政變發生後，他對逼走清室表示不滿；但在張勳復辟時，他卻冷眼旁觀，閉門聽雨「珍雷飛火崇朝起，著我蒲團矢石間」。這種區別對待人與事的態度，使他的「遺民」話語總有點左張右顧的迷離。

　　海外學者吳盛青將超社諸人稱爲「有情的共同體」，他們身居洋場「卻執著的將心影投射在一個封閉的歷史時空中，社會的巨變超越了這一代人熟稔的指涉體系與詩學語彙，但爲了互相慰藉、彌合創傷，在理屈詞窮之際，文學的創造力被迫激發起來，去言說那不可言說的痛」〔註127〕，常常通過帶有鮮明隱喻的意象或物象來完成，如共賞前代遺民的作品或勝朝遺物〔註128〕；最常見的是「陶淵明」情結，樊山詩中多次出現，除前引雅集詩外，尚有「無言脈脈傷亡息，有地深深說避秦」、「晚年同避世，高士在牆東」之句，以及寄予陳三立、夏午詒的《晚菊詩》：

> 　　擢之叢草間，菀然見孤貞。容色固不渝，遲莫敷春榮。穠華信
> 凤貴，澹靜獨晚成。物情向喧熱，天地有嚴凝。不葆後凋節，曷傳
> 西灝馨。地有壽客花，天有老人星。正色立中央，百卉失其名。惟
> 彼松桂林，歲寒猶可盟〔註129〕。

都在刻意模倣菊花、桃源書寫，筆者認爲，陶公形象在易代士人心中兼具「逸

〔註127〕吳盛青：《亡國人・採珠者・有情的共同體：民初上海遺民詩社》，《中國現代文學叢刊》2013 年第 4 期，第 47 頁。

〔註128〕王標認爲，前代的遺民事蹟對清遺民僅僅充當隨身用具的角色，他們要從「過去」當中汲取時間經驗所需的靈感和生命力。在時間經驗中，這種「實踐的過去」只是用來進行論證的，用以證明人們對當下和未來、對現實世界所抱有的實踐信念的有效性。王標：《空間的想像和經驗——民初上海租界中的遜清遺民》，《杭州師範學院學報》2006 年第 1 期，第 35 頁。

〔註129〕樊增祥著，涂小馬、陳宇俊校點：《樊樊山詩集》，上海：上海古籍出版社，2004 年版，第 1762 頁。

與「遺」的雙重面相，除了高蹈獨立之外，他不承認由宋代晉，完滿詮釋了「靖節」的所指；但樊氏只取其避世疏曠之一端，而行徑與自詡之孤芳自賞兩差。

相對於沈曾植、陳三立「耐得住寂寞」，樊增祥顯然沒那麼篤定，所以他的遺民表述，有一部分只是再現「他者的經驗」，而沒有轉化生成「自我的經驗」，更像在使用一種套語「所在意的只是一種象徵的身份，一種易代之際被格式化了的姿態，或者只是在政局未定的非常時刻選擇的全身遠禍的藉口與手段」〔註130〕，一旦政局穩定，他就聞召即走了。

最後引用當代學者的空間敘事理論來觀照海上遺民的生存與文學，熊月之曾指出，清遺民與前代的區別在於，他們除了殉國、反正、歸隱之外，又多了一條出路，就是躲進租界〔註131〕，這片「十里夷場」、「國中之國」，與紫禁城裏的小朝廷南北相望，成為特殊的所在「於朝廷無所負，於革黨亦無所忤」；這裡的治外法權保證了遺民的相對安穩「革黨反對君國，於外國則不敢犯」，（鄭孝胥語）；遺民圈夾在租界與民國兩個主流社會之間，成為典型的異質空間「它存在又超越了現實，遺民身在其中，一方面通過日常交往強化自我認同，另一方面在文學中虛擬了想像的遺民生活圖景，使得真實空間相形之下更顯得不真實；他們置園建樓，創造屬於小圈子的完美的空間，以對抗現實紛亂的世界」〔註132〕；「乾淨土」是詩人們常用的意象，用以區別已納入民國版圖的土地，甚至連家鄉都已歸不得「無復楚氛惡，眷言山氣佳」。

租界是個大雜燴「當國變，上海號外裔所庇地，健兒遊士群聚耦語，睥睨指畫，造端流毒，倚為淵藪；而四方士大夫雅儒故老，亦往往寄命其間、喘息定，類抒其憂悲憤怨，託諸歌詩，或稍緣以為名，市矜寵」〔註133〕。不同於過去遺民隱遁的僻壤山林，這裡意味著信息發達與變動不居，為了保持信念的堅定，他們刻意虛化或塗冷眼前的景象，以營造「為國服喪，守廬明志」的氛圍，「小樓」則替代土室的功能，「躲進小樓成一統」意味著與外界

〔註130〕同上，第34頁。
〔註131〕熊月之：《辛亥鼎革與租界遺老》，《學術月刊》2001年第9期，第13頁。
〔註132〕王標《空間的想像和經驗——民初上海租界中的遜清遺民》利用福柯的異質空間解讀遺民生存，陳丹丹《十里洋場與獨上高樓——民初上海遺民的「都市遺民想像」》（《北京大學研究生學誌》2006年第2期，第56～66頁）進一步從「樓」的空間隱喻展開分析。
〔註133〕陳三立著，李開軍校點：《散原精舍詩文集》，上海古籍出版社，2003年版，第986頁。

的隔閡，時間的凝固，自我的疏離「猶據一樓孜孜網羅放失，發揮墜緒，以寄其孤尚」〔註134〕，登樓則更具原型意味「於塵世則憑虛御風，獨隨樓而凌空高蹈，遺老們的形象經由樓得到了凝聚和昇華」〔註135〕。所以篤定的遺民多經年不出，或不會在乎居住的舒適，那裡不過是棲息靈魂的處所，越冷寂蕭索反倒越能砥礪心志；反觀樊增祥前後搬了四次家，越來越在意現實的享受，已然溢出安分守己的邊際。

第二節　京城寓公，歎老嗟貧

　　不光是樊增祥，這批遺民在前朝或為重臣，或為名儒，國變伏處，本就是不容忽視的政教勢力，故每每為各派拉攏。袁世凱的羅致尤為不遺餘力，參政院成立伊始，袁世凱曾親自致電瞿鴻磯、樊增祥等：

> 　　上海瞿子玖、薩鼎銘、袁海觀、馮夢華、樊樊山諸先生：時勢變遷，憂擾幾及三稔，生民痛苦，國本漂搖，得不亡者幾希。今雖大局粗定，而承破壞之後，道德淪喪，秩序蕩然，洪水猛獸之災，將恐復見今日，前途茫茫，莫知所趨；國之存亡，匹夫有責，況諸公一時人望，身繫安危，憂國之誠，切於饑溺，顧茲顛沛，能勿動心？參政之設，所以審議重政，建樹國基，要在整飭紀綱，挽回風化，庶幾神明之裔，不致淪為牛馬奴隸。鄙人顧慚衰朽，承乏大任，勉力負荷，深懼弗勝，扶顛持危，所賴同志，望即早日來京，共圖匡濟，幸甚望覆〔註136〕。

又遣特使章華赴滬敦勸：

> 　　華十三抵滬，連日與各參政接晤，函、禮、川資本別致送，並面述大總統殷殷禮羅之意，無不感佩同深。樊參政增祥，現已料量一切，須於下月成行；袁參政樹勳云「私恩公誼，均不容辭。一俟病體稍痊，即行就道」。瞿、馮兩參政，衰病情形，華所目睹，前電尚非飾詞，

〔註134〕同上，第1111頁。
〔註135〕【美】陳丹丹：《十里洋場與獨上高樓──民初上海遺民的「都市遺民想像」》，《北京大學研究生學誌》2006年第2期，第63頁。
〔註136〕《袁世凱未刊抄件》，社科院近代史所資料室藏，轉引自孔祥吉：《辛亥革命前後的朱啟鈐與北京》，《福建論壇》2011年第10期。

然深感大總統旌幣之隆，但筋力勉可支持，亦當赴京詣謝〔註137〕。
徐世昌亦云：

> 袁、樊北來，至深欣跂，玖老（指瞿鴻機）處仍望敦切勸駕，
> 京滬交通甚便，安車就道，無妨調攝〔註138〕。

樊、袁未有違言，瞿、馮託病推辭〔註139〕，但都沒有表現出決絕與勢不兩立；
當時另一位被徵召的于式枚，由於早年同與袁氏立於李鴻章門下，對其微時
醜行知之甚稔，所以峻辭不就，且極力諷刺「疾惡欻如風，義不恕親昵。皇
皇卻聘書，庶以懲不壹」，故有研究者指出「大體而言，除了部分再清季政爭
時和袁世凱有私人恩怨外，實際上清遺民對袁世凱的態度消極，情況不見得
如我們所想像那樣，絕對全然站在反對立場，甚至有時想法相當紛歧，而且
耐人尋味……並且他們的內心儘管厭惡袁氏，但又相當無奈，私心寄望袁能
維持現狀，保有清室之地位」〔註140〕。

袁氏為了籠絡遺老，還曾提議仿設元老院制度：

> 袁總統語府中人云：自民國成立，政海風潮異常險惡，故國中
> 一般耆儒碩彥，皆遠引高蹈，不願入此漩渦中，以致囂張分子乘機
> 得勢，政治日敗，民俗日偷。如徐東海、康南海、朱古微、樊雲門
> 諸人，皆係道德政治足為民法，屢經電聘，均極力辭絕。擬仿照漢
> 制養賢之意，設立元老院，以客禮相待，不任以政務之責，庶幾惠
> 然肯來，以匡不逮，而裨大局〔註141〕。

他每次都會把樊增祥列為入彀人選，如此知遇之恩，促使著樊山最終出山。

〔註137〕王爾敏編：《袁氏家藏近代史名人手書》，臺灣「中央研究院」2000 年版，第
101 頁。
〔註138〕同上。
〔註139〕瞿是袁邸紅人朱啓鈴的姨丈，朱擬迎居津沽，瞿已有允意，辛以出處宜慎，
人言可畏而未北行，見朱著《姨母瞿傅太夫人行述》，轉引自沉雲龍：《徐世
昌評傳》，中國大百科全書出版社，2013 年版，第 274 頁。
〔註140〕《民國乃敵國也》。對於保存清室，又可作兩面觀，一種是傾向復辟者看到袁
「之於清室馴順相接，曲意聯歡，徐世昌為隆裕服喪，並遵清制著頂戴入宮
跪安，大有身在民國，心存清室之概」，遂以為「吾道不孤，向之切齒於世凱，
比之為操莽者，至是論調一變，轉而頌袁，並謂世昌贊襄復古改制之種種措
施，殆為清室復辟掃除障礙之前奏，現應及早還政清室，以全臣節」，一種是反
對復辟者希望袁嚴禁頑民謬議，以正視聽，保全清室謙遜禪讓之美。見沈雲
龍：《徐世昌評傳》，中國大百科全書出版社，2013 年版，第 294～298 頁。
〔註141〕《申報》1914 年 2 月 17 日文。

樊進京稱晚，袁呼爲老友，聘其兼任總統府高級政治顧問，他投書呈謝：

> 民國四年一月四日，奉政事堂交令，內閣任命樊增祥爲高等政治顧問，因交知照前來，稽之於禮則曰：請問下民；取之於詩則曰：周爰諮度。在初唐則玄齡善謀，如晦能斷，俱爲天策之英；在盛唐則姚崇仁法，張説用文，並佐開元之治。民國始建，霸府斯開，蒐詢何止百人，高寄實惟三士。若增祥者，本下中之李蔡，兼篤老之馮唐，世詒虛聲，官無實效，顧乃謬承繢幣，屢往安蒲，既如宋仁宗曰「除卿參知」，又謂孟獻子曰「加人一等」，此蓋伏遇大總統求賢始隗，念舊徼嚴，知其更事稍多，有異於少年之盛氣；鑒其官遊已倦，特畀以宮觀之漆銜。增祥受福如天，汗顏無地，雖有一知半解，自覺於安危治亂無裨，置之三老五更，仍當以文字語言爲報。進難退易，豈有駑馬戀棧豆之思；年老力衰，愧無猛虎衛山藜之歡。所有感悚下忱，謹具呈恭謝明恩。

又受賜鈞書福壽大字，再上謝呈：

> 民國四年一月元日，由參政院頒到鈞書福壽字各一方，遵即鞠𢎥只領訖。伏念增祥趨朝五日，效虞殿之惟寅；錫慶三元，符周家之建子。恭維大總統中天一柱，君子萬年，納五族於福林，登群生於壽寓。天上手揮墨雨，年年澹元二之裁；人間頂戴紅雲，朵朵有疊雙之喜。增祥寒松歲晚，幽草天憐，數馬齒而增多，拜鴻疇之第九。大鈞造命，定無福薄之書生；美意延年，請頌壽人之樂喜，其爲歡忭，實倍恒常〔註142〕。

欣感之忱，溢於言表，駢儷藻飾，極盡阿諛，王闓運評價諸參政時謂「楊惺吾（守敬）有德有行，樊雲門有學有文」，高下立現。

民國四年，樊增祥授官少卿〔註143〕，進謝呈一件：

> 昨讀官報，除祥少卿，積愧滿中，無功報上。自維素食，已詠懸庭之狙；不分白衣，更作乘軒之鶴。昔史傳以十辰分等，六朝以九品官人，唐宋以來勳階尤重。民國參稽古訓，釐定今名卿大夫，

〔註142〕兩謝呈均見諸《申報》。
〔註143〕1914 年 7 月 28 日，袁世凱公佈《文官官秩令》，分卿、大夫、士，以上、中、下列爲九秩，1915 年元旦正式頒佈。

判為九等。少卿者，上三級之官也，比之魯國三卿，則孟孫之亞於季叔，方之晉國六卿，則欒伯之次於郤範。舉頭見日，誰云尺五天遙；振翼凌風，已在七層塔上。此蓋伏遇大總統堯仁普被，禹級親裁。燭武以老而見收，桓榮已衰而加禮。周廷逾道，上召伯者惟有兩階；宋代登科，若蘇軾者始入三等。祥鵜濡是懍，鶴俸空縻，雖云稽古之榮，實作無名之賞。若與遠宗噲伍，已身齊少將之班；回思西嶽峰三，愧秩比少華之峻。子房就少傅之日，甘屈於東海儒生；安道望少微之星，不敢薄吳中處士。肅箋陳謝，顧景回惶〔註144〕。

時人評此文「噲伍句切己姓氏，西嶽句喻曾陝藩，尤見工巧」〔註145〕。

當時，北洋政府正在試行縣知事考任制度，希望建立一整套現代化的既符合中國國情，又借鑒西方經驗的文官制度〔註146〕。據《申報》稱，袁世凱曾意屬樊增祥出任知事試驗委員長，樊笑曰「我作委員長，滿城桃李自是樂事，第我不知法律為何物，若果不自量度，輕於一試，則將來所取拔者，必多聲韻對偶之文，而於經世之大法，不免有所遺棄」，遂請徐世昌辭謝。他還曾與諸老上保存國粹條陳：

> 近年政界時論，均謂新學競進以來，固有之國粹漸有今不如古之象，不可不力圖挽救。而總統亦注意及此，特飭政事堂檢閱維持舊學之條陳，其中可資採擇者有二十餘件，內康南海、樊樊山、黃開文等所上國語、國學、讀經、正音等十二件，各省巡按使所上維持國學意見書五件，耆紳丁澤周所上振興教育系統內醫學辦法一件，已片交教育部，令講求實行方法矣〔註147〕。

民國四年九、十月間，袁世凱稱帝之心漸熾，國務卿徐世昌亟勸，不聽輒去，一時京中官吏多相率引退。袁疑平政院院長周樹模不附己，密令檢查其通問函件，周遂杜門不出；九月初三，樊山贈之詩云「須知威鳳翔千仞，莫作冥冥避弋鴻」，似乎默認了袁世凱帝制自為，泊園（周樹模號）則和云「攜

〔註144〕《申報》1915 年 2 月 5 日。

〔註145〕蔡雲萬：《蟄存齋筆記》，上海書店出版社，1997 年版，第 28 頁。

〔註146〕相關研究有李俊清：《〈政府公報〉、〈申報〉等所見民國縣知事錄用與管理資料》，《文獻》2006 年第 4 期，第 75～82 頁；鄧亦武：《論袁世凱政府的文官制度》，《濟南大學學報》2002 年第 1 期；姬麗萍：《北京政府時期文官考試與任用制度評析》，《史學月刊》2005 年第 12 期，第 54～60 頁等論文。

〔註147〕《申報》1915 年 9 月 29 日文。

手江湖歸去約，關懷風雨未來天」〔註148〕，勸老友一同逃離政治漩渦。

　　樊增祥在洪憲時代的態度和行徑究竟如何？這是他一生最可議之處，以往論者都依劉成禺之說，力詆其為「帝制文人」，比如集體獻詩：

　　　　黎元洪遷出瀛臺，袁世凱登極之前一月，以該地為宴集群臣之所，有師法康乾之意。當日大雪，項城詩思忽動，召帝制諸老輩文人，賜宴瀛臺，賦詩紀瑞。項城首唱，群下推樊樊山為祭酒，恭坐項城之下，如易實甫、王書衡、郭曙樓、吳向之（廷燮）、夏午詒、楊皙子等以次列坐，各賦恭紀詩。明日都下各報爭載詩章。與宴者纂《瀛臺賜宴恭紀》一卷「際快雪之時晴，抄宜春之帖子，賡揚聖世，榮記蓬瀛，一樓一閣，一石一樹，一額一題，一山一水，罔敢遺漏」。文中仍稱大總統，或稱今上，但也有」皇運重開」之語。

　　　　洪憲元年，文學侍從之臣，曾進宜春帖子，仿蘇子瞻《閣子詞》「藹藹龍旂色，琅琅木鐸聲」體制，貯以龍盒，書以鳳箋，帝制久長，真開國雅頌之音也。帝制失敗後，丁巳上巳，洪憲舊臣修禊萬牲園、什剎海，所為詩歌，感慨聖世，油然有故君之思，猶未公然直書洪憲，僅有署洪憲後一年者。戊午年上巳，傷感舊事，被諸歌詠，如樊山、石甫、羅惇曧、叔海、王書衡諸人。嗚呼，故宮禾黍，由大內而轉移新華，今之哀洪憲者，皆前日哀清室之遺臣也。拈江亭二字，寓新亭之泣，是日到者八十有二，樊山云「北來巳日四上巳，惟洪憲年觴詠停」。收句云「八十二人作嘉會，倍於永和癸丑山陰之蘭亭」……〔註149〕

甚至謝恩諂媚：

　　　　袁世凱解散國會，設參政院，搜羅清舊臣，國內名流，特聘樊樊山為參政院參政，待以殊禮。樊樊山亦刻意圖報，故參政謝恩摺有云「聖明篤念老成，諮詢國政，寵錫杖履，免去儀節。賜茶，賜坐，龍團富貴之花；有條，有梅，鵲神詩酒之宴。飛瑞雪於三海，瞻慶雲於九階。雖安車蒲輪之典，不是過也」。

　　　　世凱宴樊樊山諸老輩參政於居仁堂，宴畢，遊三海，手扶樊

〔註148〕許寶蘅：《許寶蘅日記》，中華書局，2010年版，第551頁。
〔註149〕劉成禺、張伯駒著：《洪憲紀事詩三種》，上海古籍出版社，1983年版，第219
　　　～223頁。

山，坐於高座團龍縷金繡牡丹花椅上，樊山視爲奇榮。大雪宴集瀛臺，舉酒賦詩，世凱首唱，樊山繼之曰「瀛臺詔宴集」，故謝恩摺及之。

樊山生平，酷嗜鼻煙，終日不輟。世凱賜以老金花鼻煙兩大瓶，皆大内庫藏，琵琶碧玉煙壺一雙，樊山亦目爲至寶。洪憲退位，樊山潦倒，仍把弄雙玉壺不釋手〔註150〕。

這些記載有些與當時的其他材料有明顯出入，如對於袁世凱，《申報》刊文中樊山始終稱其「大總統」，劉成禺則用指代帝王的「聖明」，筆者認爲前者更接近樊山手筆，雖然行文用典仍是舊式君臣式的稱謝感恩，但那正是舊文人闖入新世界後話語的圓鑿方枘；有些描述時序錯亂，如瀛臺獻詩當在民國四年底，而所謂「謝恩摺」即前文謝呈，乃寫於年初；此外關於洪憲年號，在私人著述如筆者所見之《藝風老人日記》、《榮慶日記》、《許寶蘅日記》中均有使用（許日記出版時改回民國五年），但各人對共和／君主的政治取向並不一致，很難就此考察沿用這一年號的眞實動機；而樊增祥這一時期的創作今已不存，僅憑隻言片語亦難窺眞相〔註151〕。最後筆者又遍檢帝制醞釀時期的各色請願書，均未見樊山姓名，所以鼓吹勸進的說法似難成立。

當時其他方面的評論亦認爲樊增祥反對帝制，就在嘈雜聲起的民四下半年，《申報》上有文章曾稱「對帝制持反對意見陣營中，老名士如樊樊山、王壬秋〔註152〕等自不必論」；風潮過後，《新青年》有評論指出「京師大僚中，若樊增祥、李經羲、段祺瑞、周學熙、湯化龍，均極端反對（帝制）」〔註153〕；曾爲袁世凱心腹，帝制後漸行漸遠的張一麐則說「聞當時僞造國民公意者，以江蘇文物之邦，須求一老儒爲弁冕，藝風以洪憲江蘇代表首列其名，遂爲平生之玷……藝風欲如近世王湘綺、樊雲門之俳優嬉戲，身享大年，固自易易，乃名山壇坫尚不如投閣之大夫」〔註154〕，雖不齒於樊、王，但末句點出

〔註150〕劉成禺：《世載堂雜憶・樊樊山之晚年》，中華書局，1960年版，第147～148頁。

〔註151〕另見署名「鸊鷉」者譏評樊山詩，其中有「丙辰某日作首句云『洪憲初元第一春』」。

〔註152〕王闓運的大名確實出現在湖南省請願名單上（一說爲冒名假意），但他又嘲笑袁如操莽。

〔註153〕分見《申報》1915年9月6日文，及《新青年》一卷一號《國體問題》。

〔註154〕張一麐：《古紅梅閣筆記》，上海書店出版社，1998年版，第4頁，袁給予繆五千元酬勞；一說謂三千元「繆入謝連呼兩聲萬歲」，見劉成禺、張伯駒著：

二人並未參與擁立的事實。

　　民國四年夏秋之際，繆荃孫進京，樊增祥曾有詩賦贈：

　　　　丁卯於今五十年，同年當世幾莘顛。玉堂故事尊前輩，滄海橫
　　流仗後賢。老健再臨龍尾道，徘徊重赴鹿鳴筵。兩翁心跡如鷗鳥，
　　臨水觀魚且信天。

　　　　琴舄三年歇浦東，亂離中又別離中。江南玉樹歌猶豔，薊北金
　　仙淚尚紅。黨禍劇於河北賊，詩名虛負渭南翁。邇來春旱傷禾黍，
　　更不如前過故宮。

轉年五月，繆離京後，樊又致書與詩云：

　　　　京邸匆匆才三四見，適弟移居報子街，紛紜數日。野鶴閒雲，
　　去來無定，實堪歆羨。若弟為家累所絆，若籠禽之望黌鴻，愧何如
　　也。時事無可言，館事亦無可言。忍饑誦經，或偶與笏卿、石甫顧
　　曲，生逢斯世，只可如此。

　　　　星象江東壽少微，金臺下馬駐斜暉。橋鵲所至無南北，遼鶴何
　　心校是非。商嶺紫芝待唐隸，小山叢桂隱蘇飛。白頭未了青燈事，
　　又帶前朝史稿歸〔註155〕。

坦言自己羈留京師，不與世事的境況。又有《內宴觀劇步石甫韻三首》云：

　　　　歷用周正動管簸，酒行漢殿酌銀槎。蠡旌陰羽圖王會，雉扇香
　　爐記帝家今懷仁堂即儀鑾殿。三部樂成初過錦，九天玉戲正飛花。蓬山
　　宴罷歸來晚，一道霜堤瑩白沙。

　　　　大元帥府罷鳴鑾，吹徹鵝笙未覺寒。玉蝀橋通西掖路，蒼龍闕
　　會北門官預宴多館閣舊人。舊伶亦有黃幡綽，藩將兼延受洛干謂蒙古王
　　公。七日鈞天趨帝所，耳明仙樂古來難。

　　　　雍門無復感田文，歌舞承平彩翠紛。天際亂飛疑玉雨，人間遙
　　望但紅雲。淋鈴休唱唐天寶，傳璽全殊漢政君。畫接殿頭呼老友大
　　總統呼余為老友，依然長揖大將軍〔註156〕。

前兩首描繪的完全是帝王氣象，頒正朔，會諸侯，宴賓客「清室與民國的兩

　　　《洪憲紀事詩三種》，上海古籍出版社，1983年版，第52頁。
〔註155〕樊繆詩書，見繆荃孫撰，顧廷龍校閱：《藝風堂友朋書札》，上海古籍出版社，
　　　　1980年版，第116～117頁。
〔註156〕吳闓生評選，寒碧點校：《晚清四十家詩鈔》，浙江古籍出版社，2006年版，
　　　　第219頁。

層政治映像，同時疊加在同一座宮殿裏，無論是賓客，還是演員，皆是前朝舊臣，同時又是新朝人物」，錯覺中透出弔詭的意味。第三首起筆與頸聯「皆刺譏也，而皆以撇筆出之，令人不覺，是為筆妙」〔註157〕，首句以雍門（齊國琴師，孟嘗君門客）與田文（即孟嘗君）作比，喻自己的勸告已無法扭轉袁世凱的野心；五六兩句以漢、唐興衰易代之典，意在民國肇興，是和平禪讓的結果，袁自有成全之德；暗示若一旦稱帝，則前功盡棄，終將背負王莽篡權的惡名；尾聯仍稱大總統，仍以前朝官銜視之，更將袁的身份置於不倫不類的尷尬中，委曲表達不滿，也不會同流合污。閔定慶教授在解讀時指出「全詩充滿了政治的荒謬與人生的無常」〔註158〕，處處意在反諷，卻都化於雍容平和之中，用心良苦。

再舉一例，民國四年農曆十一月朔，樊山七十初度，袁世凱特頒匾額「幸帝制未成，僅題大總統袁頒某某，上不書賜，下不書臣」〔註159〕，樊照單全收，但未見稱謝文字〔註160〕；他甚至還嘲笑那些對袁叩首稱臣之人。總之，諸多證據表明，樊增祥內心不擁護復辟帝制，也未參與公開支持活動；但他沒有隱遁，也未辭去參政職務，參政院三讀全票通過袁世凱更改國體案時，不知是否在場。他圓滑地虛與委蛇著，其行徑遭到了道德保守主義者梁濟的激烈批評：

> 癯公稱「樊山老鶴何曾一著緋」，語殊偏袒。如果鳴高抗節，自應真臥首陽，蓋出處大關乎師儒品格，勵一世之士夫，豈容輕假，況有顯著之事實，何得以詩人虛諛之語，遂含混謂不臣新朝？余素惡文人巧偽，丙辰年正月，曾以樊山《守歲詩》詳加批註，今不能自憶作何語，並曾將報紙裁下收存篋中，當可檢出，即以樊山自言

〔註157〕同上。

〔註158〕閔定慶：《桐城詩學的一記絕唱——論〈晚清四十家詩鈔〉的宗杜取向》，《南昌大學學報》2007年第4期，第96頁，然先生對樊政治傾向的解讀值得商榷：樊增祥出仕北洋政府，對共和政體並無違言，也未抗拒民國法統，他在結尾嬉戲和解構的是作為「洪憲皇帝」的權威和神聖，而非針對「民國大總統」。

〔註159〕陳衍撰，陳步編：《陳石遺集》，福建人民出版社，2001年版，第2024頁。

〔註160〕如擬聯稱王式通「面受二八旦，口稱六十臣」，蓋言帝制取消後，王式通與張一麐拜見袁世凱，王行跪拜禮，口必稱臣，張譏之有臣癖；奉軍入京，捕徐樹錚，誤獲王式通，被大罵王八旦王八旦。這種段子不足為信，聊備一說待後人證明，見劉成禺、張伯駒著：《洪憲紀事詩三種》，上海古籍出版社，1983年版，第52頁。

叨食雙俸爲鐵案證憑。試思參政之名則居之，雙俸之祿則受之，而
於出仕之形跡則又避而不居，欲洗而去之，天下豈有此事乎？夫共
和由禪讓而來，舊君遺詔本有爾大小臣工，力圖生民乂安，照常供
職之語，如果袁氏眞心爲民，即匡輔亦無失節之嫌，既覺察袁氏欺
詐行私，即拒避亦足自明。以樊之宦囊，豈尚至餓斃，乃《乙卯除
夕》詩似有居於友而未爲臣之意，余未能全記，曾亦思舊君以息民
之故，不惜舉神器大位而犧牲之，乃坐視民國財政奇窮，不以身爲
矜式，逍遙無事，擁俸安居，飲酒賦詩，日尋快樂，又自託於孤忠
遺老，以欺蒙天下後世之人，文人之巧，孰有過於私者〔註161〕。

梁之控訴與樊氏自述多有吻合，應爲實據，但「雙俸」之謂不知爲何，或
針對參政與總統府顧問言，而現有材料表明，樊山確未在洪憲時代被授任何
官缺；梁譴責的重點更在於他尸位素餐，危而不持，顚而不扶，而樊山或
似曾進言，但於事無補，所以轉向沉默的大多數，既乏補救之術，亦無羽翼
之功。

　　筆者推想樊增祥在民國四、五年的眞實想法，或與周樹模的自剖近似：
　　　　前清變民國，予等皆清室舊臣，民國無君，以人民爲君，予等
　　無二姓之嫌，皆可廁身作官。今袁氏稱帝，予等事之，棄舊君而事
　　叛臣，何以自解〔註162〕？

樊也說過「君臣之倫今已無」之類的話，他所認同的是北洋式的共和而非帝
制。他們不相信議會民主，嘲笑議員淨在無關緊要的小事上逞口舌之能「議
院紛然起相質，嫦娥卒於何月日。狂言詛咒攖天怒，論罰當爲搗藥兔」，將政
黨政治視爲鈎黨之禍，而於大事仍相信強力與獨斷；但他不接受君主式專制，
1914 年 12 月 28 日通過的《修正大總統選舉法》，規定大總統繼承人，應由現
任推薦於選舉會，名額以三人爲限，將姓名親書於嘉禾金簡，鈐蓋國璽，尊
藏金匱石室，據顧頡剛稱就是樊增祥的建議，最終袁世凱屬意黎元洪、徐世
昌、段祺瑞爲接替自己的人選。如果所言屬實，那麼他的制度設計帶有過度
時代的色彩，默認總統擁有絕對權力，但不允許世襲；對照韋伯劃分合法政
治的三種類型：傳統型、權威型（charisma）與法理型來看，樊山更傾向於以

〔註161〕梁濟著，黃曙輝編校：《梁巨川遺書》，華東師範大學出版社，2008 年版，第
　　　　245～246 頁。
〔註162〕劉成禺、張伯駒著：《洪憲紀事詩三種》，上海古籍出版社，1983 年版，第 186
　　　　頁。

權威型加上古禪讓制的模式解決最高權力的繼承問題。當時遺民中的「共和」
主張還有康有爲的「虛君共和」與勞乃宣的「周召共和」，相較而言，康說弱
化了傳統型政治中的君權（但又不能遽廢）而伸張憲政意義上的民權；勞說
承認袁世凱的合法性，但強調其「總統」威權應爲「君主立憲」的變體，當
任期屆滿後，須還政於溥儀〔註163〕，實現所謂「以今世共和之名，行古代共
和之實，外無更張之顯跡，內有默運之微機」〔註164〕；樊與他們的最大區別
在於，後兩者一心復辟清室，仍是遺民論調。

　　1916 年 3 月 22 日，八十三天的「中華帝國」終結，6 月 6 月袁世凱病逝，
次日黎元洪繼任大總統，29 日參政院宣告取消，8 月 1 日國會復開。樊增祥
曾被提名出任國史館長，但遭多名議員聯署反對：

　　　　國會議員李夢彪、高杞質問政府將以樊增祥充國史館長，有無
　　其事。其書云「竊以國史館乃一代之實錄，修史者須三長之通才。
　　昔人謂修史以用人爲本，用人以心術爲先，豈不以其心術之邪正，
　　關乎記載之得失也歟？自國史館長王闓運出缺，時難其選，久虛此
　　席。近據報紙揭載，政府將以樊增祥接充斯任，日內即有明文。雖
　　報紙所傳不盡可憑，而關係甚巨，不可漠視。查樊增祥前清污吏，
　　洪憲貳臣，薄有虛名，未聞大道。考其刊行之文字，大率俳優之辭
　　章，媟語淫言，傷風敗俗。溫冬郎無其輕薄，李笠翁遜其頑鄙，擬
　　之庾蘭成則詞賦罪人，目爲袁子才則詩家惡派。罪浮少正，幸逃兩
　　觀之誅；惡比劉歆，未至羽山之殛。按以出版之法，律有明條，懲
　　以媟俗之罪，咎何能謝。政府縱存寬大，不事誅求，奈何欲使宵人
　　反脣重任。且政改共和，事屬創造，舉凡經天緯地之制作，悉關千
　　秋萬世之觀瞻。一經失實，最易惑人。樊增祥至辛亥以來，猖狂益
　　甚，既不爲滿清盡節，亦不爲民國效忠，託跡東方，玩世自居。危
　　素老臣，對於共和則大肆譏評，對於袁氏則多方諂媚，故其論國會
　　則曰議員須加考試，及其得參政，則頌袁氏擬於仁宗，荒謬絕倫，
　　天良盡喪，追溯袁氏野心所由起，要亦此輩諛辭所釀成。蓋有袁章

〔註163〕見勞乃宣：《續共和正解》，第38～40頁，康、勞之説論述可參考林誌宏：《民
　　　　國乃敵國也：清遺民與近代中國政治文化的轉變》，臺灣大學2005年博士學
　　　　文論文，第152～156頁。
〔註164〕《民主君主平議》，見勞乃宣：《桐鄉勞先生遺稿》，臺灣藝文印書館，1964
　　　　年版，第44頁。

之獻符命，而後有王莽之篡弒；有荀彧之撰九錫，而後有魏氏之禪
代。佞臣元惡，相輔而成。古往今來，如出一轍。國家未始無才，
奈何齒及樊某。況樊某本不知共和爲何事，嫉民國若仇敵，一旦使
其廁身柬觀，秉筆蘭臺，淆亂是非，顛倒黑白，竊恐正大光明之事
業，反類謗書穢史以流傳，誣毀國家，以貽譏來許。要不僅因求米
而湮沒丁儀，挾私怨而妄評諸葛已也。本員爲尊重國史起見，依法
質問，有無其事，請即答覆，以釋群疑〔註165〕。

不乏成見偏頗，而樊增祥在「後袁世凱」時代的政界作爲，劉成禺這樣描
述：

　　　洪憲推翻，黎元洪繼任，樊山以同鄉老輩資格，遺書元洪，求
爲大總統府顧問之流，呈一箋曰「大總統大居正位，如日方中，朱
戶重開，黃樞再造，撥雲霧而見青天，掃欃槍而來紫氣，國家咸登，
人民歌頌。願效手足之勞，得荷和平之祿。如大總統府顧問、諮議
等職，得棲一枝，至生百感。靜待青鳥之使，同膺來鳳之儀」。元洪
接此函，遍示在座諸人曰：「樊樊山又發官癮。」咸問元洪何以處之。
元洪曰「不理，不理」。

　　　樊山之函，元洪久置不理。樊山每次託人進說，元洪仍嚴詞拒
之，且加以責難。樊山等恚甚，又函致元洪大肆訕罵。函至，元洪
出函示在座諸人，其警語有「將欲責任內閣，內閣已居飄搖風雨之
中；將欲召集議員，議員又在迢遞雲山之外。自慚無德，爲眾所
棄，唯有束身司敗，躬候判處。大可獲赦罪於國人，親可不賤辱於
鄉邦。藥石之言，望其採納」。函中云云，全暗指當時段內閣組織未
成，府院已生意見，在京參、眾兩院議員，正群集北京雲山別墅，
談恢復國會兩院之條件也。或有勸元洪每月致贈若干金錢，元洪仍
不允。

　　　民國七年徐世昌任總統，樊山等又爲賀表，以媚水竹村人，徐
乃按月致送薪水。京師遍誦其賀函，且目爲三朝元老。予友陳頌洛，
搜集北京舊物之有關掌故者，曾在徐家獲得樊山親筆賀文，並謄以
詩云「明良元首煥文階，會見兵戈底定來。四百餘人齊署諾兩院議員
四百餘人，爭扶赤日上金臺」、「南北車書要混同，泱泱東海表雄風。

〔註165〕《申報》1916年12月26日刊文《樊增祥長國史館之質問》。

七年九月初三夜，露浥盤珠月韜弓」，曲盡頌揚之能事〔註166〕。

將一個晚節殆盡，官癮屢犯的失路者刻畫的入木三分，可史實果真如此麼？就在黎元洪繼任不久，《申報》刊登的一篇時評或可參酌：

> 樊山推薦黎公繼任大總統發表之後，中外人民爭先致賀，以表歡迎。某報曾載孫少侯（按，即孫毓筠）電賀黎公一節，各界已傳為笑談。茲聞中國才子樊雲門氏，亦於日前上書恭賀，文詞典麗，燦然可觀。然細按之，實無意義可尋。內有龜山毓秀，誕生聖賢一語，將黎公比之於尼聖，亦殊未恰。並聞隨同賀書更有條陳一紙，主張大借外債，維持金融，適與黎公宗旨相左；其中又有請徵聘海內遺宿一條，似與黎公意見不背，但呈中列舉多人，皆非知名之士，如易順鼎、曾重伯等，樊皆薦諸政府，以為海內遺宿，聞黎公覽閱未終，一笑置之〔註167〕。

其中亦提到徵聘一事，但樊是作為前輩向黎推薦，並未提及自己；而黎之不屑，亦只針對其所薦非人、所議非宜。徐世昌於1918年9月4日當選總統後，決定聘請清史館總裁趙爾巽、前山東賑務督辦呂海寰、前江蘇布政使樊增祥為顧問，每月聘金1500元「優異實所罕見」〔註168〕，樊對徐確實感恩戴德，但三朝元老之說似嫌刻薄了。

袁世凱死後的中國，政治上更加四分五裂，連年征戰，京師丁巳（1917年張勳復辟）、庚申（1920年直皖戰爭）「兩度危機過柏人」：

> 十年朝局等羹螗，逐虎何心復進狼。白日鬼從虞水見，赤天魔送靖康亡。總持宇宙諸軍事，分裂河山幾帝王。民賊紛紛託民意，可憐黔首盡夷傷。

> 金臺非復舊神京，畿輔三年兩被兵。苦瓠擲從門外破，白瓜夢向殿頭生。跛奴任策青絲馬，逋客思騎碧海鯨。省識柔存剛折意，莫疑索蜜困臺城。

> 中書教令即王言，當筆何人繼陸宣。顛倒龍顏談用捨，紛紜蝠燕競朝昏。鬼頭梅子羞南士，人肉餛飩餉北門。今日金倉成底事，肥羊細酒莫重論。

〔註166〕劉成禺：《世載堂雜憶》，中華書局，1960年版，第148～149頁。
〔註167〕《申報》1916年6月17日。
〔註168〕《申報》1918年10月28日文。

　　凶門鑿出慘蟲沙，卻入王城兩建牙。後一蟹輸前一蟹，内長蛇
避外長蛇。湯求續命哀群醜，餅進消災勸宅家。聞到黃金買歌舞，
將軍閒暇聽琵琶。

　　漢宮滿目舊儀非，世事悠悠意每違。一榻兼容十國臥，千金能
購幾人飛。灰坑自昔傷秦暴，發祉於今恨管微。南北眼光注江漢，
寄言春鳥莫催歸。

　　五季煙塵不啻遇，四方郊壘尚星羅。婦人仲達平生辱，壯士僧
超伉慨歌。舊姓金刀誰滅火，中朝玉斧久無柯。紫垣盡撤方磚賣，
從此王城不復葳〔註169〕。

進入二十年代後，軍閥割據於外，派系鬥爭於內「外重之局遂成，中央特守
府耳」〔註170〕；1921 年，戰火延燒到了詩人的家鄉湖北：

　　橫流滿天下，吾鄂居其衝。誰道不如歸，兩耳豆塞聰。五季雖
亂離，鶯花詎絕蹤。百千萬億人，甜苦寧能同。長夜何時旦，此事
由天公。

　　大好江鄉菡萏天，戎車六月出幽燕湘軍圖鄂，順德一師移屯漢口。
人相食後猶催戰湖北大災，眼拔釘時更斂錢。

　　昨聞鄉國退災星，七稔荆湖困重徵。睒睒爭呼天狗下，遲遲仍
作土牛行（故督知為眾所惡，遲久乃行）。洪流鵲岸方憂溺，大暑羊嶁未
解兵。何獨黃河清不易，十年江漢未澄清〔註171〕。

湘鄂戰爭間接成為第一次直奉戰爭的前奏〔註172〕。1922 年戰亂又起：

　　紅爐暖酒通侯邸，寒餓千人萬人死。白骨薊野高如山，碧血塞
垣流作水。白山黑水古營州，雪虐風餐戰未休。可憐鐵甲徹骨冷，
可憐戰馬無人收。馬皆帶甲人饑凍，援兵數萬教誰用。賊來土空不
及裘，兵入蔡州猶作夢。

兵燹過後「流人不歸農，雁戶塞畿輔」，樊增祥滿目哀鴻遍野：

　　亂離北里饒春怨，聲唳南園怯夜遊。狸豹縱橫滿城市，欲從何
處問靈修。試把金甌喻地形，難憑玉斧消兵氣。癡雲遙共戰雲橫，

〔註169〕樊增祥：《近著樊山詩詞文稿》，上海廣益書局，民國十五年版。
〔註170〕王逸塘：《今傳是樓詩話》，收入張寅彭等編：《民國詩話叢編》第三冊，上海
　　　　書店出版社，2002 年版，第 329～330 頁。
〔註171〕樊增祥：《近著樊山詩詞文稿》，上海廣益書局，民國十五年版。
〔註172〕王斌：《湘鄂戰爭述評》，《軍事歷史研究》2007 年第 2 期，第 94～102 頁。

今月爭如古月明。幾多思婦燈前淚，十萬征夫江上營。昔人望月思鄉縣，月與固相兩不見。白骨滿地夜烏啼，碧血爲磷山鬼怨。高秋八月江水寒，夷歌夜哭楚江干。半饑半溺半炮火，月姊低頭不忍看。天上姮娥猶不忍，月宮深閉娉婷影。人意天心概可知，朱三王八終無幸。旅食京華久息機，年年此夕盼清暉〔註173〕。

這種肅殺之氣，較之二十年前的庚子之亂有過之無不及，詩人反思道：

神州雖陸沉，任責匪我屬。鸞皇自飛天，龍蛇從起陸。如車必同軌，如帛須有幅。安能效狙公，盡殉狙之欲。

在他看來，民國以來綱紀紊亂，致使仁義充塞，所盼望的統一局面也「時論屢言而卒無成」：

連兵不戰盜如毛，建議無過統一高。淆亂群言社謀鬼，和平結局野途膏。震驚京闕圓明火，強割臺灣日本刀。國恥邊仇俱不記，干戈邦內競孫曹〔註174〕。

這些反映戰爭前後慘景的詩，可當民國詩史觀之，但他僅僅是在詩中哀歎「只愁天下亂，益我津橋悲」，梁濟批評「空言憂傷，徒以文爲」；的確樊山有意疏離政治，唯食祿而已「畫描貧樂清吟裏，屏退災星忍事中。笤帚庵無天下志，但知花徑掃殘紅」，而把精力都放在了宣南各種詩藝社會上，當時較知名的有樊增祥之稊園社，代表人物許寶蘅、郭曾炘等，兼玩擊缽吟與詩鐘〔註175〕；曾炘子則澐（字蟄雲，號嘯麓）在家宅中舉辦的蟄園社，這裡曾是乾隆權臣福康安的宅邸，後由郭氏闢西園招待寓京名士「枝柯如借上林棲，廊宇全規內家式」，1920 年開社「結社更廣月泉例，始自共和九載多」，一時「閩粵江楚盛才彥，野王二老策杖從」，都中文人麇集，以玩擊缽吟爲主；還有關賡麟等人組織的寒山詩鐘社，當時幾乎在京的所有舊文人都參與其中，一時盛況，可由易順鼎公子易君左的《寒山詩社學詩鐘》一文中管窺：

中國的革命運動從初期的發動到最後的勝利，這一段較長的時間，南方的社會秩序是經常不大安定的。傳統的政治制度既經破壞，新思想突起而抬頭，那些散佈四方特別是流寓南方依附舊日帝室的

〔註173〕樊增祥：《近著樊山詩詞文稿》，上海廣益書局，民國十五年版。
〔註174〕同上。
〔註175〕樊增祥云「詩鐘起於閩，謂之改詩。後乃改爲擊缽吟，今兩存之」。

遺老，與旋轉於新舊之間的高級官僚政客，還有一部分自命爲經綸滿腹、牢騷抑鬱的文人學士，這一系列的文人，自然而然趨時到北方，在以袁世凱爲首的北洋軍閥的武人集團下重新結隊，維持他們殘餘的生活情調。

但也有少數人例外，有些和清室並沒有什麼的深邃淵源的舊文人，僅把改朝換代這件事看做一種世局的滄桑，附以一點欷歔而已，而且既已建立了一個五族共和的國家，則效忠民國與效忠滿清並沒有什麼古書上所謂失節之處，於是仍然靜靜地住在古都，照常地詩酒留連。

把以上兩種型態的文人集團那在一種組織裏面的，最大的一個文藝團體就是寒山詩社，這是民國初年古都北京的舊文人淵藪，失意的官僚，過氣的政客，頑固的遺老，夾著一部分達觀的詩人，落拓的才人，過時的志士，脫去了政治的舊衣，回復到純文學的本來面目，點綴著當年古都的暮景。

……

從我的記憶中還能寫下來的名字，當然都是我的父執或前輩，而這些曾經轟動一時或是在歷史上寫下過一筆的姓名，又爲我親自見到的，如所周知，有王闓運、陳寶琛、樊增祥、王式通、羅惇曧、關賡麟、高閬仙、陳衍、林紓、嚴復、梁啓超、宋育仁、馮煦、鄭沅、袁勵準、王樹枏、蔡乃煌等，都是我父親的舊友，這班有名的文人常常舉行季節性的集會，例如法源寺丁香初放或崇效寺牡丹盛開，當上巳、端陽、中秋、重九佳節，大概就有一次詩會，弘揚數千年傳統的風流餘緒，而滌蕩胸中的塊壘，經常每星期日則有一次詩鐘集會，地址在宣武門大街的江西會館。

……詩鐘截卷後用餐，飯後各人休息一會，靜候主課人評定甲乙，然後放榜，並不擊缽，乃用油紙分發，雇有寫榜人及油印人。主題是公推輪流擔任的，投入的鐘卷不記名，自己留底子，到評定後由主課人高唱，才知道是誰人所作。主持人自己不做詩鐘，以示迴避。入選前四名：頭名爲狀元，二名爲榜眼，三名爲探花，四名爲傳臚。前四名並無獎品，只是一種名譽獎，大家向他們幾個拱拱手，嘻嘻哈哈的表示恭賀一番罷了，會場裏的氣氛倒是很自由的，

無拘無束的。

接下來就寫他親眼目睹到那些老名士的樣態：

這次人生難逢的際遇，得以在這個幽雅恬靜的詩會裏，默默的觀察甚至可以說是欣賞這些人物運用詩句的情景和動態，看他們是如何一下捉到了靈感，而產生美麗的句子。

國史館長王闓運戴著一頂小紅珊瑚頂的瓜皮小帽，偶而出現，有說有笑，常常打破詩人們的沈寂。兩耳小如鼠而享大年的方伯樊增祥，穿著紅袍黃背心端坐著，用鼻煙薰出他的文思，忽然一個大哈哈，音如洪鐘，就是得到好句的訊號了。那個精緻的碧玉小鼻煙壺永遠是上海道蔡乃煌覓句的利器，精警的句子是用鼻子嗅出來的；交通部長關賡麟的敏捷，交卷最勤的是他。長沙有名的真正探花鄭沅，在詩鐘上的探花並不多見。而前輩中之前輩，除王壬老外，還有一位太子太保陳寶琛，他在運思時時何等凝重。並不把敲鐘當作一回事，而靈思自然泉湧，信手拈來皆成妙諦，諸老之中恐無第二人能夠趕上我的父親了，所以後來被稱為詩鐘之王。

……

寒山社詩友集當時詩人之大成，詩不用說了，即以詩鐘說，名聯之多，美不勝收。父親與叔父（按：順鼎弟由甫）作詩也好，作詩鐘也好，有一特徵與眾不同，即決不用偏僻的古典，用比較通俗而為一般人熟知的典故。有些作詩鐘的老先生，天分併不太高，胸藏也不甚富，只為炫新立異，竟至「本店自造「的捏製典故出來，以致鬧成笑話。在寒山詩會上即有一兩次，馬腳露出，全堂嘩然，你想那些博學鴻儒，名賢時彥，在寒山社詩友中不乏其人，怎能逃過他們犀利的眼光呢？〔註176〕

他寫出了那個新舊駁雜的時代背景下，如同樊增祥這般文人，在脫離了原有政教體系後，只有聲氣相求，呴濕濡沫，才能重新確認自己的存在價值，而各種形式的詩藝成為他們賴以維繫情感，或是追憶過往的主要媒介，這些詩之於詩人，功能更多在於「可以群」；梁濟曾批評他們：

關賡麟、羅惇曧、樊增祥、易順鼎既居政界，又為名士，設詩鐘社，

〔註176〕易君左：《易君左自選集》，臺灣黎明文化事業股份有限公司 1976 年版，第185～190 頁。

月爲四會，每星期四於別業舉行，乙卯四月竟爲第一百廿三次之會集，誰謂吾國不太平哉？若觀其所作之詩，固未嘗不憂憤也，見小盛則頌揚，聞警耗則悲歎，蓋文人除能言之外，無所事也〔註177〕。

樊增祥則自解道：

君不見沿邊七省豺虎惡，近畿百萬鴻雁饑。歌臺食肆日充滿，博場妓席滋沉迷。吾儕雅集匪效尤，眾罪何忍獨醒爲。

雖沉迷於遊嬉，而未嘗不憂慮。詩鐘的玩法類似創作試帖詩（賦得某字），容易使這些經歷過科場的文人產生親近和認同，樊增祥就曾坦承喜作詩鐘，一個原因在於平生無他嗜好，惟喜考試，時常技癢而藉此排遣；詩鐘雖僅爲娛樂項目，但對學問的要求也較高，時人曾記「年來詩鐘，以典實派最爲盛行，蓋因白句詩鐘，易流於淺率空疏，當夫寫景言情，皆黃矛白葦，彌望相同。典實派遂起而代之，試觀寒山、穉園二社詩鐘，即可知製鐘之趨勢也」〔註178〕，這正應了樊好炫技逞才之癖，而他博聞強記，腹笥鴻富之優長，也確令同人折服，姑舉許寶蘅一例：

前在寒山社作詩鐘，題有「翦」字，樊山用翦張酒趙故事，余謂其「翦」字乃「箭」字之誤，茲閱《漢書》，乃知《遊俠傳》作「箭張」，而《王尊傳》則作「翦張」，並非誤，用以欺人。甚矣！己有所不知，不可輕於議人；己即有所知，亦不可輕於議人。方其時，自謂知之甚確，而不知僅知其一也。且以爲能糾正樊山之訛，甚覺得意，恐已有人竊笑於後矣〔註179〕。

除了「舊雨並集寒山社」，樊增祥在入徐世昌幕後「客星還耀晚晴簃」，參與《晚晴簃詩彙》的選編工作，1919 年 4 月，徐在集靈囿設立詩社一所，名曰「晚晴簃詩社」，並刊印詩詞章程、凡例十條，如王晉卿、樊樊山等名流皆在其中；並下令徵集各省詩歌巨製。初徐主張徵集詩詞以已死前清之名流隱逸著作爲限，已蔚爲大觀；而樊山等人則偏欲並未死之名流著作一併列入，意在將自己著作列入清選，或有廁身遺民之用心。根據公府秘書廳《徵詩通啓》知被聘爲選政者有樊增祥、王樹枏、易順鼎、周樹模、柯紹忞、郭曾炘、秦祐衡、徐又錚等；樊、柯被委任爲總校閱，又因樊年輩高，推其選《初學》、

〔註177〕梁濟著，黃曙輝編校：《梁巨川遺書》，華東師範大學出版社，2008 年版，第 220 頁。
〔註178〕傅芸子：《芸簃鐘話》，《南金》第五期，第 26 頁。
〔註179〕許寶蘅：《許寶蘅日記》，中華書局，2010 年版，第 530 頁。

《有學》兩集〔註180〕。

　　當時在京的左紹佐、周樹模與樊增祥並稱楚中三老「野王二老淡榮利，與我交期如弟兄」，他們都經歷了由「仕清」到「遺民」再到「仕民」的升沉起伏，如今又同為退宦詩人，孑然寓公，與時代已經漸行漸遠了：

　　　　削跡城南客，鷗鄉竊自封。望嫌梅信遠，枯與柏枝同。孤憤身還在，深禪愛不空。故人還一見，心月靜圓中。

　　　　老至誰牽挽？年災幸復除。村田尋樂府，堂贈摘經疏。孤唱詩無況，畸人算所餘。打門翻一笑，何處月儀書？

　　　　檢點巾箱帖，風流故可思。物情三世變，心跡兩人知。歷序差秦讖，遊蹤隔蔡兒。韓陵遙共語，端不謗傷疑。

　　　　望斷高樓眼，風雲萬里陰。我春愁不見，諸夏亦何心？蜀魄空山怨，荊屍暮氣深。天河須洗甲，憔悴浣花吟。

　　　　漢井窺重燧，巴蛇理必殲。銘須刊鼏鼎，語與卜遵簾。詞入中興妙，餐當晚飯添。癡人相惜慣，不用笑炎炎。

　　　　呫呫書誰識？綿綿夢亦稀。春隨南雁去，書有北人歸。野語紛陵雜，文身較瘦肥。韭花應有帖，晝寢療輖饑。

　　　　周侯惠我好，韻字相相酬。手為溫岐舉，心憐趙孟偷。寒宵髭乍斷，夜室燭頻求。為報喁於集，鐫工闕未鳩。

　　　　踞竈思前語，傳燈付後人。朋尊詩耐久，花語室生春。白髮三千丈，清江卅六鱗。上元嘉節近，催踏梵王輪〔註181〕。

　　　　道家習忍默，養生提四印。社飯念先朝，禪茶甘素分。老生多常談，動為群小愠。今無白虎殿，何有通德論。

　　　　非酒不祓愁，非詩不答問。火箸撥陰何，爐灰深數寸〔註182〕。

晚年詩作已逐漸褪去輕曼，而轉向宋風的清峭「吾詩與老梅，瘦健略相似」，鬱結著老境的孤淒，失路的懺悔，世事的紛亂，人言的嘲諷。他在新舊兩派之間都不討好「世間快心事，一件作不得」，於是回頭思念「索居細數淞濱事，超社人才彼一時」的日子：

〔註180〕陸瑤：《〈晚晴簃詩彙〉研究》，蘇州大學 2013 屆碩士學文論文，第 3～10頁。

〔註181〕樊增祥：《泊園攜示天琴詩悵然增感漫和》（1918 年），見樊增祥：《近著樊山詩詞文稿》，廣益書局，民國十五年版。

〔註182〕樊增祥：《乙丑年社日過笏公遂招樸公城南來會》（1925 年），出處同上。

　　舉家入京洛，海曲朱扉閉。芳花讓客看，無與主人事。乃知人

看花，亦猶國取士。上品輒投閒，賞心乃其次。

但海上遺民似乎並未原諒他，自甲寅別後，陳三立、沈曾植的集子中就再難

覓到與樊山的唱和了，甚者如羅振玉，見卷中有樊的題詞，竟不願與之同席；

樊山雖多有寄贈，亦鮮有回音，如壬戌年《寄懷子培滬上》：

　　干戈五季莫言文，壇坫東南獨使君。蕉夢之中人未醒，松風以

外我何聞。夜看康節天心月，秋贈通明地肺雲。人壽河流清可俟，

未妨九載暫離群〔註183〕。

後又四寄，久不得報，八月廿七再用前韻寄之「昔是吳淞鷗鷺群，如今消息

斷知聞」、「亂世有誰三不朽，衰年何止四宜休」，極力自辯，不日沈答詩適至，

述其入秋病狀甚悉，今已愈，樊又奉慰；其實此時沈曾植已病入膏肓「七月，

薄感時行三日，而心志身力盡失，幾莊子之所謂『吾喪我者』，然起坐故猶如

常。八月初二，便皆閉，腹脹欲死，又恍悟盧升之自投潁水，非無由也。佛

蘭謝醫以歐法治之，殘喘懂懂，呻吟病榻，又十餘日矣。病中得樊山老人寄

詩五首，雖呻楚不忘在口，時和一二韻，積日成此」：

　　淡極煙痕九點州，大圜廣廣夢悠悠。思君共飲金波月，宿契應

同白玉樓。百藥煎餘成瘣木，六師回笑餓金頭。邱君運盡才還盡，

摘句尋章卒未休。

　　草草生涯七十三，厄年突過劣猶堪。雞魚蒜在都無味，老病死

招行總甘。餘業倘猶纏故紙，埋身隨處即山庵。新因舊果終難昧，

唵字仍依北斗南。

　　不死何妨更論文，冀州飆舉思夫君。金華汁盡收殘墨，黃葉揩

幹省舊聞。俗諦一星成劫火，故人千里夢秋雲。年年心緒凋殘盡，

念我還山鳥失群。

　　戲樂嚴禪候解題，思君隨願見君時。飛揚雲氣隨菜母，埋沒卿

名閟祝其。學究殘編途毒鼓，太公家教驗神著。飛天朱鬘遙相親，

擾擾甘陵部黨爲。

　　踢倒須彌法界開，大香水海淨無涯。花臺須芷都成佛，月路靈

祇不受齋。浪跡倘留清辨窟，閒情偶折魯公釵。秋風萬里蕭寥去，

著個詩翁病亦佳〔註184〕。

此乃乙庵拼命所作之絕筆，樊聞噩耗大慟，陳《哭沈子培四兄》〔註185〕：

> 辛亥而還天雨兵，春申林下會耆英。永嘉流寓常多病，兜率先歸似不情。靈運已成喬答去，戴逵何敢少微爭。群兒任撼蚍蜉樹，自有千秋萬世名。

> 報我瓊琚甫決旬，漢家末運失精神。梅花十月虛相贈，薇蕨空山慘不春。奏事明奎還紫府，榜門通德拜黃巾。周京彼黍傷心淚，灑向江天哭故人。

至此，自同光年間起就與樊山有故的舊雨盡數凋零。友朋墓草久宿，自己卻安享大年：

> 天地固好生，彭聃自求福。底處覓仙方，養心唯寡欲。

> 萬人忙裏一人閒，八十衰翁但信天。身事不營況家事，無愁無病即天仙。作善自呈眞壽相，遺榮懶算小行年。心爲形役非高士，身謝人扶即地仙〔註186〕。

然而「壽則多辱」，樊山在生前就飽受爭議，他自己也心知肚明：

> 今世侈大同，無復敍倫輩。耄期百無能，敢不後生畏。眾沫欲漂山，要皆自取戾。十謁九不見，能無叢詬厲。

> 直道頗攖世俗忌，虛名亦荷交遊稱。在官多譽亦多謗，苦身忍癢復忍疼。我才無多嬰眾忌，一生手板常倒持。向來前輩多勝謗，惟恐今人不好名〔註187〕。

其中有對他甲寅出仕的不齒：

> 終遺康成見本初，文人言行竟何如。樊山已拜參知席，東海曾懸太保車。難煞叔通新議禮，更傳中散絕交書。首陽欲餓今無地，且復彈冠竟歲除〔註188〕。

也有譏其附和帝制者：

> 詞章學問之餘，而足以睹其所學者也。西崑綺靡，正人罕焉，

〔註184〕沈曾植著，錢仲聯箋注：《沈曾植集校注》，中華書局，2001 年版，第 1486～1489 頁。

〔註185〕樊增祥：《近著樊山詩詞文稿》，上海廣益書局，民國十五年版。

〔註186〕樊增祥：《近著樊山詩詞文稿》，上海廣益書局，民國十五年版。

〔註187〕同上。

〔註188〕春風草廬主人作，載於《申報》1915 年 9 月 11 日。

> 樊山負詩才，所作輕薄，殊無骨幹，其爲揚雄之美新也，亦宜憶其
> 丙辰某日作，首句云「洪憲初元第一春」。朱彊邨先生云，弗論其他，
> 則以句法言，亦爲疊床架屋，則信乎丘靈鞫文章日退矣。人品既下，
> 文字從之〔註189〕。

或不滿其假言共和：

> 試問盈廷諸公，果係深知世界大勢，中國不宜復有君主，抑並
> 未了然，而姑以人云亦云附和共和，既遂其避難畏禍，又得以希寵
> 求榮。辛壬之際，諂諛干進者爭以口頭共和爲奇貨，恐失此不言，
> 將成劣敗，而心實未了也。與庚子諂附義和團惟恐落後者無異。此
> 皆昧良心，不顧理，苟求富貴，畏死避禍之人，絕無眞意，奈何用
> 以資緩急……此豈時人所能希望乎！君子一言以爲智，一言以爲不
> 智，擾亂天下，能發而不能收，其禍可勝言乎！〔註190〕

當時《禮拜六》曾根據「共和而後，勝朝大吏強半隱居，而人品不同，志趣
有別」，分爲九等：

> 擬將逸居而盡力地方慈善事業，或有益社會問題者列一等，鬻
> 書畫自活者列二等，文酒自娛者列三等，酒色消遣者列四等，極端
> 盡忠故主者列五等，忠於故主者列六等，隱居而交通官場者列七等，
> 初誓死不仕，終被政府引誘作官者列八等，掛遺老招牌，暗中運動
> 作官而達目的者列九等，以至公無私之態度而成此表，無毫髮愛憎
> 於其間，雖不免唐突逸老之咎，究屬爲小子滑稽之戲。

樊增祥與王闓運、王樹枏、李家駒、陶葆廉、徐世昌、趙爾巽同列八等〔註191〕，
也許反映了社會普遍對這類人物的評價。

　　筆者認爲，從樊增祥七十歲之後留存下來比較完整的作品（1917～1925）
看，他晚年的心境時常處於矛盾之中；而1914～1916年的作品，今已闕如，
這恰恰在他在北洋政府任職期間，是有意刪削，還是根本噤聲，我們已不得
而知。不過從他之後的詩句中，我們讀到了他對昔日的自我否定「借非經綸
手，履屐皆失次」、「十載觀棋朝朝錯」，甚至懺悔「官職文章兼老壽，只應慚
愧庾蘭成」、「楚人怕讀楚離騷，歡喜詩成借解嘲」；他曾經希望看到的「五族

〔註189〕鵷雛：《自由談屑》，載於《申報》1916年6月19日。
〔註190〕梁濟著，黃曙輝編校：《梁巨川遺書》，華東師範大學出版社，2008年版。
〔註191〕《禮拜六》第181期。

「共和」氣象，卻在「辛亥而還歲十遷」後「眼看變夏不如夷」，取而代之的是無休止的征伐「自開國以來，其始僅聞秩序之維持，其繼不聞匪僻之取締，又以兵變以後元氣大傷，不能不補苴彌縫，由此人心縱恣，從惡如崩，竟有一瀉千里之勢」〔註192〕，更始之際竟如此亂象叢生，樊山大爲絕望：

> 盡道新朝人物佳，議和遍致合歡鞋。人人石尉財爲累，處處湖陽事不諧。金甌枚卜竟何成，鼁錯蠅爭舜禹驚。若爲廷【上義下耳】題國號，元年應紀大昏名。蠻爭觸鬥此何年。榆綠羞爲新莽錢。戰地輸贏同格五，官場起落等秋韆。

他無法想見憲政對權力的制衡，卻欲後轉重唱遺民的老譜「新法漫與朝士論，舊德端期吾輩存」：

> 崇陵歲薦寢園春，甫也心傷杜宇臣。飯是家常人老壽，長安市上幾遺民。漫從典午著陽秋，遺逸當年亦貴遊。館閣前修此數翁（郭春榆宮保、陳弢庵太傅），興亡始終秉清忠〔註193〕。

當新的時代並不那麼使他心情愉快時，那個剛剛逝去的王朝就在他心中成了一種批判現實的依據，成了時時追憶的象徵〔註194〕，往者猶可追，由此引起對自我身份的重新體認。他與忠清遺民瞻仰故地，緬懷前朝，如《戊午春莫湖邸丁香盛開王會長約爲茶會爲賦長歌紀之》：

> 太平湖上醇王邸，甲觀畫堂誕龍子。穆宗登遐歲甲戌，帝御紫宸五北徙。（德宗承統後，醇邸移居什剎海）儲祥宮觀鎖秋煙，金扉一閉四十年。年年潛邸花開日，禁地無人啼杜鵑。啼鵑喚醒江山夢，天統逡巡嬗人統。飛廉桂館千門開，五柞長楊萬民共。爲惜賢王第宅閒，兩齋弟子安弦誦。往日驚飛興獻龍，只今任引承天鳳。來遊朱閣悝芳華，黯淡紋窗換舊紗。兩世親王天子貴，十三沖聖讓皇家。白頭重過舊朱門，愁對名花數夢痕。門下賜櫻臣甫淚，後園補橘豫章魂。興亡莫向花枝訴，兩王攝政關天數。君不見壁間尚掛金桃弓，墳上已摧銀杏樹〔註195〕。

〔註192〕《貽趙智庵書》，見梁濟：黃曙輝編校：《梁巨川遺書》，華東師範大學出版社，2008年版，第135頁。

〔註193〕樊增祥：《近著樊山詩詞文稿》，上海廣益書局，民國十五年版。

〔註194〕葛兆光：《世間原未有斯人——沈曾植與學術史的遺忘》，《讀書》1995年第9期，第67頁。

〔註195〕王逸塘：《今傳是樓詩話》，收入張寅彭等編：《民國詩話叢編》第三冊，上海

醇王府在民國後一度改爲中華大學校址，樊山此作，一改對皇族權貴的怨瀆，以忠臣示人，曾自謂「臣甫拜其前，世多忠孝家」，迎合清遺的同感，故「一時傳誦殆遍，眞今之元白也」。又如 1921 年同遊釣魚臺賦詩：

> 釣魚臺，亦先朝之離宮別館也。沖帝賜於弢庵，經之營之，掃除補苴，完毀壞之室宇，濬堵塞之源泉。公獨承恩於社稷變置之後，辛酉三月公招客同遊，不敢擬連昌宮詞體。

> 園池未暇論興廢，朝市分明有貿遷。熙朝十葉神靈祚，龍樓鳳寢還如故。沖聖絲綸見日鈔，本朝恩禮隆師傅。衣冠甚偉紫芝翁，十載經筵效樸忠。四海鴻蜚資羽翼，卷阿鳳翽在梧桐。舊學甘盤納誨勤，白頭鬱鬱黃塵低。國家養士三百年，運移亂賊群欺天。瓷玉熱河偷內庫，松楸普峪盜陵田。去年忽肇圍河禍，行宮寶器如煙過。書畫今經大內收，鼎彝移傍乾清座。與其鼠竊聽宵人，沁水母寧乞老臣。莫謂姬宗郟鼎遷，如今勝國開生面。禪後郊園賜近臣，六朝五代誰曾見。舉目山河事可傷，且憑杯酒話存亡。郊居舊賦尋雌霓，亭榜新名換夕陽。雲鵬蠟鷃各有程，我亦西街新買屋〔註196〕。

感歎山河易色，咒罵民國名爲禪代，實則竊位，欺辱帝室，辜負先朝，與之前擁護「五族共和」的口吻大相徑庭；甚至自表「遺佚從無仕宦情」、「貞松獨抱後凋心」，嘲笑出入北洋政府的諸老「後塵不少牛丞相，大庇爭歸鹿太公」。其實陳寶琛等人看的眞切，樊山雖然沒有熱衷征逐，但其遺民情結已愈加淡薄，他只順適於現實的享樂「我修禪課皈淨土，君愛清歌聽北里」；樊山自己也流露出「今不減秦亂，而吾乃隱於朝市，亦異於陶徵君」，已「無心慕嵇阮，或可追喬錢」，而甘作長樂寓公，與現政權若即若離：

> 吾盧遠市裏，窈若深山中。讀書與賦詩，爲樂思無窮。吾寢豈無節，五更長樂鍾。動靜消息中，默與荃宰通〔註197〕。

樊增祥就在這種恍惚游移中走完了人生最後的旅程，民國二十年正月二十六（1931 年 3 月 14 日）夜九時半病逝於京寓，享年八十六歲。身後僅遺一孀媳及二孫，喪事爲摯友李釋勘等摒擋一切。關於死因，一種說法是老來中風，跌倒後不治；坊間另有傳聞稱是慪氣所致，起因是前一年重陽，樊增祥

書店出版社，2002 年版，第 401～402 頁。

〔註196〕樊增祥：《近著樊山詩詞文稿》，上海廣益書局，民國十五年版。

〔註197〕樊增祥：《近著樊山詩詞文稿》，上海廣益書局，民國十五年版。

應曹經沅約赴天津登高（實爲鸞字），陳寶琛、夏壽田（樊山長子妻弟）以其年高，刊徵文啓《樊山尚書文字潤例遊津暫定》謂「樊山尚書，吾國名宿，今年八十有五，有安樂行窩之興，同人奉約來津，爲重九登高之雅集。凡在津名公韻士，願結文字因緣者，尚書均樂於酬答」云云，未幾清室律師發表聲明稱其僞冒「查樊山爲樊增祥別號，增祥由江寧藩司革職，人所共知……誠恐有不肖之徒，見他人自稱穹官，無人追究，遂更肆無忌憚，竊名欺騙，於清室關係甚大，不可不預爲鄭重申明」，措辭嚴厲，聞之鬱鬱不樂〔註198〕；不久其最鍾愛之孫女攖病夭折，自此胃納頓減，思想亦趨悲觀，不久即撒手人寰。

　　1931 年 4 月 20 日，在臥龍寺公祭，京中數百人致挽追悼，後結成《樊山老人哀挽錄》，其中如陳寶琛題：

　　　　與湘綺、越縵相頡頏，著述等身，吏幹不爲文字掩；有石庵、
　　蘇齋之老壽，承平如夢，京居猶及見聞徵。

徐世昌題：

　　　　卅年官跡留西嶽，一代詩名殿晚唐。

另林開謨題：

　　　　晚年蹤跡，恒與我相因依，對終南山，領建業水，逮間關遲暮，
　　同客王城，最傷心病榻深談，料量身後。

　　　　海内文章，當推公爲巨擘。草興元詔，擬清廟詩，歎一代才名，
　　終歸兜率，只贏得旗亭舊曲，流落人間〔註199〕。

提攜過的文藝界後輩如齊白石題：

　　　　政治與文章，已作世賢宗匠。才華得知遇，曾爲天子私人。

李桂芬題：

　　　　氍氈更精神，當年薊北追隨，深恨未聞夫子道。文章倍身價，
　　此日江南歌泣，不徒愛誦老人詩。

新豔秋題：

　　　　一枝仙筆，久壓雞林，手澤昔親承。差幸菲葑沾化雨。三次耗
　　音，竟成鶴化，心香空默叩，不堪桃李泣春風〔註200〕。

〔註198〕《一士譚薈》詳記此事，見徐一士：《一士譚薈》，中華書局，2007 年版，第
　　　　355～356 頁。
〔註199〕同上，第 357 頁。
〔註200〕李、新輓聯見諸《申報》。

挽詩如郭則澐云：

> 壽骨詩名玉局翁，晚途略似劍南窮。棠陰回首思三輔，麥飯傷
> 心話兩宮。遺老張雷新社集，詞臣頗牧舊家風。鹿蘋秋試重逢日，
> 勝事育英冠洛中。

> 領袖西藩剖竹初，重光日月捧丹除。封章獨抗王忠嗣，詔草爭
> 傳陸敬輿。新制元豐經畫始，行朝靈武播遷徐。石城再起風襟在，
> 淚盡江東十竹檻書。

> 駝陌重經鬱酒悲，橘中袖手看殘棋。鐵函親定先朝史，玉尺兼
> 收近代詩。鄭監風情忘老去，冬郎心事有天知。華陽洞遠歸何處，
> 已是蒲團坐破時。

> 寒山鐘罷憶微吟，衰鬢婆婆雪不侵。父執僅存傷孝緒，名流頓
> 盡歎文深。茂陵求稿他年事，楚澤招魂故國心。卻撫橋梧徐一劫，
> 危弦落落孰知音。

曹經沅云：

> 刪餘歎老嗟卑語，盡有裁雲鏤月情。心血故應多數斗，聲名早
> 已重連城。紛紛唐宋拘門戶，何似先生掉臂行。語多詼詭寧諧俗，
> 文漸頹唐只坐貧〔註201〕。

陳衍云〔註202〕：

> 二品官階屋一塵，詩爲茶飯萬餘篇。紅裙不醉詞偏豔，白髮無
> 私筆尚玄。

都從不同側面概括了樊增祥的一生，證明他身後並不寂寞，如今斯人遠逝，可以蓋棺論定。樊山由才子而清流，而知縣，而疆史，而遺老，而寓公，經歷了從道光至民國的六朝風雲，恰似一部近代中國歷史的縮影；他生逢變局之初，死遭亂世之末，跌宕起伏，順逆過往，正是士人在洪流中艱難轉身的寫照。筆者認爲，樊增祥晚年的進退失據、辭受兩難，並不在於其政治上「諸夏無君出處輕」的表述，而是其對自我道德約束的棄守，最突出的就是義利觀的解構。儒家正統觀念認爲「正其義不謀其利，明其道不謀其功」，雖不絕對排斥利益，但要置於道義優先的原則下；利又有公私之分，公利不

〔註201〕郭、曹詩見王芸孫：《詩藝叢談》，新華出版社，1996 年版，第 185～186 頁。
〔註202〕陳衍：《石遺室詩話續編》，收入張寅彭等編：《民國詩話叢編》第 1 冊，上海
　　　　書店出版社，2002 年版，第 626 頁。

可不謀，私利卻不可講。入民國後，隨著作爲實體的「皇綱」解紐，附著其
上的三綱五常也面臨重新檢視，此時的「義」，在遺老們看來莫過於君臣大
義。在前面分析海上遺民心態時，我們已經知道，樊增祥以一種超越性的姿
態迴避了對「君臣觀」的堅持，他甚至說過「義無可取可無取」，這在忠清遺
民看來雖已離經叛道，但他後來對待一系列復辟活動的態度，畢竟還能自圓
其說。然而對「利」的取捨，卻時常言語矛盾，反覆無常，當宦囊尚豐時，
他可以高唱「君亦問我定何似，答云文官不愛錢」；一旦經濟上有虧，他就不
斷嗟貧：

> 一年祠祿無消息，十日春風得預支。今年厄閏笑奇窮，祠祿艱
> 難杼軸空。昔向敏中耐官職，曾道家貧飲器缺。酒債遷延需月饘，
> 居貧無力致貂參〔註203〕。

全無「憂道不憂貧「的士風，更以」年來旅京患貧者十常八九」爲自己開脫。
誠然遺老們普遍面臨生存壓力，確有不能自給者，但陳寶琛則言「欲蘇重困
剩歲稔，所憂不在臣朔米」，也沒有這麼一味哭窮的。樊山自解屈服於金錢的
理由竟是爲子孫計「老來兒女費周旋」、「極知磨蠍身宮坐，毫矣爲牛尙服箱」，
於是，有俸祿可依，他就出入公府，甚至不避地方軍閥的延攬。直系湖北督
軍陳嘉謨，對於本省新舊人才，羅致不遺餘力，以樊山爲楚中名宿，意林
人望，特聘之爲軍署顧問，月致薪金五百元；老人欣然就聘，當覆陳一駢四
儷六之函：

> 仲宣多難，思荊土依劉；文舉知人，早識世間有備。聘書頒到，
> 銀幣偕來，敬維峴亭仁兄將軍載路福星，上游砥柱。江漢安於召虎，
> 會稽保自范蠡，西門柳色，八州花靜；擁旄塞旗，南國英才。大司
> 馬獨工駕馭；觀附翼攀麟之競進，雖拔蛇騎虎以何堪。增祥垂老而
> 家益貧，鬻文而技不售，幸而分金及管，若大旱之得甘霖，猶思尺
> 地瞻韓，睹青天而披雲霧〔註204〕。

不久陳即倒臺，所以未能成行。彼時樊山已年逾八旬，還直露地表示自己因
貧應召；而一旦失去食俸的機會，就僅能靠自訂潤格鬻字，這本已悖離了傳
統的正道，他卻大言不慚「萬金不賣是呆癡」〔註205〕。如果說易順鼎是用頹

〔註203〕爲各詩中集句，均出自樊增祥：《近著樊山詩詞文稿》，上海：廣益書局，民
國十五年版。
〔註204〕《申報》1926年6月17日載《樊山謝聘函》。
〔註205〕儒家傳統觀念認爲「可以取，可以無取，取傷廉」，但時至晚明，文人已開始

放的聲色公然喊出道德的無謂與虛空，那麼樊增祥則半遮半掩地讓「利欲」消解掉保留在自己身上的最後一點底色。

對樊增祥批判最激烈的梁濟，也是從「逐利」的角度薄視他的文人無行：

> 樊山詩云「黃金散盡還北走，坐使籠鳥慚冥鴻。大夫七十當致仕，我猶乞食顏爲紅。出山徒爲孺子牛，入世非復老子龍」，其宦囊久富，人所共知，何至遽盡？鼠河滿腹，七尺夜眠，何至餓死？況餓亦尋常，徒作強詞自解，試問品節與餓孰重？明明貪圖富貴，到無可解處，則借出山等字作自慚語。正以見文人之言全僞耳〔註206〕。

樊增祥的可議之處還在於，面對陵替的價值秩序，在新舊蛻嬗之際，選擇了一條實用主義道路，就像陳寅恪所說的那種「不肖巧詐」者，「值此道德標準、社會風習紛亂變易之時」，有機可乘，隨機應變，從而仍能「享受歡樂，往往富貴榮顯，身泰名遂」。他雖然也不滿世風日下，卻沒有深摯的關切，甚至自身在某種程度上就淪爲破壞者，在價值取向上疏離並沖決著曾經賴以安身立命的綱常體系，所以他不可能產生沈曾植、陳三立那種眞正的憂道意識，更不會像王國維因自己所心繫的文化的衰落而殉難。如果對照王爾敏給出的近代知識分子的標準「開拓並延續民族文化的使命，擔負國家政治責任和過問政治的興趣，謀求全民幸福和權利的抱負，悲天憫人的淑世情懷」〔註207〕，樊增祥已經失去了作爲「士」的存在基礎，而徒爲一介文化名人；在價值判斷中的反覆說辭更顯得欲蓋彌彰；梁濟通過解讀樊山詩，揭示了這種虛僞：

> 詩云「世以頹唐薄老手，良由浮靡亡根源。斯文墜地望提掇，我曹豈得職其難。君不見，姚許入元振墜緒，憨遺諸老寧非天。漢初諸儒幾欲死，求書久乃煩陳農。蒲輪安車走天下，所不能致惟二龔。君不輩來我南徙，待秋擬涉駕湖水。床頭屋漏檢新詩，亭角斜陽尋野史」，提掇斯文，當注重何事？以姚許入元輕輕自解，似此爲

正大光明地以潤筆爲計了。余英時考察這種儒家辭受標準的修改，是商品化的侵染鬆動了價值觀，見余英時：《現代儒學的回顧與展望》，生活‧讀書‧新知三聯書店，2012年版，第201～206頁。

〔註206〕梁濟著，黃曙輝編校：《梁巨川遺書》，華東師範大學出版社，2008年版，第205頁。

〔註207〕王爾敏：《中國近代思想史論》，社會科學文獻出版社，2003年版，第81頁。

振墜緒，不過多造成文墨無廉恥之人，斯文愈振，道德愈墜耳。

二龔不出是眞可敬，惟今日岌岌，倘一旦東鄰藉口，則全國沸騰，尚何處可走安車？此等眼光，眞乃文人迂腐耳。既云南徙，又不肯行，孟子所謂「以待來年」，蓋本意不在行，徒存此言。自負乃文人慣態，古來文人說盡天下好事，曾無一事實行者多矣，眞可謂萬事無實，不獨責樊一人也。忽欲尋野史亭，既爲新臣，又爲遺老，是選世間美名而居之，擇好聽者而說之，不顧自己事實有合否，如此，則何話不可說哉〔註208〕？

樊增祥在 1906 年時曾寫下「冷笑當年投閣者，萬言難解美新嘲」，孰料僅僅過了十年，他也變成了自己曾經厭棄的那種人「往往今日責人，明日輒自蹈之」〔註209〕，淪爲典型的犬儒「對現有秩序的不滿轉化爲一種不拒絕的理解，一種不反抗的清醒和一種不認同的接受」〔註210〕；這是一種比道德缺失更可怕的自我退化，他已經從衛道的保守主義者退化爲世故的利己主義者，從廟堂清流蛻變爲江湖清客，也是傳統士大夫在激盪環境中的痛苦掙扎與徹骨悲哀。

〔註208〕梁濟著，黃曙輝編校：《梁巨川遺書》，華東師範大學出版社，2008 年版，第206 頁。

〔註209〕王森然：《近代名家評傳》，第 129 頁。

〔註210〕此爲旅美學者徐賁的觀點，當代社會思潮研究中對「犬儒主義」的界定與之大體吻合。犬儒主義作爲一個古老哲學命題，本意是否定一切社會價值，特徵爲憤世嫉俗與冷嘲熱諷；現代意義上的犬儒者則在根本上走向反面，雖仍抱有不滿，但逆來轉爲順受，反諷淪爲自嘲，以不相信接受合理性。

第七章　癡迷菊部，知音顧曲

　　樊增祥民國後因創作「捧角詩」而遭人詬病。由于伶人舊時地位極低，居於四民之首的「士」公然追捧，在正統觀念看來實在有干教化；「狎優」少不了屬雜利與色的欲望，激起的道德反感更強，斥爲伐性之斧，所以論者難免帶著有色眼鏡評點這類文字「日漸頹唐，遊戲筆墨」。誠然，傳統意義上的捧角（清代主要以男旦爲主）的確存在相好與包養的關係，巨賈一擲千金，視相公爲玩弄的尤物；文人自命風雅，帶著曖昧的情愫，評選菊榜，編寫花譜，對藝人的評判依據漸由臺上色藝偏向了臺下風致〔註1〕；但這種風氣在程長庚時代對演員的嚴格自律後得到收斂，作爲常客的翰林京曹，出於綱紀和官場因素，也逐漸轉向重藝輕色〔註2〕；進入二十世紀，追求上進的相公開始自我救贖，向藝術本業回歸，開辦正樂學堂〔註3〕；民國初年又成立正樂育化會，以堂子私寓爲乖人道，呼籲警廳查禁〔註4〕，男旦的尊嚴和權益進一步得

〔註1〕　參考么書儀：《晚清戲曲的變革》，人民文學出版社，2006 年版，第 344～363 頁，及岳立松：《清代花譜傳播與京城文化》，《山西師大學報》2013 年第 1 期，第 54～58 頁。

〔註2〕　參考么書儀：《晚清戲曲的變革》，人民文學出版社，2006 年版，第 134～138 頁，及王維江：《從慈禧到清流：同光中興中的聲與色》，《學術月刊》2007 年第 12 期，第 129～139 頁。

〔註3〕　田際雲於 1905 年以精忠廟名義建立，規定凡非堂子私寓弟子，均可就學。見吳新苗：《從狎優到捧角——〈順天時報〉中堂子史料及文人與「相公」的關係》。

〔註4〕　名伶田際雲於 1912 年 4 月 15 日向北京外城巡警總廳遞呈，20 日批准，並張告於北京《正宗愛國報》，文見張次溪編：《清代燕都梨園史料》中國戲劇出版社，1988 年版，第 1243 頁。

到法律的保障；士——伶的關係也發生著變化，過去席間的貴客，如今成了
臺下喝彩的觀眾；曾經人前賣弄文字，品花賞菊；現在退居幕後，甘爲明星
作嫁衣裳。樊山的捧角詩，正作於這個轉捩時期，展現了名士與名伶的交往
模式的轉型，應給予重新的審視。

第一節　滬上時期，追憶前塵

民元，朱素雲到上海演出，秋夕樊增祥召與易順鼎、陳三立等話舊：

> 長安妙伶道姓朱，年少雕青美丈夫。人間萬耳傾車子，天上一
> 聲驚念奴。入門報導何戚至，座中俱是貞元士。相別十年二十年，
> 姓名一一能強記。遊屐常聯三館人，法書妙得六朝意。身爲鞠部世
> 家子，語帶燈窗書卷氣。回思庚子幾斜陽，滿地紅巾國脈傷。我入
> 關中隨翠輦，汝留薊北閱紅羊。七國連兵入京邑，玉樓金殿森攙
> 槍。坐見長鯨踞瓊島，亦呼舞馬上金床。郎言舊事三歎息，十年朝
> 局儂猶識。和議初成舉國歡，鳳城重返三宮躋。朝朝降繒和滿漢，
> 親舊柄權什六七。膏血不恤天下枯，兵財大權中央集。兩宮上賓王
> 攝政，玉牒群兒預樞密。西園嬛爵買歌舞，東市刑人搜黨籍。一夫
> 大呼萬方應，烽火燭天無南北。可憐三百年天下，覆亡不過百許
> 日。亦知魏祚故不長，不料喪邦如此極。嗚呼此言出伶口，親貴依
> 然安寢食。離離彼稷生愁煙，吾曹身世何足言。此世幾經桑變海，
> 當年枉笑杞憂天。猶憶丙年從李叟，汝父綠幘侍杯酒。爾時汝才五
> 歲強，今亦華年迫五九。何況樊南七十翁，那能更逐孫通後。聞歌
> 往往悲霞川，竹林猶有此數賢。此口不言唯飲酒，何惜三百青銅
> 錢。天寶尚有收京日，生封德祐眞災年。稱詩都學杜陵老，豈期全
> 類元遺山〔註5〕。

素雲爲李慈銘所眷，與樊山結識於甲申年（1884），彼時猶未露頭角；庚子年
在京時屢召之，西巡後不復相見。今又遷十二載「滄桑三變，舊人星散」，故
感慨繫之；素雲與席上諸君夙有淵源，又工書善歌，《梨園佳話》云「朱素雲
亦世家子，善摹山谷老人書（按：《鞠部叢談》謂其師王可莊，齋中四屏，一

〔註 5〕樊增祥著，涂小馬、陳宇俊校點：《樊樊山詩集》，上海：上海古籍出版社，
　　　　2004 年版，第 1780～1781 頁。

為張季直書，一位鄭蘇龕，一位王可莊，皆殿體書)。恒為人畫扇幅，木天中
人，規矩楷法，有所不及，故名在公卿間」；但至滬上時「歌律日弛，專攻遊
戲，逐漸退化」〔註6〕，所以詩中並未提及臺上表演，只以朱郎為引子貫穿歷
史敘事，表達對清末政局的憤懣；託於伶人之口，意在諷刺親貴的昏瞶，竟
不如一賤伶！

　　名伶朱幼芬之父霞芬，曾名動輦下，亦為李慈銘所媚，樊增祥「自丙子
訖辛卯，十六年間來往京師，屢同宴席」，甚至結婚時「假其花冠雲帔助妝」，
交情匪淺。庚子居都下時，猶觴於雲和堂，得見幼芬，彼年才八歲，其兄小
芬侑觴；民元從易順鼎造訪「追念前塵，不勝根觸。寒夜漫賦長句，不獨人
琴之痛，亦寓桑海之思，駿公《王郎曲》，無此感喟也」：

　　　　朱郎八歲嬌無限，雙梳鵶角桃花面。記從何處識花顏，阿父臉
　　霞曾見慣。當年絳帳啓扶風，一老風流勝馬融。絲竹滿庭誰入彀，
　　秋江菱榜晚霞紅愛師繪此圖，屬題謂芷秋、秋菱、霞芬也。縵堂師友如兄
　　弟，臥酒吞花共遊憩。孫（彥清、子霑）陶（仲彝、子珍）羊（辛楣）許（竹
　　篔）沈（子培、子封）、袁（爽秋）、王（可莊、弢父），二十年來琴酒契。
　　秋月春花數舉杯，座間總有霞郎侍。紅杏圖尋白紙坊，海棠詩在花
　　之寺。此時勝友蔚如雲，落落陶樊跡較親。睹寫紅蠶團扇字，互揩
　　碧麝唾衣痕。霞郎爾日高標置，何限瑤光思奪婿。心薄邯鄲大道倡，
　　意輕通德泥中嬋。碧玉誰家好女兒，芳年二七學裁衣。琵琶巷裏為
　　鄰並，豆蔻梢頭見小時。明僮姹女紅絲絆，玳瑁梁間兩嬌燕。遂看
　　洛市璧人雙，愧少泗亭賀錢萬。人事推排宮羽移，烏生幾子柳成圍。
　　都言玉雪佳兒好，明鏡朱顏積漸非。縶余名列黃金榜。十六年間五
　　來往，苟學齋中謁本師。白頭待作烏臺長，燈影韓潭第幾家。魚羹
　　雀茗猶心賞，歌曲何戡是舊人。從遊彭佩稱都講，猶記鸎膠續斷弦。
　　月圓花好甲申年，九龍釵重初笄困，笑向歌臺借鳳冠。花下多年相
　　歡曲，張八非生魏三熟。秦樓何以報瑤瓊，喜字荷囊金線蹙。後來
　　乘傳入修門，回首霞川欲斷魂。何止霞川不見人，霞郎衫扇總成塵。
　　白雞一夢傷朝露，笙鶴三宵散彩雲。蘭亭卅二人何在，王沈依依共
　　一尊庚子雲和之宴，舊交惟弢父、旭莊、子封。雲和堂裏雙明燭，照見小

〔註6〕見《梨園佳話》，收入《民國京昆史料叢書》第一輯，學苑出版社，2010年版，
　　　第216頁。

芬人似玉。誰知階下竹馬兒，今日聲名滿滬瀆。幼芬妍唱冠瑤京，宰相親王側耳聽。秋花不比春花落，雛鳳清於老鳳聲。抱琴東下吳淞口，海上歌兒齊俯首。玉蕊重開大業花，靈和想見當年柳。入我門來一笑逢，亭亭玉立鏡屏中。老人自掃花間霧，名父休嘲草上風。鳳毛再世都相肖，不見嵇康見嵇紹。卿父姚黃作狀元，卿今慘綠萬年少。士恒爲士農恒農，子弟梨園多俊妙。寄語人間士大夫，生兒未可忘忠孝。丹桂園中舊劇場，永嘉正始暗情傷。旗亭伴侶黃沙遠，剩有銷魂易五郎。建章宮裏鶯啼月，濯龍門外鵑啼血。朝市分明有變遷，故人生死何須說。玉樹歌殘萬事非，海桑黯黯黍離離。黃壚公畔聞長笛，愁煞山陽向子期〔註7〕。

樊山說「霞芬色勝於藝，幼芬則色藝俱優，可謂跨竈」，鼎革後已很少應局。詩中再現了當年翰林與男旦的交往圖景，還原了許多切近己身的細節片斷，這在同光時代是公開的禁忌，也沒有我們後來想像的那麼曖昧；雖然綱紀已漸鬆弛，但作爲高級文人，自重者畢竟還要顧忌法度與風度，所以對藝文的傾斜多於色相；有的名伶遊走於公卿之間，久之竟成爲官場夤緣的媒介，相公堂子也成了交流消息的場所〔註8〕。樊山自視此曲勝過吳梅村詠王紫稼的《王郎曲》，認爲後者僅停留於對「男風」的欣賞，並無深致〔註9〕，可見其命意所在。

朱幼芬與同出雲和堂的梅蘭芳時常競爭，《鞠部叢談》謂「民元二間，蘭芳初露頭角，其時幼芬每日出演，交遊甚廣，捧之者眾，評劇捧角之風已漸開矣。於是朱梅兩派，相互攻擊，蘭芳名日益顯，及赴上海歸來，名乃成立矣」，梅的造詣與聲望漸漸超過了朱。

賈碧雲被易順鼎譽爲「滬上色藝第一，且書畫佳妙，內行敦篤，好與文士交遊，有足多者」，初未見，聞羅癭公詳述生平及見其所題畫扇，遂成《賈郎曲》；抵滬後與樊山同往大舞臺觀其所演《海潮珠》，即崔杼弒齊莊故事，賈扮棠姜「明眸巧笑，光豔動人，易樊皆歡賞不置，以爲名下果無虛士。樊

〔註7〕 樊增祥著，涂小馬、陳宇俊校點：《樊樊山詩集》，上海：上海古籍出版社，2004年版。

〔註8〕 王維江：《從慈禧到清流：同光中興中的聲與色》，《學術月刊》2007年第12期，第129～139頁。

〔註9〕 錢鍾書則認爲這是梅村的自傷之作，見錢鍾書：《槐聚詩存》，生活·讀書·新知三聯書店，2001年版，第81頁。

山聞賈郎在都時有拒絕某親貴事（按：《鞠部叢談》謂慶王之子搏二爺），尤為伶界中所罕覯，足以愧前清末年一般寡廉鮮恥之士大夫，遂作《碧雲辭》」〔註10〕：

> 相逢相識始相見，此人有情猶未癡。澧州公子慕賈午，未見先賦香奩詩。繁欽尺牘諛車子，元相長歌寄管兒。月下如聞環佩響，夢中深費衍波詞。佩蘭弱冠傳名字，依約華年崔念四。往日金梁橋畔遊，憲王樂府從頭記。結交鼎鼎多勝流，書畫英英饒士氣。雪苑春花五萬枝，時人總道儂家媚。流轉名花入玉京，聲華一日滿都城。公主第中催送酒，岐王宅裏坐調笙。長白山頭王氣歌，龍種人人親粉墨。大行在殯天下哀，二叔酣嬉預歌席。白頭當國一親王，生子都如元顯狂。父為茄花蒙世訹謂奶子孃孃，兒因綠草掛彈章。小年貝勒如鼪鼠，心醉此郎鸜鵒舞。蹤跡朝朝鞠部頭，優伶輩輩金蘭譜。夜深沉醉酒家樓，笑曳郎裾北里遊。欲得宿花雙蝶喜，寧知掩鏡一鸞羞。此時太真絕裾去，小子侯猶色然恕。身是揚州芍藥花，難為斜巷櫻桃樹。家有糟糠醜醜妻，肯將撲朔混迷離。生非春草羞隨馬，心似蓮花不染泥。都人約略傳其事，聲價梨園增十倍。試問中朝士大夫，幾人敢拂王公意。中丞簪花學美女，相公傅粉隨歌妓。十年妖孽滿朝廷，不中與郎作奴隸。可惜金臺舞柘枝，說詩不遇鼎來時。蘇卿早日逢雙漸，掃地添香定不辭。滬上樓臺絢金粉，郎來爭擲纏頭錦。楊柳風吹縹緲音，梨花月照娉婷影。此時公子抱琴歸，消渴文園減帶圍。畢竟江東逢衛玠，恍從畫裏識崔徽。訪素西樓猶有待，求凰巧遇嫠何害是夕演棠姜一齣。滿月難爭玉面光，剪淞不盡秋波淚。老我重看海國春，紅氍毹上悵前塵。伊涼久已翻新調，娟態何曾是舊人。三顆珠沈簞學贊愛伯師有《菊部三珠贊》，五雲門泐復堂文甲戌會試，景和堂五雲最知名，仲修收入《群芳小集》。可憐朝市俱非故，忍復春明覓夢痕。吁嗟乎！春申江上花無數，琉璃籠眼揩花霧。老坡無復進歌頭，吏部猶能商樂句。小試花叢月旦評，歌臺大有流連處。君不見氤氳海上三朵雲，顏色鮮明青碧素謂雲青、碧雲、素雲〔註11〕。

〔註10〕 張次溪編：《清代燕都梨園史料》中國戲劇出版社，1988 年版，第 774 頁。
〔註11〕 樊增祥著，涂小馬、陳宇俊校點：《樊樊山詩集》，上海：上海古籍出版社，

陳衍謂「羅癭公、易石甫亟稱其有士夫風。癭公既屢有贈言,石甫、樊山皆以千言長歌張之,儀態萬方,華鬘九變,蓋已極侔色揣稱之能事矣」〔註12〕;裘毓麐《清代軼聞》則評價之「《賈郎曲》誠不免譽之過當,然《碧雲辭》則誠詩史也」〔註13〕。時人詩云「可憐白髮樊山老,綺語聯翩媚賈郎」〔註14〕。可見時人對是作多有高置,但也因此被闌入與南社的捧角論戰;後者推崇接受過新思想的男旦新秀馮春航,結成所謂馮黨,挑起事端。據筆者所見,樊山除此曲外,並無過多品評碧雲處,何來「賈黨」之說?且據樊山的處世,對黨同伐異唯恐避之不及,怎會無端生出是非?南社一方矛頭直指樊易,似乎不在藝術的討論,而更在意他們的身份「猶是滿清遺老,流連眷慕,發為歌詠,不少故國舊都之感,則雖謂賈黨為官僚派之代表可也」〔註15〕,帶有明顯的政治目的;這種餘怨還遷怒到柳亞子對樊易的評價,那句被廣泛徵引的「淫哇亂正聲」的惡語正發於此事件後不久(1914年),所以並非客觀和理性的態度(柳亞子曾說過《彩雲曲》「亦頗可觀覽,此亦所謂披沙得金者」)〔註16〕。

　　民國二年秋,梅蘭芳赴上海演出,易順鼎事先致書樊增祥,並附小影於後;臨行前又囑咐梅「江南若見樊夫子,為道羈愁滿上京」;樊接見後驚歎「牡丹洛下君王後,蕙草江南士大夫」,遂作《梅郎曲》紀之:

> 　　梅郎盛名冠京師,才可十九二十時。繡絲的是佳公子,傅粉居然好女兒。海上歌臺對故步,拂弦難得周郎顧。亟走金臺選妙伶,左瑱史妠知何處。梅郎嬌小建章鶯,巧囀春風第一聲。東閣鮮花是儂姓,左徒香草是儂名。渠儂家在韓潭住,姓名傳遍江南路。丹桂園中第一臺,須第一人作錢樹。吳天飛下鳳凰雛,朝陽一鳴萬目注。霓裳法曲世間無,錦擲纏頭不知數。吳兒聽郎歌,金雁斜飛喚奈何。吳姬見郎舞,含情慾語防鸚鵡。沉醉江南士女心,衣襟總帶梅花譜,

---

2004 年版,第 1779 頁。

〔註12〕《石遺室詩話》,收入張寅彭等編:《民國詩話叢編》,上海書店出版社,2002 年版,第 131 頁。

〔註13〕錢仲聯等編:《清詩紀事》,江蘇古籍出版社,1989 年版,第 12663 頁。

〔註14〕張次溪編:《清代燕都梨園史料》中國戲劇出版社,1988 年版,第 1153 頁。

〔註15〕參考劉汭嶼:《梨園內外的戰爭——20 世紀第二個十年上海京劇界之馮賈「黨爭」》,《文藝研究》2013 年第 7 期,第 101～110 頁,及唐雪瑩:《南社人之「捧角」內涵》,《四川戲劇》2014 年第 1 期,第 53～57 頁。

〔註16〕高旭:《高旭集》,社會科學文獻出版社,2003 年版,第 604 頁。

園主以郎照像遍贈座客。豈期郎意重老成，傳語樊山問安否。易五
寄我瓊瑤音，道郎美慧知我深。彩雲兩曲略上口，琴樓一夢屢沉吟。
癸丑仲冬月初七，郎來引入芝蘭室。渡江洗馬無此容，瓊樹一枝照
瑤席。不言早識玉性情，微笑如聞花氣息。執經即事張雕武，學詩
願從黃魯直。翻笑世家無子弟，未入學堂知法律。我如汝年遊上京，
汝祖椒掖皆知名。後來復見汝諸父，研光帽底花奴鼓。十年來去景
和堂，一朵朱霞映門户謂曖雲。南臺御史李會稽，親將第一仙人許，
謂霞芬為真狀元。倘教霞川今尚存，定奪錦袍來乞汝。是日盡醉酒
家樓，鳳卿素雲皆汝儔。合為白玉連環樣，同引珍珠一串喉。夜入
梨園第一部，聽郎清歌見郎舞。萬人如海看紅妝，萬炬無煙照海棠。
才揭繡簾猶掩抑，徐登錦罽故迴翔。腰肢一撚靈和柳，學得顛簸堂
下走。看似輕盈極端重，才欲收光更遲久。燕去紅襟雙剪齊，鶯來
一點黃金溜。引吭斂黛歌一聲，齒牙伶俐絲簧清。聲聲到尾有旋折，
字字入耳俱分明。粗節緊打催花鼓，曼音細咽雲和笙。行雲上遏玉
初振，潛氣內轉丹九成。歌聲九變俄復貫，鎖骨觀音法身現。錦韉
羅襦不動塵，微微頭上宮花顫。九流百家具本末，此郎佳處玉在璞。
徒於歌舞稱賞音，皮相固知非伯樂。琴書靜對兩忘言，淡似幽蘭馴
似鶴。專門才技何足言，以外有餘方是學。我見梅郎如飲醇，吳中
但說好伶倫。亦如七十樊山老，只把文章動世人〔註17〕。

樊山與梅家是世交，當年梅巧玲之景龢堂「陳設文雅，擬於世家，都中名士，
皆以涉足龍門自豪；而巧玲亦以把臂鳳毛為快，一時景和堂中，名士往來如
過江之鯽，雲門樊增祥其尤著者也」〔註18〕，巧玲「常為小詩，超逸不凡，
士大夫益愛之，如樊山輩皆時茗會其家」。至二瑣（蘭芳之父）承景和堂主時
「士大夫以愛巧玲者，移而以愛二瑣，樊山、易實甫皆為其入幕賓」。待蘭
芳（時名裙姊）初成，因父早故，大伯不善理家而益窘，不得已拜於朱小芬
之門，署名蘭芳，冠字畹華，以年稚貌美，其香車恒無停軌，士大夫識巧玲、
二瑣者，無不推其愛於蘭芳〔註19〕。梅先生的這段早年經歷，是從舊時代走
過來的伶人的必經之路，當樊山初睹蘭芳真容時，他已自立門户，故易順鼎

〔註17〕樊增祥著，涂小馬、陳宇俊校點：《樊樊山詩集》，上海：上海古籍出版社，
　　　　2004 年版，第 1803～1804 頁。
〔註18〕《民國京崑史料叢書》第一輯，學苑出版社，2010 年版，第 320 頁。
〔註19〕同上，第 47～48 頁。

託付樊增祥盡老輩提攜之功多加關照。《梅郎曲》盛道其臺上色藝，客觀助推了其名氣「蘭芳在滬凡四十日，歸京後聲益噪」〔註20〕。

很快京滬劇界刮起了「梅蘭芳旋風」：程長庚為始的前後三鼎甲，鬚生當道；慈禧、光緒喜好皮黃，尤寵生角。上有所好，下必從焉，所以老生一途久占梨園最高位置「戲園之臺柱子，通例蓋以老生任之；此外青衣、花衫、小生、黑頭、老旦各角不過為其左右手，供其搭配而已」。梅蘭芳應運而起後，旦角地位隱然中興，連伶界大王譚鑫培都讚歎「我男不如梅蘭芳」。他的成功，首先源自於天資「蓋蘭芳以美麗之色，聰靈之姿」，以及對藝術的翻陳出新，進取不息，大膽改良劇目，排演時裝戲和古裝新戲；其次他生性「謙謙訥訥，如不習於酬接，迨精舍小聚二三文士相與淪茗，則娓娓千言殊饒情致」〔註21〕，自重自愛的品格令人欽佩。再次有賴於當時普遍的社會心理「民國成立以來，社會思想革新非常迅速，其尤顯著之觀念則愛美色是也。愛美為天性，惟文明進化愈發達，則此種思想亦愈發達，反之亦然。當時捧角家、評劇家蜂起蝟集，論者謂若輩之眼光，專注重於臉子，當時聆斯語者每點頭歎息，以為至言，且歎劇界之退化，即由於此。及今思之，則此好臉子之評論者、捧場者，實亦愛美思想，鼓蕩震動，有莫可遏止之勢。至今日而好臉子，遂為劇界之中堅矣。民國二三年見，某君有劇界重色輕藝之新傾向，足見愛美色的觀念為近代劇界之特徵。梅蘭芳初以美色為社會所驚歎，其後又竭力於藝事，今已昆亂新舊無所不精，其色之美已為社會所歎賞，今又益以藝之美，則此富於愛美思想之社會，其極端歡迎梅郎，乃為當然之事理〔註22〕。論者認為這一時期的「好色」，實是一種審美要求「當男旦再度成為追捧的主角時，已經完成了對魏長生時代的揚棄，而絕不僅僅是一個簡單的、往復式的風水輪流轉」〔註23〕。

至於文人的吹捧之功，時人以為並非決定性力量「梅郎名譽之日起，固由梅郎造詣日精與伶界前輩獎勵之力，如易實甫《萬古愁》一曲，可謂形

〔註20〕同上，第50～51頁。
〔註21〕同上，第353頁。易順鼎曾比較梅蘭芳與賈碧雲「碧雲佳處在乎濃，梅郎佳處在乎淡，然梅郎有時濃淡皆宜，而碧雲則能濃而不能淡，此碧雲之所以遜於婉華也」，見《民國京昆史料叢書》第五輯，學苑出版社，2010年版，第144頁。
〔註22〕《民國京昆史料叢書》第五輯，學苑出版社，2010年版，第65～69頁。
〔註23〕么書儀：《晚清戲曲的變革》，人民文學出版社，2006年版，第147頁。

容盡致，鋪張窮極，固爲梅郎之功臣，然文人之詞，往往涉於虛誇，能轟動
於一時，而無持久之性質〔註 24〕。更有嚴苛的評論者指出「京師爲冠裳薈萃
之地，凡事屬觀瞻者，皆以京師之品評爲準。即以亂彈戲劇而論，無論何
班何調，伶人作派、臺步身段，必經久住京師於戲劇極有研究者之評論，而
伶人之身份始定。二十年前，上海伶人有邀無識者之賞鑒，名噪滬上者，
而深悉戲劇三昧者觀之，率嗤爲外江派，以其多不循戲劇繩墨也。邇來京伶
之偃蹇者，多赴上海演唱數月，幸獲過情之譽，即回京侈然自詡爲名伶，
而觀者亦相率和之，甚至外江派伶人亦有來京浪得名者」〔註 25〕。或許在行
家眼裏，樊易的捧場只是一種看熱鬧的圍觀，但無論如何，樊梅的交情就此
奠定。

筆者從《樊山集七言豔詩鈔》中輯佚兩首滬上捧角詩，一爲《媒憐曲》：

　　伶人小蓮花（張桂良），保定鄉間產也，習花旦，有聲於河間。
去年冬到京演劇，座客寥寥，顧亦有譽之者。梅郎蘭芳往觀之，亟
稱其能。全部無一京伶所囊演者，皆都中不經見之戲。老人喜新
劇，又信梅郎，言必不謬。寒夜往觀，值其演《紅書劍》一齣，蓮
花飾徐月娘，女作男裝，容光玉映。以貌論，少於蘭芳約十年，俊
於白牡丹一倍，其他鄶下無論矣。以聲技言，引吭清越，口齒伶俐，
蓮蹻纖穩，身段靈活。自經梅郎一顧，聲價漸增，才從田間來，而
無一毫村氣，則其天事憂也。何地無才，何人無目，蓮花之鵲起梨
園，自意中事。所難者，同業相忮害，官幕士商且不免，而梅郎獨
不然，其苦心愛才，引掖後進，與秦誓所稱一個臣何異，故爲此曲
兩美之。

　　蓮憐藕偶錦作篇，梅媒杏幸玉琢聯。梅子爲媒美復美，蓮花可
憐鮮復鮮。蓮花少小習歌舞，保陽流轉河間府。適從田舍來上京，
一朵紅霞洗泥土。初來粥技沙鍋門，魏文古樂人厭聞。明珠墜泥玉
在璞，渥窪未出凡馬群。菊部第一梅蘭芳，梅是狀元蘭是王。偶然
一顧賞神俊，鹽車何幸逢孫陽。歸來說項甘於肉，日下萬人齊注目。
詠梅喜詩美人雙，愛蓮恥爲君子獨。從此蓮花上九天，望若玉女明
星然。移根隨入娉婷市大柵欄，換骨已是蓬萊仙。往日蓮心常黯黯，

〔註 24〕 《民國京昆史料叢書》第五輯，學苑出版社，2010 年版，第 38～40 頁。
〔註 25〕 張次溪編：《清代燕都梨園史料》中國戲劇出版社，1988 年版，第 836 頁。

　　如今蓮葉亦田田生旦淨丑多可觀。老人京戲聽俱遍，書讀百回能不厭。
忽聞霓羽發新聲，紅燭歌數始重踐。紅書一曲玉人歌，頭白桓伊奈
如何。薄梳蟬鬢籠紗帽，穩著銀袍躄錦靴。引吭一揚復一挫，羌笛
胡琴俱入破。賓白嬌鸚字字眞，仙衣舞蝶翩翩過。行步輕雲抱月流，
抗聲白雪無人和。後起伶倫今尚有，二尚小雲、富霞二連連貞、連良
皆好手。蓮花色藝未甚奇，奇在梅郎於卿厚。梅郎身在曹部中，乃
與九齡風度同。幾多刀筆爭鈎黨，何限麻衣待至公。吾舉梅郎作人
鑒，勿如妾婦狹其衷。當知妒忌非英雄。

張桂良爲河北梆子老調絲絃藝人，工花旦、青衣。這裡樊山主要借梅蘭芳提
攜事，一方面繼續高標他的德義，也寄寓諷刺官場傾軋的現狀。

　　另一首爲《歌者雲青姓張氏演豔劇而無妖淫之態其品地高也歌以賞之》：

　　雲青十九二十強，能歌變徵彈清商。前朝內殿奏霓羽，本家南
府無此郎。高臺日暮歌吹發，寶焰晶燈皓如月。粉墨登場羯鼓催，
凡禽下駟何優劣。雲郎遲久盛梳妝，一出簾萬目奪。歌珠一串自圓
勻，骨節通身盡靈活。吳儂喜聽桑濮音，江南蕩婦愁人心。盡態極
妍投時好，坐令風俗趨妖淫。此郎歌舞人中鳳，流麗端莊常互用。
隱隱含羞金扇遮，微微臨去秋波送。唱歎居然風雅遺，幽閒足增閨
閣重。可惜管兒稍晚出，開元天寶虛供奉。於嗟乎！去年革命風潮
惡，鞠部明僮工距躍。一朝鐵廠失爐錘，十日金陵開鎖鑰。猛士盡
出歌風臺，伶官齊上凌煙閣。虎賁昔是假郎中，梨園今有眞褒鄂。
雲郎紅妝能白打，反弓貼地亦非弱。自安本分遠功名，懶與群兒爭
勇爵。登場不見李天下，金縷衣邊雙淚落。老去黃門兩鬢絲，河陽
曾記起家時。卻將往日栽花手，拈出東風第一枝。

張雲青藝名一盞燈「占行全材，能戲甚多，演來無不精妙絕倫。色色皆能，
各具身份，無雷同之處。內外界嘖嘖稱道，服其藝術精微工整，俗伶何能望
其項背」。詩中所觀戲碼，可能是他與姚俊卿合演的《鳳儀亭》「飾貂蟬，喬
裝風騷，逗引呂布，然不失大家風範，所可貴者在此」〔註26〕。結尾處寫雲
青自安本分，不慕名利，有對自己謹保晚節的提醒。

　　樊增祥這一時期的「捧角」口吻，仍是士居高臨下，伶處於「他者」的

〔註26〕周信芳：《一盞燈軼事》，見《周信芳戲劇散論》，中國戲劇出版社，1960年版，
　　第109頁。

地位；而在吟詠中，並未從傳統的相貌、性情著眼，而是憐惜甚至仰慕這些芳華老去的伶人的志行；在鼎革之際被裹挾進時代洪流的人，難免都有同是天涯淪落客的惺惺相惜，於是超越了對伶人本身甚至藝術的評價，借贈答之機，感傷過往。孟森先生曾指出「易代之際，倡優之風，往往極盛。其自命風雅者，又借滄桑之感，黍麥之悲，爲之點染其間，以自文其蕩靡之習。數人倡之，同時幾遍和之，遂成爲薄俗焉。由近日之事，追配明清間事，頗多相類」〔註 27〕，顯然有感於民初遺民的捧角熱，而與清初對接，但似頗有違詞；時人梅冷生《記梅蘭芳》與孟說字句相同，但抱更多同情〔註 28〕。筆者認爲孟說置於易則可，於樊則不妥，畢竟他的確有一種歷史敘述在其中。

第二節　寓京時期，知音顧曲

民國三年入京後，樊增祥與伶人的交往明顯增多，品戲賞伶成爲生活的常態「日以聽劇自娛」，很多作品散見於《近著樊山詩詞文稿》及當時報章中，撮錄如下，以爲概觀：

《觀小叫天演猇亭之戰歌》：

　　先主百敗如漢高，收川鼎足才堅牢。憤兵東下困陸議，猇亭坐惜連營燒。史官記載譏失策，梨園競演悲雄梟。叫天歌曲冠千古，幡綽野狐不足數。供奉先朝四十年，西巡曾唱零鈴雨。每發聲時動西聖，一舉袖能掃南府。此出譚家自度腔，靈筵灑泣哭關張。掛枝字字俱含淚，河滿聲聲總斷腸。西蜀君臣同骨肉，東吳夫婦任參商。眼中如見昭烈帝，忘是衣冠優孟裝。鼓鼙聲動哭聲止，一炬燔燒七百里。七十老翁不顧身，蛇行鷙伏忘生死。顛僕千群鐵騎中，騰翻萬道金蛇裏。倉皇直到永安宮，一息彌留憑玉幾。孝欽末年賞此曲，月三四奏不嫌復。供御曾無第二人，叫天手口至今熟。當時高唱誇入雲，預兆瑤瑟啼湘君。敕勒一歌送齊武，宮聲不反識隋文。戊申十月十日吉，女堯七十三生日。玉音敕演戰猇亭，鸂鷟兩行俱失色。琅璈韣響不逾旬，兩宮上賓四海泣。清史他年志五行，叫天歌乃居其一。叫天受恩難弭忘，誓教三載斷歌吭。八音過密諸伶散，百戲

〔註 27〕孟森：《心史叢刊（外一種）》，嶽麓書社，1986 年版，第 89 頁。
〔註 28〕梅冷生撰，潘國存編：《梅冷生集》，上海社會科學院出版社，2006 年版，第196 頁。

紛綸二叔狂。天潢不及教坊部，橋陵無淚滴乾土。貴戚親王宰相家，
綺羅珠翠酣歌舞。攝政三年禪詔成，山河揖讓歸民主。師慧調笑宋
無人，趙王悲啼母為虜。叫天聲價北斗邊，賣歌日博黃金千。可憐
凌雲詞賦手，閉門槁餓無一錢。海上相逢聞此曲，龜年吞聲少陵哭。
四十五年聽君歌，白頭慘憶衣裳綠。散原山人古之狂，我詩譚曲費
平章伯嚴謂叫天之戲，可比樊山之詩。九天仙樂方傾耳，三日珠塵尚繞梁。
老年能歌百種曲，此曲幽哀尤擅場。戲場尚有西川主，廊廟慚無北
地王〔註29〕。

《戰猇亭》是譚鑫培代表作《連營寨》的前半部分，該戲於光緒三十四年六
月首次在內廷出演，與楊小樓搭戲。樊山云「月三四奏不嫌復」，據升平署檔
案記載，六月十八日、二十日、二十五日三次搬演，其中最後一次是在光緒
帝萬壽節前一天，有意安排這齣滿臺白盔白甲白旗號的哭靈戲，大不吉利，
明顯有詛咒意；十月初十慈禧壽誕，照例應前三後五都上大戲，為避晦氣，
她把《連營寨》安排在當月初一演出〔註30〕，樊山這裡把兩個時間弄混了。
不管怎樣，這齣武戲的淒慘結局正應和了大清國祚的氣數已盡。值得注意的
是，詩中提到了民國與前朝、自己與伶人之間的對比反差，暗示了隨著大背
景的巨變，小環境的新型關係正在確立，以及由此引發的心理失衡。

《天女散花為梅郎作》：

三代威儀在於僧，僧家威儀今在伶。釋迦佛出冠寶瓔，袈裟鏤
金紅於狸。天王甲冑狀猙獰，金剛戴面黃藍䪴。應真十八各殊形，
轉珠閒誦蓮華經。佛光如月暈幾層，光中隱現垂天鵬。佛告伽藍汝
徂徵，維摩示疾為眾生。眾病豈得獨康寧，如紅爐雪點始醒。自天
雨花遍八紘，茲事惟有天女能。欻然繡幕一聲鶯，聲如戛玉鏘流鈴。
臺上齊奏雲和笙，侍人蜜香或雙成。前引琉璃無盡燈，九華宮扇白
鷺翎。此時天女降雲軿，一枝玉蝶梅花馨。頭上寶髻燕釵橫，身上
纖縠六銖輕。斷紅雙臉長眉青，絳唇一點樊素櫻。玉盤歷落珍珠傾，
引吭陳節亮且清。坐定伽藍宣玉音，慈悲為女女心怦。爰呼花奴理
行媵，維摩詰住毗耶城。飛天仙人下玉京，足不履地踏雲行。滿身
珠珞隋苑螢，電光激射紅素冰。兩條繡帶風泠泠，式歌且舞皆中程。

〔註29〕 樊增祥：《樊山集七言豔詩鈔》，上海廣益書局，民國五年版。
〔註30〕 丁汝芹：《肆意看戲的慈禧》，《紫禁城》2013年第11期，第121～128頁。

圓如法輪轉不停，瀏灕渾脫眩目睛。分時兩道彩虹明，合爲一毬獅
子擎。通身解數嬌瓏玲，節簌一一諧韶韺。少焉維摩講淨名，聖眾
跌坐側耳聽。華嚴樓閣彈指成，其上湧現雙娉婷。天女索花花奴鷹，
風鬟霧鬢交相縈。此時曼歌鶯鳥鳴，此時軟舞蛺蝶驚。飛花滾雪身
手靈，千紅萬紫一籃盛。歌一句撒花一升，舞一遍撒花一坪。上頭
五采傑雲棚，下界香雨沾衣纓。曲終翻倒甘露瓶，萬花飛舞紅蜻蜓。
維摩與眾俱安平，世界銀色生光晶。將毋郎即玉女星，不然亦是許
飛瓊。公孫弟子不如卿，爲此歌者或少陵〔註31〕。

《散花》一說爲樊山編，又說出自齊如山或羅癭公所爲，或說腳本爲李釋戡、
齊如山所排，詞句則陳彥通屢有點定，羅癭公亦略參與其事〔註32〕，完成於
民國六年。

《燕子樓歌》：

　　徐州城中兩盼盼，由兩得三今始見。中唐盛宋到於今，千三百
年三女粲。朱郎故是美少年，薄施鉛黛學嬋娟。身如燕子樓中燕，
家近鴛鴦湖上駕朱郎，浙江人。教歌學舞初成就，車馬五坊來輻輳。
雙調能翻絳樹聲，千嬌豔奪珠簾秀。家世錢王十錦城，西湖銷盡幾
鍋金。裙衫總帶煙波色，竹肉俱諧雅頌音。建封歌伎嬌無比，九迭
霓裳誰得似？日下今惟竹垞孫，黃樓宋有名駒子。欠伸莫復倚闌干
陳後山詩「如今剩有名駒爲，倦倚闌干一欠伸」，爲馬盼盼之女作也。豔曲新編
入管絃。休將寡鵠陶嬰女，誤作翩陶洛浦仙。建封昔鎮淮徐日，郡
國繁雄稱第一。第一州中第一仙，小名盼盼傾城國。旌節花爭玉貌
妍，珠歌翠舞送華年。生平愛誦《香山集》，賓席能歌《長恨》篇。
舍人書劍遊淮泗，幕府張筵欵朝貴。青蓮得聽寵奴歌，綠珠原不安
仁避。東南賓主美無瑕，翠袖翩翩舞態斜。他日霜凋白楊樹，此宵
風嫋牡丹花。舍人去後尚書死，春雨梨花妝面洗。妾視一死鴻毛
輕，好色恐貽郎主累。從此孤居燕子樓，鴛盟拚道此生休。舞時鈿
暈羅衫色，銷向金箱十一秋。十一年來春恨重，玉壺盛淚紅冰凍。
人間天上極相思，魂魄也應來入夢。慧業朱郎製曲工，文章避實善
凌空。出場縞練俄金翠，全出精神寄夢中。夢中忽入繁華境，幻出

〔註31〕《民國京崑史料叢書》，學苑出版社，2010 年版，第 140～141 頁。
〔註32〕同上，第 36 頁。

尚書舍人影。乍展流蘇孔雀屏，深籠寶帳駕鴛錦。大垂手舞緩聲歌，
都爲朱郎喚奈何？顛倒眾生憑一夢，夢醒霜月透簾波。此時重掩鮫
綃淚，燕不紅襟人縞袂。斷送樓頭不食姑，能詩白傳誠多事。吁嗟
乎！盼盼之貌玉井蓮，盼盼之節湘筠堅，朱郎描繪盡其妍。願君莫
歌劉倩倩，願君莫唱陳圓圓。更願君爲馬盼盼，「江山開闔」四字可
以傳〔註33〕。

此曲爲男旦朱琴心作，他出身知識分子家庭，受過新式教育，畢業於協和醫
學院，因少耽聲歌入伶界。樊山觀其演《關盼盼》新戲，特賦以張之，名遂
播於遐邇〔註34〕。按關盼盼爲唐代名妓，爲夫守節燕子樓，白居易以詩責其
守節而不殉節，不久即絕食而死。曲終提到的劉倩倩、陳圓圓既是朱琴心曾
經出演的劇目，也是歷史上出名的紅顏禍水；馬盼盼則是蘇軾在徐州時的侍
妾，曾寫下「山川開闔」四字，頗肖蘇體，所以樊山意在強調演劇的教化意
義，也有借張揚貞節隱約表達內心懺悔的潛臺詞。

　以上三曲均爲詠戲，主要介紹劇情，兼有對主角演技、扮相的素描；作
者已不再滿足過去花榜式對作品本身的一帶而過，開始加長篇幅詳盡評論鑒
賞。筆者又從資料中抽繹幾種僅留篇名或僅有斷句的詩文，錄此供日後新出
材料時完善：

　　九陣風（按：本名閻嵐秋）得其岳朱四十（按：本名朱文英，清末名武
旦）之傳授，益專精之，其二十前後明麗苗條，一時無兩。今雖年
長，而登臺尚如二十許人，樊山《嵐秋曲》推許極至〔註35〕。

　　樊山爲畹華詠《天河配》，作明河篇云「五十年前菊部頭，芷秋
姓沈，唱昆旦豔儂姓李，唱昆生，兼青衫炫霓羽」〔註36〕。

〔註33〕樊增祥：《近著樊山詩詞文稿》，上海廣益書局，民國十五年版。
〔註34〕張次溪編：《清代燕都梨園史料》中國戲劇出版社，1988年版，第1245～1246
　　　　頁。
〔註35〕同上，第786頁。閻嵐秋（1882～1939），以「武旦第一人」之美譽稱名一時。
〔註36〕同上，第796頁。沈芷秋，名全珍，蘇州人，同治時在京，出麗華堂「舉止
　　　　灑落，矯矯不群」，李慈銘賞之，事蹟見《清稗類鈔》（徐珂編撰，中華書局，
　　　　1986年版第十一冊，總第5130頁）、《菊部叢談》（武進張肖傖著，大東書局，
　　　　民國十五年版，第88頁）。李豔儂，名德華，小名套兒，北京人，出嘉蔭堂，
　　　　初唱青衫，後改小生，昆、亂俱臻，由自營嘉穎堂掌四喜部，事蹟見《菊部
　　　　叢談》（武進張肖傖著，大東書局，民國十五年版，第45頁）。該劇最初由王
　　　　瑤卿編排，舊織女用道裝，梅蘭芳改古裝，見陶君起《京劇劇目初探》，中華
　　　　書局，2008年版，第307頁。

　　畹華早歲成名，首在青衣，繼之而其名大昌者，古裝歌舞劇也。
嫦娥奔月一劇，自屬梅氏得意之作，樊樊山、易哭庵諸老尤推譽備
至。民初某歲中秋，畹華演此劇於故都，樊山且詠長歌以寵之「今
夜人佳月亦佳，月中人更美如花。是誰當得嫦娥號，今古蘭芳一麗
華」，顛倒之情溢於言表〔註37〕。

　　蘭芳新編《太眞外傳》，劇中衣裝綺麗，正不妨鋪張，而畹華雍
容華貴，非餘子所能企及，以狀太眞，允稱恰如其分。至於尋聲按
譜，翻陳出新，以皮黃之舊律，諧動作之神情，匠心別具，足見聰
明。座中若樊山老人、疑始先生侯毅皆大歡喜讚歎，以爲是眞今世
之羽衣霓裳，此曲不應人間有也〔註38〕。

　　程豔秋飾紅拂女，劍法渾脫流利，尤爲精彩，與別姬有異曲同
工之妙。樊樊山《舞劍歌》有「鶻落到地忽驚擊，蛇驚倒退更猛進。
奔雲掣電疾於風，滾雪飛花圓若鏡。倏然收影身手間，晶盤一顆明
珠定」之句，蓋紀實也〔註39〕。

時人記載「程派初期，對於硯秋藝術闡揚的文字，執筆者都是一代文豪，如
羅癭公、樊樊山、魏苞公等，都是程黨健將，而且是文壇名宿，不僅闡揚發
揮程派的藝術，對於造成程派的劇本、組織，都煞費苦心」〔註40〕。四大名
旦早期的作品，作者眾說紛紜，其實都是產生於這個文人圈子，較有集體創
作的特色；他們也沒有太多的派性之見，所謂的「某黨」，也是爲交流藝術而
群聚，並非壁壘分明，如羅、樊給程、梅都寫過戲，或經其潤色「一枝梅在
說叢編」，所以較之單純捧「角」者要高出一頭。樊山曾嘲笑那些不懂藝術，
只圖獵色的老斗「凡目多爲五色欺，有誰按拍審音辭。世人可但迷狐狸，瑟
與箜篌兩不知」，與自己的行徑判若兩然。樊山在詩中記錄觀戲的情形，如觀

〔註37〕據稱梅蘭芳《嫦娥奔月》一劇，自樊山老人手，故自雋妙。
〔註38〕《民國京昆史料叢書》第三輯，學苑出版社，2010 年版，第 260 頁。該戲於
　　　　1926 年編成，共四本，見陶君起《京劇劇目初探》，中華書局，2008 年版，
　　　　第 127 頁。
〔註39〕該戲爲羅癭公編排之《紅拂傳》，1923 年 3 月首演，時大雪紛飛，但仍如常開
　　　　戲；樊詩全名《雪中觀程郎舞劍歌》，起句「任教泥滿靴，來聽程郎歌。從他
　　　　雪後履，來看程郎舞」，足見他對戲的癡迷及對程的厚愛，全曲其他段落即當
　　　　時演出情況，見胡金兆：《京劇大師程豔秋》當代中國出版社，2007 年版，第
　　　　53 頁。
〔註40〕《申報》1938 年 11 月 1 日記載。

梅蘭芳演《喬醋》〔註41〕云：

> 大好風情勝跪池，潘楊韻事入彈詞。非關梅子含酸意，還向紅
> 閨認本師蘭芳閨人善妒金雀雙雙接翅飛，小星喜借月光輝。綠珠弟子
> 工吹笛，金谷誰曾妒宋褘是日梅郎弟子姚玉芙飾巫妹。

又如《觀劇》詩：

> 吾家孟光年六十，髫年曾聽悲秋曲。今來舞榭看蘭芳，香祖依
> 稀能記憶。梅花也似漢庭薪，應放後來一枝出〔註42〕。

顧公《藝海叢談》謂「京師名士，皆有觀劇之癖，而樊山爲尤甚。一日偕其夫人至某戲園〔註43〕，觀梅蘭芳演黛玉葬花，其夫人云前觀蘭芳之祖巧玲演黛玉悲秋，視此殊不及。樊山即時成一詩，一時名士傳爲佳話」〔註44〕。

　　民國十年九月某日，華樂園程豔秋與譚小培正在合作汾河灣，一時老名士如樊增祥、林紓、羅惇曧、狄楚青等，皆出席於第二排座上。其中演到薛仁貴打背躬時念白有「……倘若失節……將他殺死」一段，林紓大罵「眞混賬」，當時劇評曰此處「雖極單簡，而於舊劇之疵點都能一語道破，自此以後，諸名伶演此劇，多改其白口爲「她若失節，打馬就走」。畏廬之罵，係罵戲中之說白，與演員無涉」〔註45〕。一段逸聞趣事，但筆者認爲，其中寓有遺老們的隱曲，林紓反應之大，恐不僅僅在戲，而在避諱「失節」也〔註46〕。

　　當然以詠伶人伶事爲主的捧角詩，仍是詩人的關注點，如《豔雲曲》云：

> 鶴亭得孫，彌月，於宣南致美樓作湯餅筵。座客十許人，余最
> 後至。鶴亭指二女賓謂余曰「此馬豔雲姊妹也。坐久欲去，因待君
> 一見，遲遲未行」。余感其意，爲製此曲，若能唱香山《長恨》一歌，
> 與少游「山抹微雲」一闋，則聲價愈重矣。

〔註41〕 又名《對雙雀》、《金雀記》，寫潘岳與樂伎巫彩鳳事，見陶君起《京劇劇目初探》，中華書局，2008 年版，第 89 頁。

〔註42〕 樊增祥：《近著樊山詩詞文稿》，上海廣益書局，民國十五年版。

〔註43〕 樊妻祝氏老來病足，輒輿昇而往。

〔註44〕 錢仲聯：《清詩紀事》，江蘇古籍出版社，1989 年版，總第 12664 頁。

〔註45〕 《民國京昆史料叢書》第三輯，學苑出版社，2010 年版，第 307 頁，部分字句改動。

〔註46〕 再舉一例，荀慧生出演柳如是，於錢謙益多詆毀，樊觀之大怒，不終場而去，嘗作詩貽荀，結句云「畢竟虞山才可愛，勸君休唱柳枝娘」，而語及荀之編劇，輒罵豎子，怏怏不釋。

水繪園主新得孫，春明湯餅集賢賓。相如未至居客右，照座窈
窕雙玉人。主人道是馬豔雲，黃樓盼盼爲前身。菖蒲花發本奇瑞，
春留不去緣待君。低鬟並坐嬌無語，姑射神仙原處女。習氣全殊御
史娘，聲名獨領雲韶部。問年十五十六時，三年前是粉孩兒余昔見於
歌樓，猶雛伶耳。能書內翰江山字，解唱襄陽播搖詞。新來相見聽鸝
館，柳條今昔殊長短。群賢總爲一人來，到此天難概人滿。一客從
觀雙鳳緣，緋衣短後紫絲鞭。捷於紅線偷金盒，美過秦良賜錦韉桃
花馬上請長纓事。刀光如雲秋波媚，齒牙伶俐鶯喉脆。翠鬟烏帽一千
人，活虎生龍十三妹。前日雲中黃鵠翻，今宵意態何幽嫻。飛天仙
人履人世，一動一靜俱自然。桃李自言垂手侍，不重君言重君意。
路人共欲看東坡，不分嬋娟亦平視。花紅葉綠兩交加，姚魏由來是
一家。登場暫作鴛鴦偶，對鏡依然姊妹花。名花亦借東風便，青綠
價高由薛下。令威閨公書譽綺鶯嬌，臨汝寒雲名更金碧豔。豔秋、碧
雲稱二難，兩花並作一花看。好將百穀生花筆，描畫文榮紫牡丹。
吁嗟乎！赤眉東下狼烽舉，半壁河山委焦土。戰士南中半死生，美
人北闕仍歌舞。君不見：江東乞救走孫郎，數道興師國勢張。欣逢
析木籌兵會，剛啓京華選佛場天津會議與水繪宴客同日。楊國夫人應戰
勝，柴家娘子卜軍強豔雲能演武劇，故云。捷旗早兆龍麼妹，烽火無驚
馬四娘指金陵言。豔雲豔雲眞祥女，飲食在前後軍旅。年年水繪子生
孫，歲歲茲樓集仙侶〔註47〕。

此曲作於民國六年農曆十月，爲天津女旦馬豔雲作。需要關注的是樊山對時
局的態度，小注天津會議指 1917 年 12 月 2 日在天津召開的督軍團大會，由
段祺瑞策動，主張討伐西南護法軍閥，並借機擴張皖系勢力，推翻主和的直
系總統馮國璋；樊山出於政見不同，敵視孫中山發起的護法運動，竟不惜歌
頌武力，暴露出保守反動的力場。

樊增祥與伶人往來的詩文，多屬文墨之交，如爲王鳳卿題翁覃溪墨跡、
成親王致茅耕亭手札：

余雖不工書，顧所藏明清兩朝名人眞跡，不下數百事。遭離末
世，風雨飄搖，海角羈棲，徒與斷楮蕭縑相守。自老友數十人外，

〔註47〕張次溪編：《清代燕都梨園史料》，中國戲劇出版社，1988 年版，第 1248～1249
頁。

殆無人來，來亦弗見。會滬上舞臺延王鳳卿、梅蘭芳至，都門老友
易石甫以詩介紹，屬其來謁。時方冬仲，則素雲、蘭芳、鳳卿皆在，
歡然故道，如四十年前長安過夏，身在歌雲酒雨間也。

　　鳳卿篤耆書畫，出三手卷乞題，皆灼然名跡。攜歸展視，益用
喟然。方今吾輩舊人，自同溝斷，而聞聲傾倒，乃在何戡、田順之
儔，昔杜陵怊悵於邅年，婁縣沉吟於蘇柳，心之悲矣，良有由哉
〔註48〕。

《鞠部叢談》云王鳳卿好翁覃溪書，所藏至夥〔註49〕，常邀名士題卷，以增
雅韻。

　　民國八年，梅蘭芳首次東渡日本公演，羅癭公、林紓與日下名流餞之番
禺馮耿光家，林作《綴玉軒話別圖》，樊樊山增祥調寄《摸魚兒》：

　　蕎新秋柳梢新月，催人絲鸞東去。青鸞銀燭招涼館，今夕草堂
星聚。相見處、眼底有花紅，雪白三珠樹。如虹氣吐，便鸚鵡呼茶、
荷花勸酒，促坐忘賓主。梅花笛，百萬倭兒起舞。樓船橫海東渡。
歸來一笑蓬瀛淺，鳥爪玉顏如故。誰似汝、問採藥瓊田，多少童男
女。絲囊玉麈，歎琴意成痂，相如老矣，猶製美人賦。

其後六年（1924），蘭芳二次東行，顏韻伯爲作《秋槎圖》，樊山序之曰：

　　《秋槎圖》者，顏子韻伯爲蘭芳東渡作也。蘭橈桂枻，似非遼
海之風帆；紅樹蒼山，猶是江南之煙水。詩情畫意，託諸縹緲之間
而已。先是，蘭芳練日東征散釋，先期祖餞。花盦置酒，醉墨成圖。
人賦一詩，予爲首唱。訂彌月來歸之約，後重陽一日而行。九月望
至東京，十月晦還，日下此五十日中，雙南入手，親攜陸賈之裝；
百萬纏頭，人效八姨之贈，子之名益彰矣。國之事尚何忍言哉？子
在東耳不忍聞，吾在京目不忍見，方子之初行也，松杏連營，薊遼
酣戰，蒼生之骸骨多於健兒，赤縣之金繒化爲炮火。貔貅萬竈，倒
坑塹而填平；駝馬千群，失蒭茭而餓斃。硝煙蔽日，藥叉忽爾飛天；
塹雪成冰，師度依然穿地謂飛機與戰壕也。吾子聞之，固已登春帆之
樓，悲同王粲；望鴨綠之水，淚灑勾驪矣。既至日本也，北京霹靂

〔註48〕 樊增祥著，涂小馬、陳宇俊校點：《樊樊山詩集》，上海：上海古籍出版社，
　　　　2004 年版，第 1985 頁。

〔註49〕 張次溪編：《清代燕都梨園史料》，中國戲劇出版社，1988 年版，第 793 頁。

一聲，震驚百里，囚馮軍而依大樹，幽曹子而唱兜鈴。是日也五城之輪獵無聲，六軍之旌旗變色。市中行虎，戶後進狼，喉鶴生疑，瞻烏靡止。幸而邀眾情之欣喜，罷戰言和；清公府之奸諛，追贓定讞。斯則可矣！夫何背共和之約法，迫沖主於禁廷？單車出宮，千軍夾路，哲后永拋乎沙素，太妃幾殉於幽蘭。內府圖書，鈐以將軍之印；累朝寶器，散歸兵子之家。千里之草青青，蔓延長樂；滿殿之瓜白白，夢醒謙光。翠華撤謝后之鑾儀，金柱失合尊之龍爪。孺子王悲深毀室，奈何帝陋且居夷。吾子斯時，秋水照吾妻之鏡，冬青上美子之陵，歌虞兮之歌，竟忘全楚；舞夷光之舞，遂沼三吳。回思少帝知音，華清承值，發玉壺於錦袋，御手親傳；納金扇於羅囊，天恩不淺。今聞移宮有案，瑣尾賡詩，有不絕雷海清之弦，而碎高漸離之築者乎？之子去也，燕兵始交，之子歸也，魯難將已。自秋徂冬，雨覆雲翻，天摧地折，爲談前事，沙蟲之劫方終；載展新圖，蝴蝶之裝甫竟。若但標題山水，歡賞琴箏，雖因畫以傳人，究是詩而非史，不若遠追月表，近檢日程，本楚騷惜誓之心，作春秋大事之記。嗟乎嗟乎！江山如畫，勝敗如棋，秋槎往來，恍然如夢〔註50〕。

當時第二次直奉戰爭爆發（9月15～11月13日），孫中山發表《北上宣言》，與奉系張作霖、皖系段祺瑞達成協議，出師北伐，共討直系曹錕、吳佩孚；最終推翻曹錕政府，成立中華民國執政府，由段出任臨時執政，兼攝總統與總理職，成立善後會議取代國會，局勢暫時平定，此即文中「斯則可矣」之前的文字所記。期間直系馮玉祥發動北京政變，驅逐溥儀等皇室出宮，這在遺臣心中是莫大的屈辱，據說當時樊曾代表湖北向善後會議請願保障清室權益。故樊山此文，兼記時事，借題梅蘭芳秋槎圖述國內亂局，非謹託於風雅已也。

民國九年八月，京畿近郊兵燹之餘（按，當指 7 月發生在京津地區的直皖戰爭，因直系曹錕與皖系段祺瑞爲爭奪北京政府統治權而起），瘡痍滿目，梅蘭芳等組織伶界書畫慈善會，其畫竹有樊樊山題識「約數百字，大意備言京畿兵禍，及梅郎之勇於爲善」。

〔註50〕張次溪編：《清代燕都梨園史料》，中國戲劇出版社，1988 年版，第 1233～1235 頁。

　　還有些就純屬應酬之作，如民國十三年春「伶界好事者，復發起演劇籌資，設立公會，以九千金購得王蕙芳所有櫻桃斜街中間路西舊宅一所，改建梨園新館。館額爲時慧寶書，中凡前後兩院落，前院爲議事廳，懸梨園各行人名匾；後院爲九皇堂，簷下懸梨園館舊匾，堂內祀九皇塑像。廳事布置，極爲幽雅。梅蘭芳復請樊增祥爲撰楹聯多幅：

　　　　其神堂聯云『舉世祀老郎神，僉曰似張道陵、似張元杲；其徒受帝王教，不知是唐明皇、是唐莊宗』。

　　　　大門聯云『大廈初成，瓴覽水石，從平地築起；眾仙同詠，衣裳霓羽，自開天得來』。

　　　　正廳聯云『同業盡同胞，中養不中，才養不才，生涯彼此關休戚；選聲如選色，美者自美，醜者自醜，外論何嘗無是非』；又聯云『人各有能有不能，以能問不能，美術之研求靡盡；性本有善有不善，勸善懲不善，前賢之用意如斯』；又云『副末打參軍，一樣坐堂皇，理民事；元音通政術，不外舞韶樂，放鄭聲』。

　　　　花廳聯云『夏屋此權輿，待擴充廣廈庇寒之願；春明傳樂府，試比較旗亭畫壁何如』；又聯云『渭城一歌，看處處青回楊柳；斜街小築，記年年紅了櫻桃』；又云『夢中七日聞鈞樂，飛上九天歌一聲』；又云『一藝成名，黃米飯曾入歐史；此中人語，紅梨花發即秦桃』；又云『遊俠出伶工，待補伶工遊俠傳；美人屬男子，莫輕男子美人妝』。

此數聯，皆用素紙書就，懸諸館中」〔註51〕。

　　又如民國八年三月三日上巳「梅蘭芳假三里河織雲公所爲祖母陳氏祝嘏，徵文小啓，雋雅得體。發布以後，應徵者多不勝計，與梅有素者，固莫不以文字稱壽。其時好友咸集，臺上女樂迭奏，臺之內楹，懸林宗孟（長民）氏一聯『曲譜春歸，先獻王母；家傳彩舞，致歡重親』，典重樸茂，是大手筆。大廳中四壁琳琅，目不暇接，皆名人傑作，而樊山老人壽序四屏，精心結撰，尤爲難能。此外陳弢老（寶琛）、方地山、羅癭公、梁眾異、羅敷庵、易哭庵、黃哲維、陳彥通諸公之作，均精緻工麗，俱見深致高情」。樊山作《梅郎大母陳媼八旬壽序》：

　　　　……余丁卯計偕，郎之王父慧仙，有盛名於鞠部，藝之精不必

言。其任俠好義，往往爲朋輩所稱述，僉謂得與内助爲多。蓋媪以
笄年適梅，同籌江南，氣含煙水。北地燕支慕慧仙者十人而九，而
高柔匹敬賢妻，未嘗涉平康一步。既長四喜部，同部百數十人，並
受約束，若子弟畏父兄然。以吾眼見，兩遇過密，它部伶人星散，
唯四喜全部衣食於慧仙，百日之内，盡出所蓄以瞻同人之窮乏，媪
亦搜篋助之。及歌館重開，所部諸伶官皆感其德施，畢力獻藝。先
師李會稽歎曰「使今之將師馭兵如梅伶，則萬眾一心，髮撚不足平
也」……長言不足，繼以永歌。詩述梅氏義行，因及内助之賢焉
〔註52〕。

記梅巧玲義行，並詩云「荊十三娘有後身，仙姝節俠舊普聞。一雙蕚緣金條
脫，都向馮鋄劵裏焚」。又 1924 年陳太夫人去世後，樊山曾塡《金縷曲》一
闋，仍推崇備至〔註53〕。

民八七月十八，樊山爲余叔岩母六十大壽上紀事詩〔註54〕：

名伶三世梅余耳，英秀而還汝最賢。儕輩草時俱習熟，而翁在
日屢周旋。更能將母承先志，難得稱觴值閏年。眞舞斑衣學萊子，
聽歌吾亦忘花顚。

民國八年三月，尙小雲結婚，樊山賦《賀新郎》：

春社鴛鴦會，博金萱高堂一笑，璧人成對。休當雌雄雙杏看，
只算花論姊妹。品格是，金溫玉粹，北里群芳知消息，笑鶼鶼難療
青梅味。無福者，莫相忌，金蓮□下春粧麗。待黃昏，親除翠鈿，
替鬆珠佩，乍見生疏羞不語，嬌面端相仔細，料彼此魂銷心醉，柳
黛雲鬟儂盡有，只弓彎衩襪軟人意，須植出，五桂枝〔註55〕。

民國十二年四月，程豔秋大婚，京滬名流紛致賀詞，樊增祥書二十餘字
長聯。諸如此類筆墨，樊山藉此獲利，難免溢美之辭；倒是私下往來眞有些
惺惺相惜的味道，如梅蘭芳喜文字，恒與當代名士遊，樊山、石甫交相愛
重。某年冬月八日，李釋戡爲樊增祥補過生日，蘭芳繪松爲壽；梅學畫佛，
樊稱其「日益精妙」，又從齊白石學寫生甚勤，樊誇他「草蟲自擬張珩佩，松

〔註52〕 《民國京昆史料叢書》第三輯，學苑出版社，2010 年版，第 272～274 頁。
〔註53〕 徐一士：《一士譚薈》，中華書局，2007 年版，第 252～253 頁。
〔註54〕 《立言畫刊》第 62 期，第 6 頁，見陳志明、王維賢選編：《立言畫刊京劇資
料選編》，學苑出版社，2009 年版，第 345 頁。
〔註55〕 《申報》1919 年刊文。

鼠還師惲鐵簫」；梅嘗得岳忠武字，屬樊題寶岳樓額；樊爲蘭芳寫贈詩冊云「天然風雅出蘇揚，不獨清歌動帝鄉」，樊爲梅小楷題扇，適次日唱拷紅，乃持之登臺。民國十一年七月四日，梅蘭芳夫人福芝芳誕子（上年十月初四成親），饋樊增祥彩緞九枚，並告在滬演劇時「恐芝娘臨蓐，急欲還京，滬人啗以巨金，弗顧也」事。樊山曾提醒過梅蘭芳、程豔秋「傾國佳人出北方，梅程的的冠歌場。園中獅子爭蹲踞，多少人爲園外狼」〔註 56〕，可見珍視護惜之誼。

　　寓京期間，樊山可能下海當了票友，因票戲者大半皆文墨中人，故在當時的梨園行裏爲最尊貴，但須先拜老伶爲師，所以他在《壽德霖師六十》云：

　　　　慚愧邯鄲學步遲，陳濤喬舜並吾師兼謂鄭香師。今朝爲祝松喬壽，偷學樊山半格詩〔註 57〕。

一代詩豪徑稱伶人爲師，難免會被正統士人看成尊卑顛倒，離經叛道之舉，倫明就曾不無諷刺地說「有人斯文惜掃地」，小注云「向時優與倡同賤，今則尊敬過師儒矣」〔註 58〕。但樊山並不以爲意，三人行必有師，擇其善者而從之。《鞠部叢談》云，陳德霖崑曲功力最深，光緒中葉崑曲極衰，無人過問「其時德霖亂彈功力尙淺，歌臺之上黯然無色，及他日銳進至登峰造極，人但知其爲青衫泰斗，而不知其崑曲如是精能也。近數年士夫提倡崑曲，間請得霖出臺，始有稱其崑曲者」〔註 59〕。士大夫「悉其爲人者，多以禮遇之，呼爲陳先生。晚輩如蘭芳、瑤卿等皆師事之，得一字之傳，無不立名於世，以故業旦者亦尊仰之，諡爲老夫子云」〔註 60〕，可見樊山敬稱陳爲師，亦不爲過。詩中提到的「鄭香師」班輩更高，是德霖之師，曾爲內廷老供奉的喬蕙蘭，向爲都中昆旦第一；梅蘭芳初演「黛玉葬花」也，因彼而唱崑曲，樊山《葬花曲》所謂「是誰歌曲繡簾旁，四十年前喬鄭香。洛下璧人今老大，霸城金

〔註 56〕時人稱「於男伶之中，求其色藝雙絕，有奔走社會之能力者，獨一梅蘭芳耳；繼蘭芳之資格其最有希望者，獨一程豔秋耳」見《民國京昆史料叢書》第五輯，學苑出版社，2010 年版，第 146～147 頁。這種交際在江湖上也難免遇到不肖之徒的騷擾和刁難。
〔註 57〕樊增祥：《近著樊山詩詞文稿》，上海廣益書局，民國十五年版。
〔註 58〕倫明語，見張次溪編：《清代燕都梨園史料》中國戲劇出版社，1988 年版，第 2 頁。
〔註 59〕張次溪編：《清代燕都梨園史料》中國戲劇出版社，1988 年版，第 781 頁。
〔註 60〕《民國京昆史料叢書》第五輯，學苑出版社，2010 年版，第 44～45 頁。

秋幾星霜」也〔註 61〕；樊山初次入京會試時曾與之過從〔註 62〕，可見淵源有自，不過昔爲歌郎今爲「座師」，其地位之反逆，不正說明民初「由護花人到知音」的文化轉型嗎？

樊增祥對女伶的態度則比較輕挑，民元上海天仙園「爾來雌風扇楚，女樂來齊」，他偶與易順鼎「側帽徵歌，掎裳顧曲。涪翁莞爾，詫朱弦獨絕於佳人；象山默然，信靈秀不鍾於男子。五郎目迷群玉，心醉三珠，贈以情詩，徵余綺語」，於是作《天仙部三女伶詩》，詠王琴客（本名克琴，樊山嫌其不雅改之）、林罍、王寶寶。琴客來自天津「近比（楊）翠喜之名」，樊以色藝雙佳居其第一；罍者爲滬上妓界「四大金剛」之一「生本清門，每諱言其姓氏；偶淪北里，思自託於良述」，以藝精色衰居第二；寶寶以輩行較晚居末；樊詩與序均淋漓盡現樊山豔筆特質，不過堆疊前代描摹女性香軟媚態之詞藻，殊乏新意，後收入《七言豔體詩集》，樊山自己也視之滑稽詩文而不甚措意；易順鼎則連日觀劇，遍題諸女伶，自言「余徵歌垂四十年，不圖歷劫餘生猶見此夛」，兩人心態是有明顯區別的。

入京後，樊易有更多機會出入歌樓戲院。袁世凱時代「兩班腳本鬥金釵，歌滿春園花滿街。觀客無須爭座位，讓他親貴占頭排」，記乙卯年（1914）北京「鬧洪憲熱，人物麇集都下，爭向戲迷。三慶園、廣德樓兩班競技，廣德樓以鮮靈芝爲主角，三慶園以劉喜奎爲主角，兩班皆坤角，捧者又爲左右祖，各張一幟，互鬥雄長。易實甫尤傾倒鮮靈芝〔註 63〕，當時袁氏諸子、要人文客常包兩班頭二排，喜奎、靈芝出臺，實甫必納首懷中，高撐兩掌亂拍，曰喝手彩也，某日靈芝丈夫跟包，小丑指靈芝向其夫說白曰『你眞是裝龍像龍，裝鳳像鳳』，實甫坐前排，一躍而起大呼曰『我有妙對：我願他嫁狗隨狗，嫁雞隨雞』，樊樊山有詩四章歌詠此事」〔註 64〕，完全忘乎所以，這條記載可信度有多高不得而知，但易順鼎捧女伶的種種醜態，確實在近代野史小報中流傳。據說他每天都光顧劉喜奎寓所，進門就大呼「親娘」，世人揶揄他「騾馬

〔註 61〕《民國京昆史料叢書》第三輯，學苑出版社，2010 年版，第 241～242 頁。

〔註 62〕《民國京昆史料叢書》第五輯，學苑出版社，2010 年版，第 35 頁。

〔註 63〕樊山見實甫對鮮靈芝鍾情特重，已軼出常軌之外，故填《酷相思詞》四闋調之，然易反唇相譏，固獨行其是，見王森然：《近代名家評傳》（二集），生活·讀書·新知三聯書店，1998 年版，第 135 頁。

〔註 64〕劉成禺、張伯駒著：《洪憲紀事詩三種》，上海古籍出版社，1983 年版，第 53 頁。

街南劉二家，白頭詩客戲生涯。入門脫帽狂呼母，天女嫣然一散花」；後來連伶人自己都受不了了，登報告白〔註65〕。

這種種荒誕之事，從樊山留下的文字看，他幾乎從未參與，頂多只是一個看客，但由於樊易齊名，所以常常連帶挨罵，如《申報》評論「須將全國信仰之中心移於此中流社會人士身上，蓋吾國久失其信仰之中心，民國元二間尚有袁前總統，洎乎最近兩年，某在北京冷眼旁觀，見夫都人士多數朝夕目營心注者，惟在戲劇與狎遊。報章所載，無非劇談嫖經，非譚叫天，即劉喜奎，而易哭庵、樊樊山之大著，且連篇累牘紀之不盡，報紙如此，則社會失其信仰中心，乃至遁而之他，灼然可見矣」〔註66〕；《新世說》云「民國以來，都中女伶頗盛，又有名者爲鮮靈芝，劉喜奎，富竹友，劉菊仙諸伶，一時名流多溺之，爭爲詩歌相鼓吹，樊山之於竹友，認爲寄女〔註67〕，流風所煽，馴致傖薄少年，寒酸學子，逾閒蕩檢，舉國若狂，推原其俑，諸公不能辭咎」；又記「樊雲門、易實甫所眷女伶，一爲富竹友、一爲鮮靈芝，嘗互相嘲謔。樊以易、鮮二名作諧音詩鐘云『使問廉頗遺矢否，妃慚楊廣帶羞薰』；易亦以樊、富擬一聯云『臭十餘年夫逐有，矢三遺後飯增強』」〔註68〕。最後一條絕屬遊戲文字，但這些小說家言真假幾何，早已不得而知了。

也有一些記錄，通過與其他材料互證後得到落實，如《申報》記「樊山老人興正不減，賞識富氏三友，傾倒備至，最近爲編一《盤龍劍》新劇，令三友合演，排練純熟，行將見之紅氍毹上，而兵禍驟生，故樊山私喻定國軍爲漁陽鼙鼓，大煞風景。凡編劇者有四要素，智識宜備、見聞宜廣、思考力宜富、文學宜優。樊山對於一四兩項固不必研究，未稔對於二三兩項，亦經老伶公糾正否」〔註69〕。該劇改編自彈詞《天雨花》，共八齣，曾連載於《小說月報》1919 年第 4 至 7 期，劇本末有次公跋云「暗指明季黨禍，北京女伶

〔註65〕 張次溪編：《清代燕都梨園史料》中國戲劇出版社，1988 年版，第 1238～1241 頁。

〔註66〕 《申報》1916 年 8 月 8 日刊文。

〔註67〕 樊山曾爲竹友作《湘筠曲》「最有名，實甫復爲一律書後云：歌臺一見詫無倫，徹瑱都知爲養親。青士命名原寓意，墨君解語更愁人。珠爲喉又珠爲淚，玉作心兼玉作身。零落良家依草木，杜陵詩句黯傷神。竹友亦自此傳」，原作未見，易詩可作注腳，見王森然：《近代名家評傳》（二集），生活·讀書·新知三聯書店，1998 年版，第 138 頁。

〔註68〕 易宗夔，《新世說》，上海古籍出版社，1982 年版，第 32、129 頁。

〔註69〕 《申報》1920 年 8 月 5 日。

富竹友曾演習純熟，擬歌於中和園，嗣以竹友謝絕歌塵，此曲亦不復可聞」，後由樊山處索得稿本，又與高閬仙校寫寄送刊載〔註70〕。可知該劇並未搬演〔註71〕，且樊山曾爲影射直皖戰爭期間皖系軍閥段芝貴的定國軍爲叛軍，而將唐代安祿山事竄入劇中，有「穿越」之嫌，顯得不倫不類。

據筆者僅見，樊山現今留下的最後一組詠女伶的詩，是在他去世前不久所作的《戲贈新豔秋》〔註72〕：

> 豔秋分與女郎名，前後能爲蟬緩聲。兩舌一簧歌一曲，一聲雛鳳一聲鶯。玉京新舊豔秋雙，一樣歌喉東渡江。廣雅曾吟雙白璧，眞能風譜曲南腔。減字偷聲齣齣佳，紅紅記曲五言諧。若教隔著雲屏聽，誰是伯偕誰仲偕。寶玉何須辨眞假，宮槐畢竟有雄雌。李謨偷得霓裳曲，轉作長安好女兒。

新豔秋曾私淑程硯秋，技藝漸增後「與楊小樓演別姬於春和院，聲價大漲，樊樊山贈詩有句「男伶勁敵女班頭」，彼時男女已可同臺演出，然津沽聽戲，不重女伶，故猶僅許其爲女班頭，而未信其爲男伶勁敵者」。

樊易起初對狎女伶的態度差異，還曾引起文壇的一場小波瀾。民國二年夏易順鼎作《數斗血歌爲諸女伶作》〔註73〕，陳三立、沈曾植責其凌亂放恣、拉雜鄙俚，樊更作《後數斗血歌》諷之，序云「石甫寄示數斗血歌，余在酒樓，遍示座客，有笑者，有唾者，余獨謂神童之才，實不可一世。叔向所謂革車四千乘，以無道行之，必可懼也。乙庵散原，皆謂自有詩歌以來，如此凌亂放恣者，舉世恐無人能作。蓋高者深者不屑，而下者淺者不能也。余笑曰『我能之』，因作此歌」。這篇歌行被視爲樊山辛亥後庸濫卑下文字的代表，論者多歎詩道至此，墮之不復。但通過小序可知，其創作動機不過是酒酣耳熱後的一時逞快，後編入《樊山滑稽詩文集》，也意在博君一笑，實在不宜以偏概全，但文字背後的用意卻值得關注。因爲易作實在太離經叛道了，主旨顚覆「遠鄭聲，斥淫佚」的正統觀念，高揚聲色非罪論，不僅無關興亡，甚

〔註70〕《小說月報》十卷第7期。

〔註71〕樊山獨作諸劇，卒不得見於氍毹，非不諳臺上表演規則，而是當時多以革新爲主，沿襲老式的劇本被廢者甚多，故大可惜矣。

〔註72〕《立言畫刊》第3期，第8頁，見陳志明、王維賢選編：《立言畫刊京劇資料選編》，學苑出版社，2009年版，第25頁。

〔註73〕應爲女伶金玉蘭哭，當時傳言金玉蘭被槍決，易聞之大慟。《琴志樓詩集》中有詩紀之。

至繫於賢良；既然聲色可嘉，理應謳歌優伶，再反「賤伶」傳統；伶界「天地靈秀之氣原有十分存，請以三分與男子，七分與女子」，所以梨園最重女伶，三反評劇者「重男輕女」的標準。按女伶在京城戲院登臺，戲劇史上一般認為是辛亥革命之後〔註74〕，當時大柵欄內各戲園，幾乎全爲女藝人所佔據，爲劇界一大變動。風潮鼓動下，各報戲評欄中「連篇累牘，大半皆頌女伶之文字。蓋重色輕藝之意，爲普通社會自然之觀念，男伶日益衰落，而女伶乃充塞九城」〔註75〕，石甫這篇力捧坤伶的作品就作於此背景中，但當時嚴肅的戲劇評論家仍不屑於女伶「不過以淫穢悅人，次則以奇腔惑眾，求其實挾有技者，十無一人。京師舊無此流，近歲乃開禁網，特立獨出者鮮有所聞。津滬遼鄂女伶最多，而稱名亦少，津中貼旦界以楊翠喜爲最著，蓋亦浪得虛聲者。翠喜之外，王克琴亦以技名，惟喉音過尖，唱頗刺耳，又其人多怒，往往臺上罵人，齷齪有市井氣」〔註76〕，「自滬上女伶開端，演至花旦戲劇，醜態百出，揣其意，殆不惜裸體以博眾歡，此眞風俗人心之蠹，可爲流涕太息者矣。有主持風教之責者，其加意哉」〔註77〕，總之在正統的捧角圈子中，與男伶交往尙被視爲一種風雅積習的傳承，而熱衷女伶，則被看成純粹的逐色，與狎妓無異。樊增祥或基於「猛藥治病」的緣故，才用「以彼之道，還施彼身」的辦法，強勸易順鼎回歸正道；此前在上海時，他心憂石甫日日顧曲，曾用最含蓄的詩的方式戲勸：

> 京華旅食出無車，花界淵叢任獵魚。舉國同傾爲佳俠，百回不厭抵奇書。中年絲竹供陶寫，仕路藩籬久破除。徒使周郎勤顧曲，玉顏曾不小喬如。

待易進京後，又作小說《琴樓夢》引申其旨「余與石甫爲莫逆交，老有童心，日以嬉笑爲樂。自君北行，日日有遍插茱萸之憾。飯餘燈下，偶然作此狡獪，雖曰滑稽，是亦有爲而言，非吾石甫莫能解也」〔註78〕，並附詩：

〔註74〕 一種說法是始於趙秉鈞進京出任民政部大臣後「香廠繁華夜不收，氈毹新換女班頭。若循供奉夷吾例，户户馨香趙倚樓」，見張次溪編：《清代燕都梨園史料》中國戲劇出版社，1988 年版，第 1179 頁。

〔註75〕 《民國京昆史料叢書》第五輯，學苑出版社，2010 年版，第 146 頁。

〔註76〕 《民國京昆史料叢書》第五輯，學苑出版社，2010 年版，第 262～263 頁。

〔註77〕 張次溪編：《清代燕都梨園史料》中國戲劇出版社，1988 年版，第 826 頁。

〔註78〕 《菊影錄》云「樊山、哭庵諸名士，相約爲詩以張之，一倡百和，幾有舉國若狂之概。而樊山所著《琴樓夢》小說，尤爲推崇備至，調笑無雙，蓋調哭庵，亦所以譽琴客（即王克琴，樊山嫌其不雅馴，改之），足見此老之狡獪

故素新縢比較難，野言聊當寓邑看。三挑玉瑱來端木，一夢紅樓感納蘭。海樣啼痕雙袖滿，潮般心緒五更寒。龍門史筆今何用，且可閒情託稗官。

易則答曰：

眞宜一字一香薰，仙占三分佛七分。憐我楚襄圓好夢，替他蘇蕙寫迴文。才論奇豔超雲李，情演深微敵雪芹。稗史紅樓吾敢比，青樓差壓杜司勳。

仍不改故態，直到這篇《數斗血》問世，其中「一生崇拜只佳人，不必佳人於我厚」、「不思兩廡之特豚，甘作雙文之走狗」、「我不向汝低首更向誰低首」、「我亦不知誰爲才人、誰爲學人、誰爲遺臣、誰爲遺民、誰爲舊、誰爲新、誰爲僞、誰爲眞」，甚至最後說「請君勿談開國偉人之勳位，吾恐建設璀璨莊嚴之新國者，不在彼類在此類。請君勿談先朝遺老之國粹，吾恐保存清淑靈秀之留遺者，不在彼社會在此社會」，不惟甘拜女伶，令士林蒙羞，更將新舊一干文人全部罵倒，變本加厲，猖披已極，難免遭到眾人非議，樊山也就借酒勁痛痛快快地反唇相譏：用語著實爛污，荒誕如「西京妖姬南國麗人之天癸」，粗鄙如「牛溲馬勃敗鼓皮」、「臭魚爛蝦酸豆腐」，更直指易順鼎本人「貪財好色不怕死」、「其人激成古廟伽藍熱鍋螞蟻之形狀」、「其詩變爲馮猶龍唐伯虎蓮花乞食之謠歌」，甚至臚列歷史上種種最不堪的貪色行徑，出語駭聞。這種按字面意思理解對方的觀點並將其放大疊加，將所要否定的現象誇張變形，就會產生反諷與挖苦的滑稽效果，達到犀利尖銳的責罵目的。最後長歌在說教中煞尾「因果報應新學所不談，其實蘭因絮果一一當細參。君與西子同一船，我與彌勒同一龕。我年望七君望六。蛾眉伐性將不堪」。樊山

矣」，認爲小說在替女伶炒作，見蔣瑞藻編纂：《小說考證拾遺》，商務印書館，1922 年版，第 585 頁；《花朝生筆記》則記載了小說本事「石甫追隨克琴香塵，已數年矣，而此腹便便、腮於於之石甫，殊不當王伶一盼。一日積慕成思，積思入夢，恍惚間與克琴握手言歡，殷勤備至，適到妙處，竟爲某友一張擊醒，石甫懊喪數日，引爲終身恨事，用情怉至，何讓怡紅，是誠一風流蘊藉士也」，並評價小說「窮極形相，用筆之靈動跳脫，乃如活龍，如生虎，不可捉摸，洵說部中之別開生面者。哲人餘技，足了前人」，見孔另境：《中國小說史料》，中華書局，1936 年版，第 255～256 頁。

陳贛一《新語林》卷八「惑溺篇」云「易哭庵於辛壬間居滬，悅女優王克琴，排日聽歌，追逐不疲　樊樊山撰琴樓夢小說以諷之，最能得樊之眞意，見陳贛一：《新語林》，上海書店出版社，1997 年版，第 143 頁。

的初衷也許真的是奉告，但他謔而近虐的嘲弄方式，還是引起對方的誤解與反感〔註 79〕；順鼎作《讀樊山後數斗血歌作後歌》自辯，且日後依舊如故，絲毫不避醇酒婦人，時人詩云「鶯燕年年換春色，尋春忙煞易龍陽」，言「近時女伶起於滬津，壬子後故都騤盛，七八年間其籍籍者大都見於易實甫詩」〔註 80〕；樊增祥則以廣大教主的姿態，收她們作女弟子「新豔秋、蓉麗娟、孟麗君、劉豔琴、小蘭芳及馬家姊妹豔雪、豔秋、李桂芬、李慧琴等，均為入室弟子，旖旎溫馨，屢見詩辭，經其一捧，立即成名」〔註 81〕，以雅化俗，或為掩人耳目，擺脫狎邪的干係和指謫。

第三節　樊易捧角，情志各異

時人曾比較樊增祥、易順鼎、羅惇曧的捧角詩並指出：

> 民十以前，在歌臺捧角隊中風頭最健者為遺老，此輩或為達官顯宦，或為才子詩人，彼時掛名差事甚多，類皆身兼數職，每月俸入頗豐，而又無所事事，於是流連歌場，大作其捧角運動。遺老本人雖不必然到處受人歡迎，而遺老之一管禿筆卻具有偉大力量，所謂一經品題，聲價十倍是也。職是之故，名伶對於遺老不得不相當恭順，而遺老對於名伶，亦各就其所好，力事遊揚，各人算各人一筆賬，其間關係微妙之極。

> 在此期間，一班風流遺老為數甚多，而最享盛名者，厥唯樊樊山、易實甫、羅癭公三氏，若專以捧角而論，則三人中又當以羅癭公氏為最得法，此三人者，幾乎每日皆在戲場流連，樊易兩公更喜在坤角隊內走走。既然每日聽戲，於是每日有詩，好此不疲，樂而忘返，有好甚者曾以此八字對聯戲贈當時遺老諸公，可稱恰切。

> 癭公為人豪爽不羈，其詩格在三人中最為沖雅，既無樊山之試

〔註 79〕 反諷通常會用變形的腔調或方式表達出來，由於文字本身沒有指示性說明，所以讀者更容易依字面意思理解而極易觸怒。《冷禪室詩話》云「先生《後數斗血歌》，譏易實甫太甚，彼此因有隙，後經朋輩以詩解之，乃已」，見張寅彭等編：《民國詩話叢編》第三冊，上海書店出版社，2002 年版，第 707 頁。

〔註 80〕 張次溪編：《清代燕都梨園史料》中國戲劇出版社，1988 年版，第 2 頁。

〔註 81〕 王森然著《近代名家評傳》（二集），生活・讀書・新知三聯書店，1998 年，第 11～12 頁。

帖氣息，亦不似石甫之故意求奇，即以捧角而論，樊易之成績亦不
逮遠甚〔註82〕。

僅就筆者所覩，樊氏捧角之作，多爲七古體制，長於敘事，不求工巧，亦多
真情流露，與所謂試帖氣息有異。

　　樊增祥曾誇易順鼎的捧角詩「全憑一部伶官傳，陶寫生平樂與哀」，易珍
視伶人「名高始信優伶貴，祿薄誰求總統尊」、「卅載春明感夢華，只今霜鬢
客天涯。還傾桑海十行淚，來寫優曇一朵花」，爲伶可以哭，可以笑，甚至如
前所言，如癲如狂，這種種「變態」，其心理結構其實是尋求一種寄託，當舞
臺上經過美化的明星的某種特質正契合自己的內心需求時，就會很自然地將
自我欲望投射到演員身上，並逐漸變成一種背離現實原則的精神依賴；這是
一種移情效果，明星只是這種欲求的代償物〔註83〕。有研究者提出易氏「捧
伶詩」的「悲感結構」，即在詩的結尾以個人的悲感收束〔註84〕，所以寫伶即
是寫己：

　　　　幾人未遇幾途窮，兩種英雄在此中。滿眼哀鴻自歌舞，聽歌人
　　亦是哀鴻。芋蘿溢浦兩紅妝，感事憐才益自傷。兩種人才三種淚，
　　一齊分付與斜陽兩種人才謂一種未遇，一種失路：三種淚謂感事、憐才、自傷

　　〔註85〕。

　　反過來，易順鼎稱讚樊增祥的詠伶歌行「力壓白樂天」，但樊卻自以爲可
堪比杜陵老，在他看來，《琵琶行》只表達出「同是天涯淪落人」的身世之
感，卻沒有上升到家國情懷的高度，所以他譽易爲「伶史」，自己則在寫「詩
史」。

　　樊易捧伶詩的區別還在於，他們對捧伶本身的認可程度，順鼎嘗毫不避
諱的說「人不能無嗜好、無交遊、無消遣，與其吸鴉片、賭博，毋寧狹斜遊。

〔註82〕《立言畫刊》第 73 期，第 9 頁，陳志明、王維賢選編：《立言畫刊京劇資料
　　　　選編》，學苑出版社，2009 年版，第 398 頁。
〔註83〕賈磊磊在《電影語言學導論》中提到了明星崇拜的概念（復旦大學 2011 年版，
　　　　第 136 頁），同樣適用於舞臺表演藝術，徐煜即藉此分析清末民初的捧角。見
　　　　徐煜：《明星崇拜心理中的非審美成分——以晚清以來捧角現象爲樣本》，《戲
　　　　劇文學》2012 年第 10 期，第 115 頁。
〔註84〕邱睿：《清遺老「戲劇熱」的解讀——以易順鼎「捧伶詩」爲例》，《四川戲劇》
　　　　2009 年第 2 期，第 27〜29 頁。
〔註85〕易順鼎：《哭庵賞菊詩》，收入張次溪：《清代燕都梨園史料》，中國戲劇出版
　　　　社，1988 年版。

蓋遊狹斜必多爲交遊起見、爲消遣起見，而其嗜欲亦必因愛好美色而起，在嗜好中不能不謂爲近清近雅。即因好淫而起，亦較吸鴉片與賭博之嗜好稍雅稍清矣。與其狹斜，毋寧看戲，蓋看戲之嗜好，必在聲色，不在貨利可知，即好聲色，亦非好淫可知。且尙有忠孝節義之觀感其中，且亦以己之金錢與人而所費不多，不傷廉又不傷惠，好色而不淫，用財而不吝亦不費，在諸欲中可謂甚清甚雅，無害於人品者矣〔註86〕，這種大膽的表述，是他一貫的行爲座標，特別是進入民國，在面臨混沌時，他解構了舊有的一切道德標準，完全呈現風流名士的姿態。樊增祥則沒有這麼放誕，素持謹守的性格，殘存一線的良知，讓他絕不敢越雷池一步，頂多表露出名士風流的一面；在波詭雲譎的政界，他既不能全然放棄利祿，也就只好逢場作「戲」，面對聲色頹放的指責，猶作內心的掙扎。易順鼎捧的是「角」，樊增祥在意的是「戲」，所以絕少靡靡之音，多屬長歌當哭。

樊易及當時一批文人的捧角行爲，標誌著民初捧角文化的轉型，葉凱蒂認爲且這「從某種意義講是舊社會秩序被打破的最突出的表現」：士——伶關係由前清時的私寓角落，逐漸光明正大，進而大張旗鼓，它得益於當時業已發達的媒體的宣傳鼓勵；藝人的明星化，使捧角者由護花人過度到知音，他們逐漸隱退爲情人、愛慕者、策劃人與藝術指導的多重融合的身份；同時公共空間促成了從主觀愛慕到客觀藝術標準的形成，捧角也要「民主化」，形成所謂集體分擔責任的共識，有角大家一起捧〔註87〕。由此產生的捧角文學帶有明顯的遊戲性質，是這些舊派文人在逐漸被邊緣化的過程中試圖爲自己重新定位的舉動，是「在雅文化與遊戲之間滑行」，有時甚至會爲自己喜歡的伶人辯護，攻擊他人〔註88〕。這種非理性的個人行爲有時會演變成集體的喧鬧，難免讓人哀歎他們醉生夢死的無聊「棋劫興亡誰管得，緩歌漫舞當中興」；極盡肉麻和偏執的吹捧某角，又會陷入庸俗化的炒作：

> 一班莘莘學子，赳赳武夫，以及失意名流、浪漫政客，日以捧坤角爲正事，揄揚褒貶之詩文刊滿報章，此傾彼軋，釀成筆戰，鮮劉一場惡仗，加入者近百人大好報紙供若輩無聊之筆戰，甚至樹黨

〔註86〕 張次溪編：《清代燕都梨園史料》，中國戲劇出版社，1988 年版，第 773～4 頁。

〔註87〕 葉凱蒂：《從護花人到知音》，收入陳平原、王德威編：《北京：都市想像與文化記憶》，北京大學出版社，2005 年版，第 121～122 頁。

〔註88〕 同上，第 124 頁。

　　　　立社，虛糜有用之精神，大不可惜哉！〔註89〕

凡事過猶不及，不唯有玩物喪志之非，亦消解和偏離了顧曲本身的正當性。
樊山雖與之稍異，久寖其中，難逃等諸下郇之譏。

〔註89〕蓴味：《坤伶興衰史》，《戲劇月刊》第 5 期，第 3 頁，轉引自徐煜：《明星崇
　　　　拜心理中的非審美成分——以晚清以來捧角現象爲樣本》，《戲劇文學》2012
　　　　年第 10 期，第 117 頁。

第八章　閒豔兩面，義取自娛

第一節　一枝豔筆，縱橫詩壇

　　樊增祥以「好爲豔體」著稱於近代詩壇，這種印象甚至遮蔽了論者對他的整體評價〔註1〕「切不要以爲他只喜歡寫言情豔體，其實只是一小部分，而且也切不要誤會樊增祥寫了言情豔體，大概其品性也就不必端正，事實上他像寫過調侃女人和豔情之什的趙甌北一樣，爲人卻一點也不佻達放蕩」〔註2〕，反倒「旁無姬侍，且素不作狎邪遊者」；在髮妻去世十七年後才續弦，並未曾納妾，廝守終生，家風素謹，以此爲修身養性之法。但他也從不掩飾自己的豔作，尤自負「謂可方駕多郎，《疑雨集》不足道也」，常以「性非枯禪，何妨綺語，虛空著襖，不畏鐵秀詞」自辯自解；其時同道的評議也常視之爲別樣風格，而不唯此作道德的軒輊「不知者以爲有微詞，大誤矣」〔註3〕。

一、《十憶》組詩的新意

　　崇尚含蓄的民族性格及發乎情、止乎禮義的道德規條，使自古豔情詩人處於比較尷尬的境地，似乎扣上這頂帽子，就難逃宣淫的惡名，所以他們總

〔註1〕陳衍曾輯有《師友詩錄》「以君詩美且多，難於選擇，擬於往來贈答諸作中，專選豔體詩，使後人見之，以爲若何翩翩年少，豈知其清癯一叟」，由於陳在民初詩評的權威性，遂使後人視樊爲俗豔詩人。

〔註2〕董乃斌主編，馬亞中執筆：《中華文學通覽・近代卷》，中華書局，1997年版，第87頁。

〔註3〕陳衍：《石遺室詩話》，人民文學出版社，2004年版，第187頁。

要想方設法地以寄託風騷爲自己正名，甚至造成詩意的多歧迷離。樊增祥則反其道而行之，坦陳己作「若以爲《國風》好色，則官身本滯周南；若以爲香草牽情，則舊宅常依宋玉」，比附風騷傳統的寫情本原，它可以大到家國之「志」，也可以微至男女之「情」，顯然受到性靈派的影響。所以他不避諱純寫豔情，專門編集了四卷本的《樊山集七言豔詩鈔》，其中以組詩形式呈現，代表樊山豔詩整體風格的當屬二百首《十憶詩》，表達的是一種琴瑟和諧的夫妻正情，從不同面相全方位展開清末社會閨閣女性的生活圖景，以及在新舊觀念的碰撞交織下女性的地位變化。

（一）傳統「四德」觀念的揚棄

古典閨閣女性，有所謂「四德」懿範，即婦容、婦言、婦德、婦功，並納入傳統儒家禮教體系中。在女教的規約下，女性的自由天性受到了束縛，但也造就了賢妻良母的形象，在傳統社會中有一定的合理因素。

婦容指婦女的舉止和容貌，也是女性德行最外在和直接的表現，不追求姿色冶豔，而以素淨淡雅爲美，樊增祥在描寫妝容時，突出「未施脂粉最天然」、「可人終是素心蘭」、「家常裝束總鮮明，淡暈芙蓉薄點櫻」、「自是風流天付與，隨宜梳洗亦傾城」的自然風格，與前輩文人李漁、孫原湘刻畫的美人形象有異曲同工之處，體現出士大夫崇尚清麗的審美主張。婦容還有「鮮潔沐浴，以時身不垢辱」〔註4〕的要求，強調身體潔淨作爲德行貞潔的象徵意味，樊增祥即以《憶潔》爲題將籠統的標準具體化，末二首又從「潔」過度到「清」〔註5〕：

> 每讀文章愛修潔，若登樓閣喜高寒。乾坤清氣能多少？得自叙竽覺更難。水晶簾箔麝香裀，我亦人間峻潔人。待得女平章到此，爲儂三日拂埃塵。

顯示「齊治」一體的明喻。如果「潔」還只是一種狀態，那麼實現它的過程「浴」必然是一齣香豔的場景。《憶浴》中那些涉及女性肉體與私隱的欲望，敷陳了詩人的無限想像，而遣詞用意都在模倣韓偓的《詠浴》：

> 再整魚犀攏翠簪，解衣先覺冷森森。教移蘭爐頻羞影，自試香湯更怕深。初似洗花難抑按，終憂沃雪不勝任。豈知侍女簾幃外，

〔註4〕 （明）王相箋注：《女四書》卷四，清光緒六年刻本，第32頁。
〔註5〕 樊增祥著，涂小馬、陳宇俊校點：《樊樊山詩集》，上海：上海古籍出版社，2004年版，第1487頁。

　　　　賸取君王數餅金〔註6〕。

作者力圖把閨房中一個日常必需卻又不可為外人道的場景描繪成美的畫面，因而他筆下的美人彷彿在表演整場洗澡的動作〔註7〕。但樊增祥又不只是在歌詠一位「被看的對象」，而是讓「觀察者」時時介入，以人物之間動作或心理的互動，改變了相對靜態的場景。

　　婦功在女教中指專事紡織與齊備酒食之事，這是「男主外，女主內」的傳統社會結構的要求，也是家庭和諧穩定的基礎。「凡為女子，須學女工」，良家婦女都必須掌握熟練的手工技巧，既有現實需要，以滿足生活日用，更具象徵意義，即區別於那些不事生產的女人（如娼妓）。但不同地位的女性，所從事的婦功也因其目的不同而產生差異〔註8〕。閨閣女性不必為縫製家人衣服而操勞，而且富有教養，懂得欣賞，所以她們多習刺繡，既意在培養安嫻的性格，以符合婦功的道德內涵，又將此視為一門藝術，一針一線中投射出自己的才思美感，見方天地間增添了不少的詩情畫意。《憶繡》即首先著眼於繡品的審美價值「我詩卿繡兩相和，黑蝶琴弢未足多。卻出金箱新活計，比郎窗課定如何」，將其與自己的詩作相提並論〔註9〕；「近世寫生無好手，熙筌畫意屬針神」、「恰於疏處堪人愛，又似雲林小扇圖。」，則以五代花鳥大家黃筌、徐熙，明代山水畫家倪瓚作比，凸顯繡品中的文人化元素。其次則突出繡品的傳情達意功能，閨秀不能直接表達對婚姻的願景和對情郎的愛慕，於是繡出雙喜、鳳凰、紅蓮、鴛鴦等象徵物寄託情愫；組詩以「金針線腳從人看，願度鴛鴦滿世間」作結，小注「鴛鴦繡出從君看，不把金針度與人，何其吝也。金針線腳分明在，自繡鴛鴦也不難，又何私也。如此詩則菩薩心腸，瀛環公理矣」，則突破了傳統母題的「私情」閾限。

　　中饋之事作為婦功的另一項職責，樊增祥在《憶倦》、《憶食》中多有吟詠，勾勒出一位勤勉又體貼的主婦形象：「清朝消減玉精神，井臼由來未慣

〔註6〕　《香奩集》寫本（影印本），原件藏日本早稻田大學圖書館。
〔註7〕　康正果：《風騷與艷情》，河南人民出版社，1988 年版，第 330 頁。
〔註8〕　（美）曼素恩《綴珍錄──十八世紀及其前後的中國婦女》，江蘇人民出版社，2005 年版，第 183～206 頁。
〔註9〕　這種評價正是女性最需要的「縫紉嬗變為一種藝術，對建構女子特性有著深遠意義，在很大程度上與男性詩歌才華的提高相似，作為藝術的刺繡的發展，成了上層女子特性中的一個屬性，它表現的是一塊於儒家婦功原始含義之外的處女地」，見（美）高彥頤：《閨塾師：明末清初江南的才女文化》，江蘇人民出版社，2005 年版，第 185 頁。

親」，即使出身富貴人家，一旦嫁爲人妻，也要五更早起，親歷親爲，絲毫不敢懈怠；「籠街燈火還家後，別院笙歌送客餘」，她們不但供給家人的日常飲食，還要應付賓客的迎來送往。上得廳堂，下得廚房，她們要努力迎合每一位成員的口味，並在節儉與排場之間尋求平衡，成爲維繫家庭運轉的賢內助。

婦言體現女性言行中的道德操守，所謂「不道惡語，不厭於人」，本意是希望用適當的言語來溝通化解家庭的矛盾，但矯枉過正，女性話語權在傳統家庭中往往被漠視，以致「木訥寡言」幾乎成了好媳婦的標籤。在《憶嗔》中，詩人刻畫了妻子在遭受不同委屈後作出的種種表現，或「懊儂不失溫柔意，但到無言恨已深」，或「一種聰明尖刻語，得人憐惜刺人心」，後者實際已經突破「不必辯口利辭」的古訓，而喜怒見形於色了；作爲丈夫，並沒有批評訓誡，轉而多理解關心，對於某些婦德約束下產生的矛盾，也表達了自己的主張，如「戲出曾傳伏虎韜，閨房取締太無聊。當年妒律何人定，早向東京學取消」，就寓莊於諧地傳遞出對妒婦問題的反思：妒忌自古被視爲女性之「惡德」，嚴重者可犯「七出」之名，《女孝經・五刑章第十一》規定，「五刑之屬三千，而罪莫大於妒忌，故七出之狀，標其首焉」。作爲一種社會現象，經過文人的放大和醜化，成爲戲曲小說中的重要題材，《伏虎韜》是清中葉作家沈起鳳改編袁枚《子不語・醫妒》所作的傳奇，將妒婦妖化成「胭脂虎」，代表了這類作品的普遍傾向。生妒就要制妒，在文學作品中，或將其視爲病態，想像各種「療妒羹湯」施治；或動用禮法，勸懲相濟，一方面用因果報應恐嚇，一方面興女學女教馴服，甚者專訂《妒律》，加以嚴誡。但樊增祥認爲妒忌之心宜疏不宜堵，主張取消婚姻關係中單方面對女性施加的道德枷鎖，與清中期學者俞正燮「何煩詔表令檄牽妒言之」的論調一脈相承，這些相對圓融的觀點，反映了近代開明士紳家庭中傳統倫常觀的悄然變革。

（二）女性生活的拓展

傳統閨閣中人，無時無刻不受到女教的約束，即使希望有一點鬆動，也要在父權或夫權的允許範圍內，所以比較開通的士人會爲女性成員提供一些有益身心的娛樂活動，讓她們在繁雜事務之外的閑暇裏，卸下「四德」的矜持，適當地緩釋壓抑的情緒，施展各自的才華，以此豐富生活樂趣，增進感情交流。

比如在《憶博》一組中，作者列舉了諸如擲色投壺、圍棋牌九等各式遊藝項目，有些只是純粹娛樂，但更多的還爲寓教於樂，如投壺爲鍛鍊專心致志，鬥草以增長博物見識；還有一類原本屬於文人雅好，後來女性參與其中，技藝漸進，絲毫不遜於男性，如詩中出現的夫妻對弈（手談）場景，反映了明清才女文化氛圍下，作爲才情表現之一端，女性的智慧至少可以在棋枰上發揮得淋漓盡致，並足以與男性成員平分秋色。

傳統的遊戲項目，起到了和諧家族成員關係的作用，也變相地規定了女性的活動空間和交往人群，仍爲養成安分守己的婦道注腳，所以輸贏不是目的，更不會藉此牟利。但近代以來，奢靡之風日生，逐利之念漸起，特別是咸同之際興起於東南沿海一帶的麻雀、番攤等賭博遊戲，猶如瘟疫，波及全國，至光宣年間更是上到諸侯大夫，下及庶人百姓，無不癡迷於此，地方屢禁不止，樊增祥詩中寫道〔註10〕：

> 花底挦蒲催上場，紅氍銀燭小排當。寧波麻雀知何味？強與周
> 旋故拙行。番攤都學嶺南風，恃賴聰明注注紅。四正四隅何足算，
> 慣持孤注傲萊公。

這股風氣吹入閨閣，使得原本比較高雅的女性遊藝，因爲金錢關係的竄入而漸漸變味「強與周旋故拙行」、「恃賴聰明注注紅」。當贏錢成爲唯一目的，運氣取代了才情，機詐扭曲了心智，以往單純的家庭娛樂項目發生了質變，傳統的生活方式也正在解體。

歌舞小戲本是外班或家班在氍毹宴會上佐酒助興的項目，閨秀中人喜聞樂見，但不得親自登臺，否則會被視爲有違婦德，因爲在傳統觀念中，絲竹管絃技藝，是青樓女子或樂戶的謀生手段〔註11〕。但清代政策上的限制，使晚明以來被人津津樂道的「名士——名妓」交往模式已幾成絕響，原先由藝妓主導的異性間的藝術交流出現了斷層，所以開通的士大夫鼓勵自家女眷習練各種技藝，既滿足自己的文娛需求，也拓寬了女性的藝術空間，這種放開

〔註10〕 樊增祥著，涂小馬、陳宇俊校點：《樊樊山詩集》，上海：上海古籍出版社，2004 年版，第 1479 頁。

〔註11〕 在儒家文化圈中，如日本、朝鮮等國的封建時代，似乎都存在這種技藝與身份的相關性，才有樂戶、藝伎的「世職」化，她們「訓練有素，衣著入時，舉止得體，習藝的舞蹈、風趣、歌謠、儀態都是傳統的，具有挑情性，而且故意表現上流夫人所不會表現的一切」（魯思・本尼迪克特《菊與刀》，商務印書館，2009 年版，第 129 頁），與曼素恩對中國藝妓的結論相同。

實際是將歡場娛樂提升爲閨閣娛樂，使通俗文化與精英文化對接，保留了「豔」的美感鑒賞，消解了「欲」的情色味道。

詩人在《憶歌》中提到的某些舞臺現象，如「讀書常恨不冠巾，掃帶羞爲越女鬟。粉墨登場何所願，袍靴願現宰官身」，以「女扮男裝」這一道具形式，彰顯日益勃發的女性自主意識「當女性在舞臺上完成了『移形換位』之後，其行爲模式往往是男子化的。所以，與其說她們是自然性別的轉變，不如說她們是社會性別的轉變」〔註12〕；又如「慧性全工肉竹絲，晚涼閒唱女彈詞。若逢女學堂中女，不鼓洋琴不入時」，則關涉近代西洋樂器與中國傳統曲藝的結合現象「晚清以來，更變本加厲，弄出化妝彈詞，所用樂器以弦子爲主，餘者皆爲賓。賓之中首則琵琶，次則洋琴也」〔註13〕，與其描述正相吻合。

古代社會對女子的「學」與「才」是區別對待的，前者受到鼓勵，圍繞以《女四書》爲代表的婦學展開，目的是具備教育後代及主持家政的基本素質；而關乎女子自身的才情培養，則陷入「無才便是德」的古訓；至於承載才情的詩歌，更因「女冠坊妓，多文因酬接之繁；禮法名門，篇簡自非儀之舉」（章學誠語）的正統觀念而聲名不彰。晚明以降，文學解放思潮暗流湧動，才女文化在夾縫中逐漸確立，她們主張「女子三不朽，德也，才與色也」，肯定了「才」存在的合理性。但清代復古主義盛行，才德之辯再次成爲繞不開的命題，袁枚與章學誠針鋒相對，其性靈說強調眞實情感，重視靈機自張，肯定人人都有創作詩歌的潛能和可能，還廣收女弟子，爲她們詩作結集，此舉在當時飽受爭議，卻爲女子作詩破除了理障。樊增祥部分詩學主張近於袁枚，也同樣推崇詠絮之才的女詩人而鄙薄道德訓誡的頭巾氣，他在《憶學》〔註14〕中寫道：

> 女中博士沒無雙，每到書齋警吠尨。羯末封胡俱不見，偷攜筆硯到紅窗。垂髫弄筆學隨園，多讀才能雅俗分。一誦玉臺新詠序，案頭惟置六朝文。百首宮詞王仲初，翻瓶瀉水定誰知。香閨最厭頭巾氣，不買坊間女四書。絮白椒紅口角香，女師德象誦無忘。閨箴

〔註12〕張宏生：《吳藻〈喬影〉及其創作的內外成因》，《南京大學學報》2000 年第 4 期，第 40～41 頁。

〔註13〕趙景深：《曲藝叢談》，中國曲藝出版社，1982 年版，第 45 頁。

〔註14〕樊增祥著，涂小馬、陳宇俊校點：《樊樊山詩集》，上海：上海古籍出版社，2004 年版，第 1491 頁。

總守蘭臺舊，肯入東京女學堂。小詩仙意擬堯賓，密字眞珠寫洛神。文采風流兼晉宋，衛夫人與管夫人。蕭郎宮體早知名，難得花房對合笙。好把九鸞釵作贄，紅箋親署女門生。自寫妍詞自按歌，晚唐南宋費吟哦。吹蘭笑問生疏字，惟有昭明選裏多。義山隱僻耐人思，錦瑟龍宮領悟遲。賴是檀奴溫雅性，丹黃音注遍書眉。個人心似玉玲瓏，郎主猶輸強記功。賭說玉環飛燕事，某篇某句某行中。綺紈脂粉盡消除，賣賦金來只買書。難得閨房兩司馬，渴相如伴女相如。

女子詩才的形成，首先要靠自身的努力，熟習體會「多讀才能雅俗分」、批點揣摩「丹黃音注遍書眉」、強記成誦「賭說玉環飛燕事，某篇某句某行中」，由模倣成句到別出新裁，鍛字鍊句，熟能生巧。其次是家中男性文人的倡導「其一名父之女，少稟庭訓，有父兄之提倡，則成就自易。其二才士之妻，閨房倡和，有夫婿之爲點綴，則聲氣易通。其三爲令子之母，儕輩所尊，有後嗣爲之表揚，則流譽自廣」〔註15〕。

樊增祥在詩中展示了他指導家中女眷學詩的門徑：袁枚的性靈詩、曹唐的遊仙詩、王建與花蕊夫人的宮詞、李商隱的無題詩以及六朝宮體詩等，這些詩體雖然風格不同，體裁各異，但均有陰柔的美感特質。「垂髫弄筆學隨園」，由於女性對經典的接受、對人事的體會都與男性作家不同，偏重於更感性化的內心，在用典、寄託等傳統詩歌要素上相對較弱，而隨園詩措辭簡樸眞摯，追求直抒胸臆，易於女性入手。「一誦玉臺新詠序，案頭惟置六朝文」，宮體詩形成中國文學史上第一次大規模吟詠女性、表現豔情的高潮，雖然傷於輕靡，但在追求形似狀切上下足工夫「他不是由對象與詩人內情的感應激發的詩興，而是詩人對所用對象表面特徵的關注〔註16〕，這與女性觀察事物時的審美體驗相契合；宮體詩第一次擴展了詩歌表現的物象空間，在嘲風月、弄花草的吟詠中，所詠之物都附著了豔情成分，以資女性作詩之重要素材。「百首宮詞王仲初，翻瓶瀉水定誰知」、「花蕊宮閨百首詞，興來往往寫烏絲」。宮詞一體，內容多描寫宮廷女性的生活與遊藝，風格「皆就事直書，無庸比興，故寄託不深，終嫌味短」〔註17〕，樊增祥也正著眼於它的明豔和

〔註15〕冼玉清：《廣東女子藝文考後序》，商務印書館，1941 年版。該序作於 1938年，附於書末。
〔註16〕康正果：《風騷與豔情》，河南人民出版社，1988 年版，第 150 頁。
〔註17〕陳伯海：《唐詩彙評》，浙江教育出版社，1995 年版，第 1538 頁。

直尋。「小詩仙意擬堯賓」，曹唐時代的「仙」，其內涵已轉向倡門女冠，所以他筆下的「仙」，已較少玄言意味，更多的是在遊仙、遇仙的外衣下，描摹世俗的男女戀情，而近似閨情詩，樊增祥正是基於這種「仙意」而鼓勵女子模倣。「義山隱僻耐人思，錦瑟龍宮領悟遲」、「近時檢校紅窗課，鈔遍樊南集裏詩」，李商隱詩歌的婉約陰柔之美在藝境與內容上接近女性幽微細碎的主觀情愫，「女性詩人在以其靈心學習摹仿前人詩作的因緣際會之時，她們和李商隱溝通在詩史的隧道裏，在眾多方面相共鳴。無論是意象的纖柔化、語言的圓潤化、意境的朦朧化還是題材的細小化、內容的深微化，都是偏於密麗柔婉、隱微含蘊的女性詩人接受李商隱的詩藝，並在創作上適用的結果」〔註18〕，但其無題詩歷來殊難索解，意象捉摸不定，初學者很難體會其中真意，只能反覆琢磨，透露出女子學詩的勤苦與層次的漸進。總之，樊增祥課詩，基本符合女子的接受水平和寫作風格，不講求文人重視的用事格律問題，而以淺顯直白爲宗尚，以男女情感爲旨歸，突出以詩自娛的審美要求，利於女子形成獨立於男性評判標準外的詩學風格，而這種才女與才子的知音型結合，不只給夫婦生活增添了共同的意趣，更促進了男方對夫婦情愛的專一。

（三）《十憶》詩的風格特徵

首先體例採用連章雜詠的組詩形式，每組圍繞一個主題展開吟詠，但並非一氣呵成，前一百首（自《憶行》至《憶妝》）「今此十題，凡經四和」，「而靈犀觸撥，綺語蟬嫣，更取十題，各爲六解」，所以內部各首之間並沒有一定的邏輯順序。這種漫次篇章式的開放型複合結構，未能形成一條完整的敘事或抒情鏈條，但便於詩人在一個個相對獨立的詩句中盡興使才，呈現一個主題的不同面相，在形散神聚中完成個體之和大於總體的藝術效果。而且詩人有意湊成的百首連章體，是中晚唐組詩中的常見體式「曹唐《遊仙》、王建《宮詞》，皆其類也」，施蟄存先生稱之爲「百詠詩」〔註19〕。

其次組詩鮮明的敘事特徵，顯然受到中唐元白詩風的影響，以日常生活細節入詩，浮光掠影地擷取典型事物作詩意的表達，聯綴在七絕短小精悍的體式中，每一首詩都像一個小故事的高度濃縮；很多描述極具場面感，如「世間何物能消散？惟有溫韜轄膝金」、「萱松此際俱迴避，布指偷量小鳳鞋」等，

〔註18〕米彥青：《清代李商隱接受史稿》，蘇州大學 2006 屆博士學位論文，第 199 頁。
〔註19〕施蟄存：《唐詩百話》，上海古籍出版社，1988 年版，第 646 頁。

三言兩語把別人不敢言或不欲言的閨中秘事寫得活靈活現，絕少隔膜之感；詩人雖言「必求其實，毋乃鑿乎」，但筆者認爲自傳性成分比較大，至少建構起「敘事自我」，如果鋪張成文，其旨趣則近於《浮生六記》了。

再次組詩主旨爲表現伉儷情篤，所以它不同於一般豔情所涉及的冶遊題材，其風格「豔而不淫，樂而無怨」。閨閣的相對封閉，彷彿紛擾世界中的世外桃源，妻子不染風塵的形象，成爲在外打拼的男性心力交瘁時最安穩和純潔的慰藉，所以對她們的書寫，多了一份尊敬。雖然詩中也有溺於感官享受的情節，有些對女性生活場景的刻畫也的確香豔，但並非爲豔情而豔情，更不像「誨淫」之作，詩人只是在用「最俗豔的筆，寫最莊重的事」，即使是比較大膽直露的場景，最終也往往轉回到夫唱婦隨的主題，表現出一種有節制的欲望；組詩結尾更昇華主題，以「願度鴛鴦」作廣大教化，正是引向《詩經》「風天下而正夫婦」的道德旨歸。

蔣寅曾遺憾古典詩歌中妻子形象的缺席，雖然愛情詩源遠流長，但大多都寫男女相戀，或纏綿悱惻，或儇薄風流，均構成豔情的要件；士婚是在媒妁之言、門當戶對下的聯姻，婚後又有夫妻敦倫的約束，所以關係平淡而較少激情；閫內生活屬於「私領域」，傳統觀念中視爲小道，不宜公開宣揚，這些因素使得詠妻子的詩很難出彩，文學史上也只有悼亡詩才提供了「可以公開闡法地表達自己對配偶之愛的唯一機會」〔註20〕，抒發「此情可待成追憶，只是當時已惘然」的傷感。樊增祥的憶體詩同樣是懷念故人，但創作於幾十年後，喪偶的創痛感已漸漸消磨，無法引起感受甚至超越生死的哲學思考；撤去「貧賤夫妻百事哀」的訴怨主題，也就失去了悲情帶給作者與讀者的淨化或補償效果，而流於一般愛情詩表面化的及時行樂與兒女情長。悼亡詩中的妻子作爲抒情客體，形象卻往往是模糊的，或者只是一個符號，抒情主體真正在意的是丈夫在悼亡中的精神狀態和生活狀況，成爲約定俗成的基本範式〔註21〕；《十憶》詩更像是寫給妻子的，她的形象是當仁不讓的顯性存在。「卿」、「儂」相稱，正是親心相通的思戀〔註22〕，一如寄內懷人的私話，不

〔註20〕楊周翰《中西悼亡詩》，《外國文學評論》1989 年第 1 期，第 111 頁。

〔註21〕蔣寅：《悼亡詩寫作範式的演進》，《安徽大學學報》2011 年第 3 期，第 4 頁。

〔註22〕胡曉明認爲「中國古代懷人詩寄內詩，有一種極普通的抒情方式，亦即最能體現溫婉、深醇的人倫情味，即所謂『以親心爲己心』，從『我』的一邊，揣想『親人』的心情，將己方的抒情角度，轉換成彼方的抒情角度」，此種抒情方式所達到的人倫情感的深度，即在感通一語，古人認爲心靈可以感應，已

過此時一切都成了隔世的獨白；這種親昵互動某種程度上也反映了二人世界中的平等關係，這與現實中樊增祥的境遇有關，同治三年，他迎娶彭氏，彼時家道已盡敗落，而妻族尚榮，不惜下嫁「來歸，以奩資爲養」，所以某種程度上抑制了男性中心的主導地位，知音平衡了夫權。

二、前後《彩雲曲》平議

樊山敷陳豔事的工夫，最登峰造極者莫過於前後《彩雲曲》，爲其文學成就之代名詞。光緒二十五年夏，他與朋友談及傅彩雲由名妓結識學士洪鈞，偕使歐洲，周旋於上流社會，歸國後因與人私通而被疏遠，最終重操舊業的傳奇經歷〔註23〕，頗感興趣，於是以歌行體紀之，這是首次以文學形式書寫賽金花形象，結尾云：

> 情天從古多緣業，舊事燕臺那可說？微時管蒯得恩憐，貴後萱芳都棄擲。怨曲爭傳紫玉釵，春遊未遇黃衫客。君既負人人負君，散灰扃戶知何益？歌曲休歌金縷衣，買花休買馬塍枝。彩雲易散琉璃脆，此是香山悟道詩〔註24〕。

以因果報應作悟道之語，落入俗套，其中的異域想像，由於樊山不通洋務而未脫天朝上國心態，書寫則襲用舊典，甚至因爲形式上的限制，不惜將英女王的名字簡省爲「維亞」，顯得不倫不類，所以整篇作品除了他一向標榜的華麗詞藻與旖旎豔情外，不但毫無新意，而且落後於同時代先進士人建構現代文明的理想。就是這樣的作品，仍能傳誦京師，一時比之爲《圓圓曲》，士民獵奇與浮躁的心理可見一斑，亦與戊戌變法後異常沉悶的政治氣氛形成鮮明對比。

再看後《彩雲曲》，據詩序云：

> 癸卯入觀，適彩雲虐一婢死，婢故秀才女也，事發到刑部，問官皆其相識，從輕遞籍而已。同人多請補記以詩，余謂其前隨使節，儼然敵體，魚軒出入，參佐皆屏息鵠立，陸軍大臣某，時爲舌人，

思人之時，人亦必思己」，見胡曉明：《靈根與情種：先秦文學思想研究》，百花洲文藝出版社，1994 年版，第 107～108 頁。

〔註23〕此友或爲繆荃孫之弟祐孫，他因鄙視賽金花，與洪鈞構怨，難免有詆毀之言，事載陳琰《藝苑叢話》，見錢仲聯編：《清詩紀事》，江蘇古籍出版社，1989 年版，總第 12635 頁。

〔註24〕樊增祥著，涂小馬、陳宇俊校點：《樊樊山詩集》，上海：上海古籍出版社，2004 年版，第 2042 頁。

亦在行列，後乃淪爲淫鴇，流配南歸，何足更污筆墨？頃居上海，有人於夷場見之，蓋不知僵塞幾夫矣。因思庚子拳匪之亂，彩侍德帥瓦德西居儀鑾殿，爾時連軍駐京，惟德軍最酷，留守王大臣皆瞠目結舌，賴彩言於所歡，少止淫掠，此一事足述也。儀鑾殿災，瓦抱之穿窗而出，當其穢亂宮禁，招搖市廛，晝入樓歌，夜侍夷寢，視從某侍郎英德時，尤極煊赫，今老矣，流落滬瀆，仍與廝養同歸，視李師師白髮青裙，就詹溜濯足，抑又不逮，而瓦帥歸國，地皇察其穢行，卒被褫譴，此一泓禍水，害及中外文武大臣，究其實，一尋常蕩婦而已，禍水何足溺人，人自溺之，出入青樓者可以鑒矣。

此詩著意庚子之變，其他瑣瑣概從略焉〔註25〕。

這裡有幾處值得討論：首先研究者大多認爲此曲作於光緒二十九年，實在謬矣，當時傅彩雲因命案獲罪，被害者尙係讀書人之後，但刑部僅遣返原籍了事，如此顚倒，置《大清律例》於何處？聯繫昔日諸公在她面前的可憐相，如此不經，置朝廷顏面於何顧？所以樊山根本不屑於爲其立傳，更對同僚表示不滿。其次此曲作於入民後，動機是述說彩雲以身事敵，救民於水火的「義舉」，以荒唐不經譏諷王公無能〔註26〕。第三「紅顏禍水」的論調並非完全是道貌岸然的夫子自道，而是針對當年欲徇私枉法的諸臣。

樊山對後作評價較高「自謂視前作爲工，然俗眼不知，惟沈子培云『的是香山，斷非梅村，亦不是牧齋』，眞是行家語」〔註27〕；錢仲聯則認爲前後《彩雲曲》均是梅村調子，他的理由是梅村體「由長慶體一轉手，融洽四傑的藻采與明傳奇的特色於一爐，爲敘事詩開拓疆宇」，著眼於樊山的典贍，而「長慶體」是通過一個人的遭遇映照朝廷的得失，折射時代的興衰，用語平實深沉，所以錢先生的判斷比較貼合。兩曲確有馳才騁氣，「用力過猛」之處〔註28〕，樊山之所以要強調風格的差異，筆者認爲或有一種隱秘的心態，該

〔註25〕樊增祥：《近著樊山詩詞文稿》，上海：廣益書局，民國十五年版。

〔註26〕誠如王蘧常《國恥詩話》所謂「民生之利賴，不必諸公之衰袞，而係彩雲之纖纖，不可謂中國之奇恥極辱矣」，樊山亦隱有微諷，只是「曲極刻畫之能事，而微病纖佻」。

〔註27〕錢仲聯：《清詩紀事》，江蘇古籍出版社，1989年版，第12640頁，但王蘧常《國恥詩話》中稱「沈子培中丞師嘗謂先大夫曰『樊山不過梅村，子則眞長慶體，不可同日而語矣』」，見同書第12642頁。

〔註28〕劉衍文嫌他「彩雲兩曲出樊山，延壽畫嫱心太刻」。見劉衍文著，《雕蟲詩話》，收入張寅彭等編：《民國詩話叢編》第六冊，第607頁；薛紹徽也譏他「名士

曲既作於民國，則繞不過遺民情結，由沈曾植的肯定語氣看，似乎也不在
文學本身，而意在對作家身份的認同，吳偉業、錢謙益的尷尬是他們有意避
開的。

對於《彩雲曲》的眞實性，錢仲聯認爲它無愧詩史，但弔詭的是，樊山
事後承認自己捕風捉影「遊戲筆墨，不足以登大雅之堂，窺其意，似不欲人
再說，大有後悔之意」〔註29〕，前《彩雲曲》的材料出自耳食，輾轉相傳已
有多處訛誤〔註30〕，齊如山則以爲連隨訪外國事都不可靠；後《彩雲曲》所
述賽瓦儀鸞殿上醜事，黃濬嘗叩之樊山，亦曰「僅得之傳說」，冒廣生曾謂「乃
儀鸞殿起火，樊雲門遂附會瓦德西挾彩雲，裸而出，作《後彩雲曲》」〔註31〕；
事主賽金花也坦承自己與瓦德西的緋聞是出於炒作的子虛烏有，根本不具有
歷史的眞實性〔註32〕，所以《彩雲曲》充其量只是一部暗含作家情色想像的
穢史〔註33〕。可惜後人不察，徐珂的《清稗類鈔》「傅彩雲久著豔名」條，即
轉錄樊山序及前曲〔註34〕；今天的北京陶然亭公園，能夠在慈悲庵陳列室尋
到一些遺跡，其中就有 1937 年根據樊山手跡刻鑄的《彩雲曲》石碑。

關於《彩雲曲》的影響，錢仲聯雖認爲懸格不高，但「哀感頑豔，傳誦
藝林已久」，後起之秀競相模倣，如王甲榮亦有同名曲「特較樊山爲勝，此制
乃長慶也」，薛紹徽有《老妓行》「雖沉博絕麗，未逮樊王二家，而翔實勝
之」；隨之又掀起考證彩雲事蹟的高潮，一派以爲樊山所述爲信史，一派則表
示懷疑；金松岑、曾樸於 1903～1905 年接續完成的《孽海花》問世，則將賽

特才總負心，佳人絕代偏蒙恥」，見錢仲聯：《夢苕庵詩話》，齊魯書社，1986
年版，第 1 頁。

〔註29〕齊如山：《關於賽金花》，見劉半農：《賽金花本事》，嶽麓書社，1985 年版，
第 254 頁。

〔註30〕見王森然：《近代名家評傳》（二集），生活・讀書・新知三聯書店，1998 年版，
第 4 頁。

〔註31〕冒廣生：《孽海花閒話》，轉見曹聚仁《聽濤室人物譚》，上海人民出版社，1998
年版，第 504 頁。

〔註32〕蔣凡：《賽（金花）瓦（德西）公案辨正》，《深圳大學學報》2012 年第 2 期，
第 130～137 頁。

〔註33〕民國二年五月二十日，賽金花拜訪樊增祥，相見皆言十餘年來滄桑，特別提
到她在八國聯軍的表現。事後樊山致書相告石甫云「賽翁苕顏如昔，當其來
時，適子琴、黃樓（張之洞猶子）、漢甫俱在座，人人詫爲未有」，易順鼎則
竊以爲「樊山固嘗謂余嗜諸伶爲嗜鳩盤茶，然余不敢謂樊山嗜賽翁如嗜鳩盤
茶也」。

〔註34〕徐珂：《清稗類鈔》第十一冊，中華書局，1984 年版，總第 5237 頁。

金花熱推到極致，小說雖立意有別，但「史實」部分明顯受到《彩雲曲》的
啓發。

　　章士釗在《論近代詩家絕句》評價「《彩雲曲》外尋餘味，差抵盧仝《月
蝕》賢」，《月蝕》幾乎是唐代最長的一首詩，賦法鋪敘，意象怪誕，句法奇
險，同時又是一篇隱喻性很強的政治諷刺作品，章詩指出樊氏《彩雲曲》在
篇幅與用事上與盧作相當，但只流於表面的渲染，批判性不足，正是此作不
能成爲經典的癥結。

三、豔體詠物詩的特質

　　除了詠事，樊增祥還有大量的詠物詩「天地日月風雲之變態，山川草木
蟲魚鳥獸之情狀，可驚可愕，嬉笑怒罵，悉寓之於詩」〔註 35〕。古代詩論一
般將詠物詩分作兩類，一種是刻畫型，一種爲寫意型，樊山詠物近於前者，
有研究指出這類題材的賞玩性質，創作主體對客體對象的觀賞，並以此作爲
創作的主導動機，而本質上不同於傳統抒情詩，後者是作者內心鬱結的情感
通過詩歌獲得釋放，因此外物之於詩人是獨立的，描摹刻畫是目的而非手段，
具有顯著的體物傾向；因爲詩中不必「有我」，也就不必承擔「言志」的任務，
寫作態度隨之帶有一點遊戲的意味〔註 36〕。由於主題都較膚淺，往往爲詩家
與論者鄙夷，但亦可備爲一體，其價值在於在雅正傳統之外獨闢蹊徑，詩人
引入內向型的審美體驗，從有限的生活空間和可觸的日用物什中排解閑情逸
致，發掘細部的詩情畫意。

　　這種無寄託型詠物詩，前人亦稱賦體「就題言之，則賦也」〔註 37〕，即
專事敷陳設色，隨物賦形，情感上努力與自然物象之間保持一定距離「將自
身站立在旁邊」，所以不構成「意中之象」，再現而非表現事物的情態；它所
體現的不是發人遙思的效果，而是洞察事物的感觸「巧言切狀，曲寫毫芥」，
這就需要詩人細膩的審美能力和高超的藝術造詣。詠物詩以「不即不離」爲
要旨，句句不現所詠之物，盡相又不致刻露，即爲「不即」，或曰「不黏」；

〔註 35〕李嶽衡：《樊山集七言豔詩鈔》序。
〔註 36〕歸青：《觀賞性：宮體詩的基本特質》，《學術月刊》2005 年第 4 期，第 74～
　　　　81 頁。胡曉明也認爲詠物詩是寫詩時的素描或寫生，是在詩言志的主流之外，
　　　　還有遊戲的傳統。
〔註 37〕李重華：《貞一齋詩說》，見丁福保編：《歷代詩話續編》，中華書局，1983 年
　　　　版，第 930 頁。

以近似之他物比擬，圍繞主題在傍面、反面、前面、後面烘托映襯，就其特質層層鋪寫，面面俱到，即爲「不離」，亦曰「不脫」，這就帶點詩謎的意思了，題爲謎底，詩作謎面，論者多從反面批評這種技法「詠物詩無寄託，便是兒童猜謎」（袁枚語），朱光潛也認爲詠物詩「大半根據隱語原則」〔註38〕。筆者認爲詠物詩有無寄託其實可歸結於「比」與「興」的修辭在詩中的比重關係「就所以作詩言之，則興也、比也」，如果僅停留在引類譬喻表面，則屬於描寫詩；如果意象間構成言在此而意在彼的引申，則「別有一種思致，不可言傳，必心領神會始得」，論者心中自有軒輊；但也有持平之論「精心刻畫，細膩熨帖，只須不著跡相，亦自可觀」（蔣箸超語），所以就詠物詩本體而言，尤以精切爲要。

辭藻與用典作爲描摹物態的主要手段，有助於構造含蓄委婉的物象系統，但一味技巧化的後果，使語言繁縟板滯，典故堆砌羅列，如七寶樓臺，有句無篇，勢必束縛詩人的想像，弱化情感的抒發，王夫之指其「徵故實，寫色澤，廣譬喻，雖極鏤繪之工，皆匠氣也……裁剪整齊而生意索然，亦匠筆耳」，曼聲遺韻、錯彩鏤金本是風格的雙刃劍，但論者常指向負面的價值判斷，所以詩人避之不及。袁枚嘗言「余每作詠古、詠物詩，必將此題之書籍，無所不搜，及詩之成也，仍不用一典。人有典而不用，猶之有權勢而不逞也」；鄒祗謨謂「詠物者用事不若用意」、陸時雍謂「古人詠物佳處，當不在言語間」之謂，都強調過分典麗會造成意境太實。

專事描摹類詠物詩的出現，是對詩言志傳統的反撥，清人吳雷發肯定其價值：

> 詠物詩要不即不離，工細中須具縹緲之致。若今人所謂必不可不寓意者，無論其爲老生常談。夫詩豈不貴寓意乎？但以爲偶然寄託則可，如必以此意強入詩中，詩豈肯爲俗子所驅遣哉？詩須論其工拙，若寓意與否，不必屑屑計較也。大塊中景物何限，會心之際，偶而觸目成吟，自有靈機異趣。倘必拘以寓意之說，是錮人聰明矣。古人詠物詩，體物工細，摹其形容，兼能寫其性情，而未嘗旁及他意，將以其不寓意而棄之耶？〔註39〕

〔註38〕朱光潛：《詩論》，上海古籍出版社，2005年版，第43頁。

〔註39〕吳雷發：《說詩菅蒯》，收入王夫之等撰：《清詩話》，上海古籍出版社，1963年版，第901頁。

　　將詠物詩著一層豔感，是從齊梁宮體詩開始的，這股潛流經歷了初盛唐
詩風的滌蕩而消歇，到中晚唐時又因時代與士心的轉型而呈現「不在馬上，
而在閨房，不在世間，而在心境」（李澤厚《美的歷程》語）的面相，韓偓的
《香奩集》從題目即可見芳蹤綺跡；兩宋時期，經士夫文人的雅化，詠物詩
強調「詠物之爲工，言志之爲本」（張戒語），「理」的趣味取代「豔」的成分，
轉而由小詞承續綺情功能〔註40〕。元明清詩人詠物作品雖夥，然多強調寄託，
若「但有賦體，絕無比興」，則「癡肥重濁，止增厭惡」（方貞觀《輟鍛錄》），
如沈德潛云「詠物，小小體也，然亦有寄寓德性，勝於神韻者。彼胸無寄託，
筆無遠情，直猜謎語耳」〔註41〕，錢仲聯亦云「詠物尤貴有寄，否則究屬無
謂」，回歸「世道人心」的正軌，而裁紅剪綠，佚蕩靡麗的詠物豔詩自等而下
之；在詞的領域，則力避「淫詞、鄙詞、游詞」，尤以游詞爲最，金應珪《詞
選後序》中解釋爲「規模物類，依託歌舞。哀樂不衷其性，慮歡無與乎情。
連章累篇，義不出乎花鳥。感物指事，理不外乎酬應。雖既雅而不豔，斯有
句而無章」，王國維認爲其弊在「無眞」；以「興寄」標準而視樊山詠物詩詞，
則全無價值可言，但若視其爲對前代流風遺韻的全面追摹與結局，則仍具詩
學上的存在意義。

　　首先是詠女性之物，明顯受到齊梁宮體詩的影響。一般認爲這些器物或
是女性肢體的延伸，或爲女性身體的裝飾，王瑤先生曾指出，宮體詩中大量
以女性物品來代替人，先是接近肉體的袖領履襪，進而爲枕席臥具和一切用
品，都是作者借著聯想作用得到性感的滿足〔註42〕；女性主義者則看到妝容
服飾是男權中心的附屬品，是男性社會強加給女性，最終又被女性要求自我
形塑的工具，柔弱美是其審美效果〔註43〕。詠物詩強化了女性「觀賞性」的
地位，器物是女性的象徵，女性等同於器物。姑舉樊山一組詠燈等物的詩，
如《燈》：

〔註40〕可參考陳麗麗：《豔情與豔筆的離合：論南宋豔詞與詠物詞的交融》，《南京師
　　　　範大學文學院學報》，2013 年第 3 期，第 59～64 頁。
〔註41〕沈德潛等撰：《原詩·一瓢詩話·說詩晬語》，人民文學出版社，1979 年版，
　　　　第 245 頁。
〔註42〕《隸事、聲律、宮體——論齊梁詩》，收入王瑤：《中古文學史論》，商務印書
　　　　館，2011 年版，第 305 頁。
〔註43〕參考毛妍君：《女性主義觀照下的女性與服飾》，《社會科學家》2008 年第 11
　　　　期，第 27～29 頁，及田苗：《女性物事與宋詞研究》，復旦大學 2008 年博士
　　　　學文論文。

嶺南佳製玉蓮新，金盞蘭膏故未貧。有味青編如昨日，相思紅
豆是前身。蕭寒夜雨宜閒話，隱約秋星替寫真。願得長明依繡佛，
垂花雙照玉臺人。

風慢蚺蟬墮有聲，銀缸如菽夜森沉。雙頭慈學花含笑，一點紅
知草有心。宿燕啾唧驚夢早，飛蛾解脫受恩深。自從拜得金蓮賜，
永夕含暉直到今。

《鏡》：

一段琉璃聖可憐，茉萸篋裏貯經年。照人秋水生銀浦，噓氣輕
雲散碧天。無復功名酬歲晚，只應消瘦甚年前。沈腰潘鬢消磨處，
不在燈邊即鏡邊。

曉妝簪戴簇雲鬟，月出當心特地寒。人似芙蓉映秋水，自拈湘
管寫春山。欲求方藥爲卿壽，莫把圓荷當汝看。好學紫鸞雙照影，
女床移近玉臺間。

《杯》：

松花淺淺泛哥瓷，琖小如螺倒好嬉。浮蟻漫斟家釀酒，鬥雞時
有御題詩。一甌淨綠承釵影，半面輕紅涴口脂。新注嫩湯愁炙手，
金船乞與玉娘持。

阿母三娘號玉卮，奪胎原自出瑤池。提攜月白風清夜，想像天
青雨過時。白傅休將鸚鏡換，畢家曾共蟹螯持。平生事業風爐畔，
新莾聊堪試一棋。

《香》：

百花同搗麝同篩，早暮蘭房碧霧扉。三日氤氳敷坐席，一生行
住傍簾衣。紅閨拜月和燈點，金闕朝天惹袖歸。宜愛妝成相對語，
口香花氣兩依依。

香根生長海南天，荀令來時意斐然。范史餘波成小序，楚詞靈
草費長箋。羅衣染著春風裏，紅袖商量夜雨前。郎是薰爐儂是麝，
博山一氣嫋雙煙。

《簾鈎》：

曲瓊名字亦風流，三角弧形傍畫樓。雙擘柔荑思漢苑，一彎斜
玉記揚州。時時反側珊瑚女，世世疏封戶牖侯。三掛冠纓嚴節度，
杜陵遺老感恩不。

　　　　風舒霧卷鬱金堂，犀玉琤璁耶有光。罥汝申申緣惹髻，愁人乙

　　乙似迴腸。三星掩映成心字，微雨黃昏念膽娘。正好垂帷掩書坐，

　　嫌渠多事放爐香〔註44〕。

樊山擅長名物的遣用，是其博麗風格的集中體現，嘗謂「詠物難，詠閨閣中
物尤難。要在麗而不淫，新而不纖」，詩中句句切合物體特徵，又處處指涉女
性色彩，達到物的豔化與人的物化合二爲一。

　　其次是詠各色花草，自古就有花德比人的傳統，所以詩人常以移情手段，
將花「著我之色彩」。移情也稱作擬人，是將人的生命體驗移注於外物，於是
本來只有物理的東西可具人情，本來無生氣的東西可有生氣；同時，人自己
也受到對事物的這種錯覺的影響，多少和事物發生同情與共鳴〔註45〕。既然
人與花情理相通，借花傳遞豔感應屬題中之義，樊山集中大量的詠花詩，多
少都帶有陰柔的女性色彩，《洛花集》即是其中的代表。

　　牡丹自唐以後被視爲國花，牡丹詩詞就成爲詠花詩中的大宗，中唐貞
元、元和之際，長安城自王室至士庶，都對牡丹如凝如醉，且逐漸冷落素色
品種，開始追逐豔麗珍奇，劉禹錫、白居易等詩豪的參與及詠和，推高了這
種風氣。樊增祥身處西安，時常自比貞元朝士，面對牡丹盛開的場景，自然
思接千載，極欲賡續前賢，這是他大作牡丹詩的潛在心理。時值庚子兩宮西
狩，慈禧酷愛牡丹，樊山亦有藉此迎合上意，粉飾太平的心態，也是牡丹詩
頌美主題的發揮〔註46〕。

　　直接觸動樊增祥創作欲望的是洪亮吉那句「古今牡丹詩罕作正面文字」的
論斷，當年趙翼聞此「輒賦八首，及明年又作如前詩之數，北江稱譽至再。
今讀其詩，適成爲甌北體耳」，這讓喜歡在詩中爭勝的樊山技癢難耐，欲與前
人試比高「後人視樊山詩，殆如我之視甌北乎」。按《北江詩話》原文爲：

　　　　作牡丹詩自不宜寒儉，即如前人詩「國色朝酣酒，天香夜染

　　衣」，比體也；「一叢深色花，十戶中人賦」，諷喻體也；外如「看到

〔註44〕組詩均出自樊增祥：《樊山集七言豔詩鈔》，上海廣益書局，民國十五年版，
　　　　爲上古版《樊樊山詩集》未收。

〔註45〕朱光潛：《西方美學史》，人民文學出版社，1979年版，第584頁。

〔註46〕路成文總結牡丹詩中有一種頌美主題，即立足於牡丹本身，以呈現牡丹之美
　　　　豔、讚賞牡丹之高貴，描述牡丹玩賞之盛況，藉以營造祥和世態（或假象），
　　　　見路成文：《詠物文學與時代精神之關係研究：以唐宋牡丹審美文化與文學爲
　　　　個案》，暨南大學出版社，2011年版，第137頁。

子孫能幾家」、「一生能得幾回看？」皆是空處著筆，能實詮題面者
實少。若不得已求其次，則唐李山甫之「數苞仙豔火中出，一片異
香天上來」，宋潘紫岩之「一縷暗藏金世界，千重高擁玉樓臺」，尚
能形容盡致〔註47〕。

簡言之，這種專事刻畫牡丹的描寫詩，且體現富麗繁縟的風格，正是樊山所
長。組詩以仙子貴婦比擬，嬌豔之外彌漫著雍容氣息，連篇累牘的堆砌，不
但顯示技巧的增進，更表現了熱情正熾，非寥寥數語所能道盡，諸如「命婦
莊嚴有告身」、「為後為王在洛中」的表述，花人合一的痕跡更加明顯。

　　寫罷十六首，樊山意猶未盡，他又記起王百穀《南有堂集》中有《紫牡
丹》一題，最佳者為「色借相公袍上紫，氣含天子殿中煙」句，然「紫字犯
題，已乖詩律，其他更乏警句」；黎美周以《黃牡丹》詩聞名，然「『木蘭金
甲繡盤龍』一首全是夢囈；『錯認秋容詠菊花』小兒學語，其餘亦多膚淺」，
於是又各作同題十首，全在鬥技術巧，一如富色工麗。接下來的《紅牡丹》
組詩，徑言為女性而作：

　　《北江詩話》謂紅牡丹題極難作。余既賦黃、紫、綠、白諸詩，
更以是題為殿。適定興尚書以四月二日為長孫授室，因寫此詩於屏
風為賀，故有莊語而無麗情焉〔註48〕。

詩中花的形象漸隱，反而人的特徵越發明顯，詩人用那些既可狀物、又可寫
人的詞語來寫物，有意模糊人花之界，達到物我相容的神似境地。

　　頌美型牡丹詩之所以呈現豔化色彩，是因為在某種程度上帶有宮廷詩風
的痕跡，所以遣用的物象也僅能局限於歌兒舞女的嬌媚，及明豔色彩的搭配
「糅之金玉龍鳳，亂之朱紫青黃」，工夫也只能下在辭采與對偶上「爭構纖微，
競為雕刻，影帶以徇其功，假對以稱其美」；而樊山《洛花集》「近體西崑而
意求真切，獨可為知者道耳」，又明顯模倣李商隱的同類作品「八句八事，以
擬人手法極盡渲染之能事。借富貴家豔色，或以富貴家故事作襯……借豔寫
花，詠花寓人」〔註49〕，是典型的晚唐詠物詩風格「走進更為細膩的官能感
受和情感彩色的捕捉追求中」〔註50〕，它的負面效果是「氣益靡弱，間於長

〔註47〕洪亮吉：《北江詩話》，人民文學出版社，第44～45頁。
〔註48〕樊增祥著，涂小馬、陳宇俊校點：《樊樊山詩集》，上海古籍出版社，2004年
　　　　版，第982頁。
〔註49〕劉學鍇、余恕誠：《李商隱詩歌集解》，中華書局，1988年版，第1554頁。
〔註50〕李澤厚：《美的歷程》，文物出版社，1981年版，第193頁。

律中出一二俊語，便囂然得名；然八句中率著牽湊，不能全佳，間有形容入俗者，此黏皮帶骨之累也」〔註51〕；此外創作中流露出追求精巧尖新的興趣，難免成爲賣弄學問，逞技鬥巧的工具。

樊增祥還有一類詠物詩，是以賦得體命名的，如《賦得海棠木瓜》：

九球清供設文房，特許佳名借海棠。小白一投期永好，淵材五恨釋無香。故侯對酒燒紅燭，妃子更衣染柘黃。桃李從今愧粗俗，衛風刪卻二三章。

西府東陵合一家，宣城詩裏詠綿瓜。甜香錦帳偏宜睡，豔體黃臺信可誇。綺旆故應驕佛手，嫌疑未肯嫁梅花。定知入藥能躅忿，好漬糖霜佐井茶〔註52〕。

《賦得掃晴娘　積雨悶甚，憶甌北集有此題，戲作四首》：

盡日垂簷雨弄絲，裁紅剪綠出兒嬉。舜三妃淚猶沾竹，黃四娘心合是葵。多露可憐穿屋女，凌風莫作墮樓姬。兒家本分惟箕帚，未要巫雲繞夢思。

暮暮朝朝十二雲，披雲手段信無倫。誰家樓上盈盈女，百尺竿頭嫋嫋身。見晛那逢青女面，占年還勝紫姑神。香山老去朦朧眼，錯認瀟瀟曲裏人。

亦如山上望夫回，望斷朝暉又夕暉。李笠風箏原醜女，秦王天帚付巢妃。花才落地殷勤掃，絮不沾泥上下飛。可肯將身作鳩婦，晴鳩早喚雨鳩歸。

個人鬢亂復釵斜，水佩風裳致自佳。季女南山愁曉霧，靈妃洛浦怨朝霞。泣乾織女銀河水，散罷維摩丈室花。早起羅敷應有語，東南日出照秦家〔註53〕。

施補華曾批評「無寄託而詠物，試帖體也」，這種指定題目，分韻湊篇，本科舉體式，雖爲文造情，但要求對偶工整，可看作對詩法技巧的一種訓練，俞琰稱爲「詩之有詠物，猶時藝中之有小題。作詩者以詠物爲先，猶作時藝者以小題爲始」。

〔註51〕賀裳：《載酒園詩話》，收入郭紹虞編選，富壽蓀校點《清詩話續編》，上海古籍出版社，1983年版，第225頁。

〔註52〕樊增祥著，涂小馬、陳宇俊校點：《樊樊山詩集》，上海古籍出版社，2004年版，第832頁。

〔註53〕同上，第1247頁。

　　由雲龍曾評價「樊樊山詩如百戰健兒，不愧薩都剌」，後者在元代詩人中以詠物見長「縟彩絢發，精思內瑩，亦溫李之儔，本以《宮詞》得名，其風神殊勝楊奐也」，顧嗣立稱其「開綺麗清新之派，清而不佻，麗而不縟。新聲豔體，競傳才子」，樊增祥在此類題材風格上確能與之相埒。

四、樊山豔體詩的優劣

　　王闓運曾謂樊山豔詩「大要為小旦作，故無深致，邪思亦有品限也」，他銜豔筆馳騁詩壇六十載，《豔詩鈔》中不少作品其實無關風月，但似又都著了一層陰柔氣，大類女郎詩，難怪時人揶揄他作樊美人「蓋自少至老，搔首弄姿，矜其敏秀，為一時諸名士所不能及」〔註54〕。但他也就僅在紙上逞風情，現實中則以謹守相示人。他一生篤情妻子，有人問及是否娶妾時，竟煞有介事地回覆：

> 鴻厖依依玉案青，煮茶無意買娉婷。朝餐瓊島千年藥，日寫黃庭一部經。不是琉璃休作簟，若非雲母漫為屏。秦郎定是神仙匹，難得天邊玉女星〔註55〕。

這種忠貞很大程度源於他在門第婚中的弱勢、中年以前的清貧以及道德感的訴求，前已述及他初婚時的境況，而髮妻過世後的十餘年不曾續弦，一方面是出於對亡人深摯的愛，或也是未遇時心志與生活的雙重窘迫使然。待他功業穩定，年歲漸深，又出於齊家之訓及養生之需〔註56〕，生活作風還是比較檢點的。

　　但樊山畢竟又不是禁欲主義的假道學，幼時對性靈詩的接受已經沉澱為潛意識，一有機會就會復萌。所以只要有朋友聘得小星，他都會欣然詩詞賦賀，這些過往詩人不會公開觸碰的題材，在他卻手到擒來，內中有調笑，也多少有點羨慕的意味，對此我們不必過分指責，正如詩家自表並非興味寡淡之人，文學作為安放剩餘精力的居所，只關乎風格，不關乎人品〔註57〕。樊

〔註54〕陳銳《褒碧齋雜記》語，但原書中未見此條，而得由夏敬觀《雪山詩話》中引錄，見張寅彭等編：《民國詩話叢編》第三冊，上海書店出版社，2002年版，第70頁。

〔註55〕樊增祥著，涂小馬、陳宇俊校點：《樊樊山詩集》，上海古籍出版社，2004年版。

〔註56〕樊山在詩中多次提及自己的長壽秘訣，其中一條就是「獨眠」以求清心寡欲。

〔註57〕蔣寅曾由西方新批評派主張的「作者的生活與作品的關係，絕不是一種簡單

增祥晚年自詡又有點自寬道〔註58〕：

> 唐宋而還吏道苛，官身無分倚清歌。如今縱有唐嚴事，提點朱
> 翁可奈何。臨老花叢一再遊，從無綺夢結青樓。有情無恨何人會，
> 只有南朝許散愁。少小工詩學玉溪，妖紅豔粉使人迷。老來約束遊
> 仙夢，莫化陳倉碧野雞。

自己身為一介循吏，不敢違例干禁，但朋友鬧點花邊緋聞，自己也不會上綱上線，詩中紅男綠女，現實束身謹守。也正因這種有些分裂的情狀，兩性世界的較少波瀾，也就成不了易順鼎那般「多情種子」，所以他所表現的不是風流才子，而只能是才子風流，「有豔才，無豔情」的批評正中要害。對於樊山豔體詩的賞析，只能著眼於「其事」，經由所鋪寫的材料，發掘紙背之下的女性文化；純寫男女之情，已經很難突破，千篇一律，不免無聊；好在他通過不斷變換詩題，在類型多樣意義上體現了拓展和生新。

　　樊增祥一方面認可詩歌娛情的價值轉向，明確自己的豔體詩並非牽強附會的言志寄託，於是在創作中也不抱嚴肅的態度，投注深刻的情感，興起而作，連稱香奩諸體，尤不啻禪悅之耽；興盡而止，面對繪影繪聲，又比於妄言妄聽；另一方面又欲極力擺脫豔聲，援詩騷為自己正名「子太叔之歌零露，趙孟無譏；宋大夫之賦朝雲，楚王稱善」，撇清與前代豔作的區別「有字皆香，無語不豔，麗而有則，樂而不淫。較之韓致堯之《香奩集》、王次回之《疑雨集》、任荃田之《香草箋》，實有雅俗之分，濁清之別」，這種矛盾心理，實是一種正統主義下的自我焦慮。從文化精神看，當時國勢日疲，士人呼喚陽剛，詩文多為載道「託命國運，回應危機，書寫時代情懷，記錄詩人心史」〔註59〕，雅正與淑世是主流的詩學特徵與文化品格；從詩學路徑講，近代詩歌正是以矯正性靈末流，回歸杜韓傳統而發端；樊山卻與此正道迥異其趣，公開吟詠男女，大肆遊戲筆墨，耽於美感主義與辭章技巧，難免不合時宜，以致在個人積習與普遍共識之間進退維谷，給論者造成缺失士人擔當的傮薄印象。

的因果關係」，引出對中國傳統文論中「文如其人」的重新思考，抉擇其適用的合理限度是「如人的氣質而非品德」，所謂的吟詠性情也是就作家的性格而言，見蔣寅：《古典詩學的現代詮釋》，中華書局，2003 年版，第 181～197頁。

〔註58〕樊增祥：《近著樊山詩詞文稿》，上海廣益書局，民國十五年版。
〔註59〕胡曉明：《詩與文化心靈》，中華書局，2006 年版，第 206 頁。

第二節　閒趣自適，郡齋吏隱

　　對閒隱意趣的書寫，貫穿樊山集始終，開卷的東溪詩已在構築這種理想，找一處幽靜秀麗的山水，享受結廬隱讀的清心自在；進京拜入李慈銘門下後，流連於詩酒遊宴，好不閒在，又時常窘於財力，不免寒傖；直至爲官陝西，偏安一隅，油水不多，拘檢亦少，心憂魏闕之餘，不忘江湖之遠，對待公務恪盡職守，雷厲風行；退食郡齋委蛇自適，宦味淡薄，正如佩韋自緩一般，詩中的「吏隱」情結成爲樊增祥紓解壓力的最佳調劑品；新政期間，官階屢陟，位高權重，「隱於閒」漸由「閒而閒」取代；辛亥鼎革，避居滬上，結廬人境，車馬喧嘩，這時的「逸」成了「遺」的同義詞，不僅在於生活態度，更關乎政治用捨；樊山終究沒能守住「臣道」，出山再入京城，並在這裡安頓了最後的十七年，作爲新權貴的座上賓，他卻過起「市隱」的日子，整日以歌詩自適，實是不願與北洋政府合作，但又貪戀厚祿的二難選擇；二十年代辭去一切頭銜，然長安米貴，居亦弗易，他只得以鬻字自活，「閒」成了老人晚境的常態，「隱」則已經漸行漸遠了。

　　本文著重探討樊山的吏隱詩，這一概念由蔣寅先生發抉，反映的是一種仕中有隱的士人生存狀態，在仕與隱之間尋求一種圓通與調和。仕途不僅意味著官場和金錢等被過分污名化的現實利益，還代表著儒家所推崇的內聖外王的信念追求，所以士人無不懷用世之心，而絕少甘於自隱者；但「仕」的負面效應是士人的獨立人格與自由意志也因進入體制內而不得不受其規範和約束，所以當執行的政令與遵循的道德相衝突時，士人又因陷入矛盾痛苦中而常常轉求道家的避世法或佛家的出世法，「隱」又成爲一種無奈的選擇，同時也就脫離了政教體系而失去了穩定的物質基礎，困窘也是士人難以接受的，所以安貧樂道的「眞是隱」在中古之後就很少有人做到了，「隱」也僅僅停留在一種生活樂趣的層面上。

　　唐代「吏隱」（或「中隱」）觀的出現，使物質的進補、政治的關聯與精神的出逸相映成趣，後經白居易、蘇東坡等大家的親身體驗，逐漸潛化成文人的一種生活態度「當它成了官人的自覺意識，成了他們刻意追求的生活理想時，它就會日益滲透到日常生活中去，使仕宦生活中的一切——風景、官署、齋室等都與吏隱之名聯繫起來，甚至還要繪成圖畫，屬人賦詩，標榜自己超脫於宦勞俗累的心跡」〔註60〕，這一特徵在樊增祥的詩文中也得到了驗證。

───────────

〔註60〕蔣寅：《古典詩歌中的「吏隱」》，《蘇州大學學報》2004年第2期，第53頁。

　　樊增祥宰官陝西各縣，一呆就是二十年，這也符合蔣寅限定的「地位不
高的小官僚詩人居官如隱」的內涵。他最初創作的可被視爲「吏隱詩」的就
是一組《擬桃花源詩三首》，他在敘中云：

　　　　蓋其事其詩皆蕭遠野逸，與僕天性相契故也。在昔淵明生典午
　　之季年，逢寄奴之代禪，作爲斯記，什九寓言，然而雞犬桑麻，依
　　然人世，羲皇不遠，只在柴桑耳。僕親爲負米，覥顏折腰。既謁選，
　　得秦之宜川令，以甲申七月出都，暑雨間關，久乃得達。屢以鯨鯢
　　未戮，海國驛騷，既蹀躞於風塵，更屏營於簍緯。嗟乎！隙駒百年，
　　單門八口，何慮不給而就微官。昔人不能降志於督郵，而顧手版倒
　　持，爲茲僕僕哉！苟有一廛，如淵明所記，稻田鱗比，花竹蟬嫣，
　　所不即歸，有如江水。因擬是題，寓息壤之意，若以吾意在避秦，
　　則失之遠矣。

　　　　萬樹緋桃護隱居，迷津翻幸得相於。花開尚似秦時火，兒大寧
　　知後漢書。海上蓬萊知不遠，山中甲子記全疏。嬴劉興廢關何事？
　　頭白溪邊自荷鋤。

　　　　世外相逢事不期，溪堂信宿忍輕離。來當桑樹雞鳴後，去是桃
　　花飯熟時。漁具好從前路覓，山名莫遣外人知。芒鞋怕踐劉家土，
　　分付閒鷗作導師。

　　　　一再拏舟訪隱淪，遙遙雞犬是河村。重尋煙水眞如夢，若問桃
　　花定不言。沙鳥似含窺客意，岸楓猶有繫船痕。等閒未許漁郎入，
　　何況乘軒客到門〔註61〕。

菹咸寧後又作《菊潭行》「初入關，嘗賦《桃花源詩》以見志……益迫迮無驊
惊。異日拂衣東歸，買山招隱」。研究者指出，陶淵明的歸隱人格是其文本建
構的結果，後人所謂和陶，如果眞具「心遠地自偏」的超脫襟懷，自是道地，
但那並不容易企及，所以「模倣的重心往往就落在風格上，演變成話語和藝
術風格的步趨」〔註62〕。樊山以天性與陶公相通，也不過是自我標榜，但二
者「生逢其時」的亂世背景卻隱然有某種相似，只是樊選擇了爲隱而仕，並

〔註61〕樊增祥著，涂小馬、陳宇俊校點：《樊樊山詩集》，上海古籍出版社，2004年
　　　　版，第162～164頁。
〔註62〕蔣寅：《陶淵明隱逸的精神史意義》，《求是學刊》2009年第五期，第93頁。

且明確自己不是消極遁世，所以擬作也僅透出對田園生活想像式的書寫。

一、生活方式的清閒

文人好茶，古已有之，品一壺佳茗，由釅轉淡，直將時光打碎，日子化在況味中；偶有朋自遠方來，煎茶待客，亦如君子之交。樊增祥將這份幽閒寫入詩中，連篇累牘，俯拾皆是，茶品如湘茗「氤氳海上霞，斟酌湘山春」，飲器如定瓷碗、茶舟，更多是喝茶時的心境「卅年何限紅塵夢，消盡茶條草屬中」，突出一個「清」字「人間真有清涼地，但挈茶瓢坐具來」、「風味不嫌清到骨，湖心藕粉井西茶」、「愛學漆書存古意，每呼茶子助清談」，又喝出一點方外之趣「僧磬歇時添晝靜，茶瓷圓欲貯湖光」、「何獨茶清能破睡，警人殘夢是松風」、「平生風味疏於酒，評水觀茶養道心」、「天生一片玻璃水，不遣靈臺著點塵」、「盡收靈液丹田裏，別寄禪心玉版中」。葛兆光先生曾拈出「茶禪」一詞，於口舌間覓得淡泊之致：雅俗之分正在清濁之間，清濁之分則在內心淨與不淨，言行淡與不淡之間。水乃天下至清之物，茶又為水中至清之味，文人追求清雅，便不可不吃茶，正是樊山「一甌佳茗澹於人」義之所在；欲入禪體道，更不可不吃好茶，便如樊山「與君新吃趙州茶」，此中有典，乃禪宗一花五葉之雲門宗開示弟子的喻指；節外生枝，樊自號雲門，冥冥中似有禪緣，所以他常一語雙關「我亦晚年希淨妙，雲門糊餅愧新嘗」，在字面間轉義跳躍，為的只是以自在心、借平常物，在閒淡中尋求內心的清淨。

在飲饌上，樊山做到了食不厭精，並且工於廚藝，李慈銘曾誇他燒得一手好茄子；但他素不喜膏粱，不啖腥膻，獨嗜筍與蓴，在詩中反覆提及如「一甌碧玉薦湖蓴」、「砂泉細瀹丁阬筍」、「獨對秋風憶蓴菜」、「筍脯瑩如玉，蓴絲碧勝苔」、「酒渴連催苦筍來，鮓香新共黃甘薦」、「薄點晶鹽嫩摘芽，幾番蒸焙似春茶」；甚至還大作食筍詩：

> 華州青玉生較晚，楚萌戢戢趨隴阪。船唇驢背捆載來，千錢才
> 可致十本。童牛繭角何森豎，稚子錦繃嬌宛轉。青箬筒中玉粽纖，
> 繡行纏裏香鉤暖。老饕食指昨已動，凌晨饗子青門返。我官渭川蕃
> 竹樹，風煙千畝歸勾管。捫摩撣龍不忍食，君子庖廚取諸遠。紅薑
> 和醋淬新芽，翠茗瀹湯開嫩眼。此君妃耦未易求，毋以狐禪參玉版。
> 冰魚作儷白於銀，雪蕻為奴香一剪。我吟僧詩清到骨，胸次自知湘

玉滿。雁飛倘寄故人書，爲報湖州剛晚飯〔註63〕。
可比於《隨園食譜》中的美味了。他對筍的要求尤其高「以甘淡爲上，粥於
市者，率咸不可食」，甚至動用家人「我僕騎馬苦求索，百里承筐空往返」，
華州「地接渭川，土宜竹，種植連畛，利逾蔬穀。以迫近岳址，土石間雜，
壤堅苞密，筍特瘦小，大者僅如書楹帖筆頭」〔註64〕，產量少而品質高，樊
山云「大裁如拇，與南方湘產迥異」。

樊山對蓴與筍的嗜好，首先源於本身南方人的脾胃，正如葉聖陶先生在
小品名篇《藕與蓴菜》中所表達的思鄉之情一樣，這裡有老家的味道，還有
對江南的嚮往，他曾說「夢中蓴菜常思越」、「庾郎最憶江南春，鱸肥菰脆等
歸人」，還打趣道「不緣肺府清虛極，解吃吳羹有幾人」；其次是現實的身體
需要，從樊山詩中知，他大概常年患有消渴症（他常以司馬相如文園消渴自
比），肝火較旺（集中有肝病久不愈詩），而竹筍「味甘無毒，主消渴，利水
道，益氣，可久食」（李勣《本草》記載），筍性冷「若丹石熱渴，煮淡竹根
汁以療之」，所以啖筍如食藥。第三筍「根葉密而堅，其莖心空而直，其枝背
戾而嫋，其葉玲瓏而繁，貞而不剛，柔而不屈」〔註65〕，象徵君子品格，所
以文人多雅好之，詩經中尹吉甫《大雅‧韓奕》中已有吟詠「其蔌維何？唯
筍及蒲」。最後再歸結到對「清淡風味終於淡處佳」的偏好：

性不樂肉食，獨與茶筍親。茶甘擬君子，筍淡似幽人。猗猗蓮
嶽下，空曠多竹園。琅軒無萬數，繡錦年年新。犢角未穿土，金刀劚
其根。百泉不得十，郁爲席上珍。大若蓮茨實，甜於松杏仁〔註66〕。
其中暗含肉食者鄙，不足與謀的批評。

二、佛道雙修求康樂

樊山自云「晚歲耽禪誦，看經復善疑。欲芟煩惱樹，終與道門宜」，他讀
道書「睡起閒尋道藏書，欲憑瓊訣保朱顏。近來心事無多許，只在丹瓢藥鏡
間」，讀佛書「前身應是善詩僧，縱飾冠巾尙鶴形。忘是儒生忘是吏，轉珠惟

〔註63〕釋贊寧《筍譜》謂竹初生曰萌，生成曰筍，土內皮中曰箁。
〔註64〕楊鍾羲：《雪橋詩話餘集》，北京古籍出版社，1992年版，第536頁。
〔註65〕釋贊寧：《筍譜》，轉自徐春琴《贊寧〈筍譜〉研究》，華東師範大學2010屆
碩士學位論文，第45頁。
〔註66〕樊增祥著，涂小馬、陳宇俊校點：《樊樊山詩集》（中），上海古籍出版社，2004
年版。

誦藕花經」；傚仿出家人「繩床打點安心法」、「傳得五龍甘寢法，雲臺道士是吾師」、「煨芋爐邊見懶殘，黃皮裹骨褐衣單」；時常薰修「風燈紙屋似僧龕，香篆微微靜裏參」：

> 終歲薰修茁寸芽，團蒲軟美結趺跏。寫經細界觀音紙，供佛添栽寶相花。坐惜隙光飛野馬，閒調正氣煉河車。邇來氣味親蔬筍，自著儒衣禮釋迦。

甚至著僧道服「鬱鬱黃塵白日長，入山都學道家裝」、「竹針麻線從誰借，閒坐松根補衲衣」；常與僧道往來，如記某番僧過渭南時貽香一束「梵眾薰修後，官身染觸中」，某空上人曾贈以唐善業泥造像及宣德銅盤：

> 樊山嗜古天下知，知我近有空龕師。師為山東豪傑士，沙門忽現當關羆。以唐造像證慧業，以銅盤銘寓頌規。六朝好佛世所無，範泥千億態各殊。子為父母婦為夫，標明願欲留拙書。唐人精楷媲兩晉，背十二字歐褚如。莊嚴妙相杪櫺陰，伽藍俠侍雙獅朧。趺平首銳仿珪制，度以漢尺五寸餘。厚四分強堅若石，歷劫不壞金剛軀。範泥範銅各精妙，明宣德朝丕鑄造。深宮下詔發水衡，虞部上章簡工料備載宣德爐志。君后服御取其中，上品煌煌薦郊廟。當時寶貴甚鬻彝，至今贗鼎紛相仿。此盤正方圍一尺，中有宮詞語蒨峭。鑄以七年上元日，背鐫內用雙龍抱。上人持贈方瑤瓊，扣之俱作金石聲。我方趨朝聆佛語，相期入對陳湯銘〔註67〕。

焚香被認為帶有準宗教的意味，安神冥想，溝通人神，兼具玩賞與佛緣的雙重意趣。詩人早年進京趕考，就曾借宿寺院，作官後又因祈雨等法事，時常入駐山中「少曾京洛誇輕俊，老傍僧繄閱苦空」。這種士大夫的僧道化，是由其淹博的學識達到的「外以儒行修其身，中以釋道治其心」，實現著一種意識與心態的互補，可以在不同環境下提高自身的協調能力，自由轉換心境，從而得到充足的精神支持，保持最佳的生存狀態〔註68〕。

但樊增祥又並非像沈曾植那樣真正湛於義理，對於超越心靈、清淨虛空境界的吟詠，更多著眼於其生活方式「誓從松子遊，纓冕復何慕」，但他實際又不肯真正放下現世的功利「余本山中人，顧為纓冕絆」，隱逸幻想是對仕宦

〔註67〕 樊增祥著，涂小馬、陳宇俊校點：《樊樊山詩集》，上海古籍出版社，2004 年版，第 1097 頁。

〔註68〕 張玉璞：《「吏隱」與宋代士大夫文人的隱逸文化精神》，《文史哲》2005 年第 3 期，第 50 頁。

生活的補充，而不能替代它；非此即彼的選擇，不過是流連宦途的堂而皇之的藉口〔註69〕；南禪主張的隨時隨地都可得道，為這類士夫在此岸彼岸之間提供了自度的津梁「不甘閣束方求外，雅好樓居為學仙」。即便如樊增祥自言「僧房借得渾無賴，題遍多郎小豔詩」，只要心無掛礙，亦不妨是一種修行；「但自心淨，即是西方」逐漸變成一種說辭，成為俗務之餘，希望暫避塵世的障眼法，其實他真正在意的是由清修達到長壽和自適，如在《攝生篇》中所云：

> 昨者腹疾同河魚，晨起照鏡滋清癯。我不解醫解自療，瓜歜艾
> 灸非所須。一龍二氣三鹿盧，乘蹻復與葛翁殊。晚食安步寡言語，
> 玉池真水常清腴。千憂解散時借酒，半日靜坐還讀書。冠帔總集列
> 仙傳，雲山隱現真形圖。內翰解帶襲僧衲，右丞素食羅園蔬。將身
> 喻作菩提樹，養心湛若摩尼珠。勾漏丹砂葉令鼃，上界寧論官職粗。
> 君不見天上蟠桃有時有，火中蓮性無時無〔註70〕。

將道家內丹與佛教心法融為一爐，玄言告退，康樂方滋。

三、書齋小園自在足

郡齋詩是中唐以來普遍存在的一類主題，擔任州縣外吏的文人在任職地建造房舍，自居其樂，或在此聚會當地文士；發生在書齋官廨中的日常生活，構成詩歌的主要元素，故稱之為郡齋詩〔註71〕。這些小官嫻於公事，但又希望超越俗務，得到內心的安歇，所以儘量將自己的私人領域布置的清幽雅致，又與周圍的山水風光相映成趣，滿足了吏隱的心理需求。

樊增祥初至陝西時，偏於僻壤，尚無力營造大型園林，只能在官衙或在周圍辟置一處房舍，作為棲身之所，如《入夏以來吏事稍簡甫能潔治一室排比書畫》：

> 掃除天下非吾事，只辦蕭齋對短檠。如鱗案牘參差了，難得官
> 身不廢詩。

詠縣衙「縣庭幽事足」、「縣僻耽幽事，官閒玩物華」；官舍「蕭閒未覺素心違，

〔註69〕這一結論受蔣寅觀點的影響，參考蔣寅：《大曆詩風》，鳳凰出版社，2009 年版，第 91 頁。

〔註70〕樊增祥著，涂小馬、陳宇俊校點：《樊樊山詩集》，上海古籍出版社，2004 年版，第 575 頁。

〔註71〕參考葛曉音：《中晚唐的郡齋詩和「滄洲吏」》，《北京大學學報》2013 年第 1 期，第 88～102 頁。

山水中間且息機」，以及舍內生活：

> 渾欲忘城市，垂楊繞縣門。奚官通馬語，樂府效禽言。小結支公社，頻過庾信園。老翁求判牘，醉墨學鴉翻。

> 板屋秦風舊，蘭臺楚制殊。拂床安夏簟，掃徑鬪春鰤。顧盼方成適，眠餐坐自娛。鳥名紅綬帶，花號玉盤盂。鏡鼻蟠雙鳳，釵頭列九雛。柳柔方女手，硯細擬兒膚。有牖皆云母，無燈不夜珠。書黏妝閣粉，衣惹印床朱。古色披閣帖，秘色鬥宣爐。幀眉標北苑，簾額繡西湖。巾薄從濾酒，甌香亦點酥。苦茶烘晚竈，淡菜出春廚。縣緊翻多暇，官卑恰未粗。詩境和宦境，得似樂天無？〔註72〕

等到宦途既久，財力漸豐後，開始葺治官舍：

> 其聽訟之所曰鏡煙堂，用陸平原我靜如鏡，民動如煙語也。治事之舍曰身雲閣，署東偏有隙地，繚牆葺宇，以爲東園。鬪紫蘭堂之東廂與園通，兩面綺錢，夾蒔花樹曰交花舫，舫之外曰畫妃亭，與舫相接者曰連心花谿，其堂屋曰晚晴軒，東曰夜話齋，與軒相對者曰東風亭。每以政暇，觴詠其間〔註73〕。

又有暖閣「吃果看書夜臥遲，老來結習尚狂癡。古人屈指誰相似，插架縱橫白陸詩」，室內陳設「五祖巾瓶六祖偈，大宗山水小宗香。使君臥閣非無意，待出身雲蔭下方」，總之他要使郡齋如同自己的詩作一般巧構精思「屋廬精似小家詩」。

　　他將煩務與閒吟分得很清「或疑君勤求民隱，綜覈精嚴，何能分題賭韻，如其在公車時。余之於詩如陸羽之茶，劉伶之飲，義取自娛，事無妨廢，居常服膺宋儒玩物之誠，公事未畢，不得讀書觀畫，及退食蕭然，綠茗一杯，石葉數片，清吟抱膝，入興成章」，所以他並非耽於享樂的庸官，忙起來絲毫不敢懈怠「漉鹽酥豆伴黎祁，批牘才終午飯遲。一盞山陰女兒酒，溫良剛是適中時」；時常表明「廉吏直堪爲」之類的態度，感慨不能成就大業的失落「壯來燭武人猶賤，儒者朱雲吏不嫺。橫草功名憐晚暮，空消髀肉馬蹄間」，亦是郡齋詩的題中之義。

　　一天公事之餘的閑暇，沒有理由不可以逸樂，我們過去評價一個文人，

〔註72〕 樊增祥著，涂小馬、陳宇俊校點：《樊樊山詩集》，上海古籍出版社，2004 年版。

〔註73〕 《樊山續集自敘》，同上，第 656 頁。

總是從「有意義」立論，似乎忽略了他們作爲現實中的人，生活中應有的細枝末節在形塑士大夫文化中所扮演的重要角色。其結果是看到的常常是一個嚴肅森然或冰冷乏味的上層文化，缺少了城市、園林、山水，缺少了七情六欲和詩酒流連，如此建構勢必喪失了原有的血脈精髓和聲音色彩〔註 74〕，所以單一的社會價值尺度應稍作撥正。換個角度看樊增祥這些被譏爲流連光景、平庸膚淺的小詩，其中不乏個性化、自然態色彩，流露著知足保和的情緒。

樊山詩中時常寫到「睡眠」，如和東坡三適詩之一即《午窗坐睡》；在吏事稍暇的日子裏，尤其還會晝寢「東閣本宜高士臥」，當年宰我因此被孔子斥爲朽木不可雕也，所以這種略顯懶散的節奏，多半帶有自嘲的趣味；當然他不是第一個表現這種生活狀態的人，而是明顯傚仿了先賢白居易。有研究者注意到了白詩中大量寫「臥」的篇幅，認爲他是第一個標榜自己好閒貪睡的文人。這一生理尋求到了文人手裏，竟成了蘊含審美和哲學味道的文化現象，當對外事功身心疲憊後，轉向尋求內省靜養「松扉無事日常關，人海何人似此閒」，眠的行爲契合了這種心態，也是一種不爭、守雌、退守的高隱模式〔註 75〕。

郡齋首先是一個空間，詩人自己或他的圈子在其中活動，顯然屬於私人領域的範疇，即宇文所安指稱的「一系列物體、經驗以及活動，屬於一個獨立於社會整體（國家、家庭等）之外的個人主體」〔註 76〕。這一領域裏的緊張總是被小心翼翼的加以調理，呈現出一種遊戲面貌，是工作的對立面。在遊戲的領域裏，一般沒有價值的地方可以創造出價值，原本微不足道的事物可以加倍增值，但多數是在同道面前表現或在文字上渲染，以加深彼此都認可的價值觀〔註 77〕；對於樊增祥而言，可與之長期共鳴的非袁昶莫屬，兩人反覆的唱和強化了這一點〔註 78〕。樊氏爲這大大小小的房間題名，有些甚至

〔註 74〕《士大夫的逸樂：王士禎在揚州（1660～1665）》，收入李孝悌：《戀戀紅塵——中國的城市、欲望和生活》，上海人民出版社，2007 年版，第 128 頁。

〔註 75〕沈金浩：《宋代文人的午睡晝寢及其審美心理》，《中國典籍與文化》1995 年 3 月，第 75～79 頁。

〔註 76〕宇文所安：《中國「中世紀」的終結》，生活·讀書·新知三聯出版社，2004 年版，第 88 頁。

〔註 77〕楊曉山：《私人領域的變形：唐宋詩歌中的園林與玩好》，江蘇人民出版社，2009 年版，第 215～6 頁。

〔註 78〕孫之梅教授在《袁昶的仕隱困境與「玄又玄」詩歌風貌》一文（《南京師大學

作爲詩集的名目，其中又尤以東園在他詩中提到最多，那裡「官舍東偏石徑斜，小廊回合槿籬遮。數峰醜石堪人拜，約略園亭似米家」，收集太湖石點綴北方園林是常見手法，顯示自己的審美趣味，以及放缺南方的心理暗示。小園是詩人吏隱的現實居所，也是心靈的詩意棲息，樊山就在這個封閉的空間裏淺吟低唱，難免被陳衍揶揄爲「作」詩「生平少山水登臨之樂，而閉門索句，能成詩數千首」〔註79〕，因爲他只能讓讀者「想起花園裏的疊石爲山，引水爲池，而沒有眞山眞水的那種闊大的氣象」〔註80〕。

　　詩人在書齋內的布置同樣別具匠心，他精於鑒賞，僅藏書「三十年間得二十餘萬卷」，書畫碑帖之屬「又十餘巨籮，關內目爲收藏家」，自稱「俸金半爲收藏罄，書畫時時出舊家」、「溫故書如逢舊友，得佳畫似品名山」、「文章顧繡譚箋上，家世官窯閣帖閒」；但他嘗言不收銅器，偶有陳列，皆爲贗品「彝鼎贗如摹本畫」。這種完全出自內心喜好，不存物利之念，亦無高下之分的收藏，如同米芾的「石癖」，才是文雅的最高境界。對於目見之物及日常器具的吟詠，並無特深的用意，脫離了本來的實用價值甚至對象本身，純屬無聊的遣閒，但將一切有關的典故注入俗物之中，甚至「疊（韻）疊」不休，在滿足了「不盡技而止，如飲不及酩」的快感之後，又完成了賞玩的過程〔註81〕。

　　樊增祥吏隱心態的調試，一開始就很順和。外吏除了法定的秩俸和養廉銀外，還有一些被認可爲正當的隱性收入，較之京官要可觀得多；早年貧困的經歷，使他從不避諱強調金錢的重要「高冠大劍爾何人，臣朔徒求斗升活」，甘爲摧眉折腰「天教五斗豢先生」，顯得氣短志疏，甚至讓某些人鄙視，屬於典型的「庶族地主文化構型」在審美趣味上表現出世俗性、享樂性的特徵〔註82〕；另外還有避禍心理「金馬門邊容避世」，清流時代遭受挫折後，黨爭就成爲他揮之不去的夢魘：

報》2009 年第 4 期，第 134～138 頁）中，以袁昶爲中心分析了他的吏隱情結及對詩風的影響，其中提到了與樊增祥的交往對其心態的影響。

〔註79〕陳衍：《石遺室詩話》，收入張寅彭等編：《民國詩話叢編》第一冊，上海書店出版社，2002 年版，第 705 頁。

〔註80〕錢鍾書《宋詩選注》中對「四靈詩」意境狹仄的批語。

〔註81〕關於賞玩心態，參考蘇狀：《閒賞範疇與明清文人的審美生活》，《北方論叢》2007 年第 5 期，第 79～82 頁。

〔註82〕呂思勉先生曾提出中唐至兩宋，出現了不同於中古士族文化的庶族文化，又稱宋型文化，與唐型文化對應。

> 甘陵舊事已成塵，牛李而還蜀洛瞋。鉤黨劇於河北賊，從官多
> 作嶺南人。誰能獨直烏臺案，寧不寒心白馬津。解黜荊舒相司馬，
> 古來惟有一宣仁〔註83〕。

借古喻今，前車之鑒，後事之師，與其「多少儒人嬰黨禍」，不如「超然黃鵠
在高天」。

如果將吏隱關係進一步區分，樊增祥趨向於「兼吏與隱」，所以話語也有
明確的公私界限，在官場上他周旋於同僚與上下級之間，一副風塵熱吏的嘴
臉；退居到自己的一畝三分地，詩語中又無處不透著閑「官裏偷閑暫息機，
金車生耳夢全非」、「極知名利不如閑，謝遣車徒學閉關」、「定須閑地覓閑人，
官府應無自在身」，有時會極閑到「胸次蕭慘謝塵俗，坐看雙鵲戲庭柯」，或
許正因現實中太缺少，「坐惜塵事勞，不遑看庭竹」才是真實寫照，所以才會
不厭其煩地絮叨，以求心理的安慰。一對矛盾只能在詩中得到圓滿：

> 牽絲豈本意，鬱鬱百僚下。其實麋鹿心，終日在林野。葛巾用
> 漉酒，便面將拊馬。平生煙水夢，時託短章寫。涉江逾會稽，浮海
> 閱黿鼉。歷歷五嶽遊，薄已償松華。春雨杏花時，先生可歸也。憬
> 彼獨樂人，端居學喑啞。牽蘿補屋漏，刳竹代樓瓦。相約鬷黃精，
> 白鑱定雙把〔註84〕。

這也是吏隱者的困境：

> 鶴書催上九重天，卻反滄浪水石間。萬卷消磨雙鬢老，千官暖
> 熱一身閒。不薄人間三語掾，亦陪天上大羅仙。鈍槌日日鐘勤打，
> 紗帽時時茗一煎〔註85〕。

「卻」是一種無奈，「亦」是一種委曲，明明世與我而相違，但沒有了「復駕
言兮焉求」的決絕。

樊增祥後來擢升兩司，仍不廢書寫吏隱，藝術上卻大不如前，他的社會
地位和活動，已經不可能維持「隱」，再高唱閑散，就顯得情偽了，伏爾泰說
過「休息是件好事，無聊卻是其兄弟」，筆者認為拿來評騭樊山此類題材的前
後優劣恰如其分。以通籍二十年為限，早期樊山還自道「安得白劉數相見」、
「插架縱橫白陸詩」，有意規橅劉禹錫、白居易、陸游諸家，寫得流易疏朗，

〔註83〕 樊增祥著，涂小馬、陳宇俊校點：《樊樊山詩集》，上海古籍出版社，2004年
　　　　版。
〔註84〕 同上。
〔註85〕 同上。

平淡有致；後作構思不謂不精，技巧刻意求工，但總覺餖飣瑣屑，愈寫愈狹，也愈加寡味。

結　語

　　縱觀樊山六十年創作，詩篇二萬餘，均在黃祖腹中（喬樹枏語），不可謂不宏富，格律之純熟「整密工麗，能取遠韻」；典實之博洽，不唯熟典，即僻書稗史，信手拈來，輒以爲能〔註1〕，陳衍調之曰「見人用眼前習見故實，則曰『此乳臭小兒耳』。安石、碎金、樊榭、冬心諸家視之，當羨其沉沉夥頤矣」〔註2〕。沒有人否認他胸有智珠「近代詩人隸事之精，致力之久，益已過人之天才，蓋無逾於樊山者」〔註3〕，連張之洞都讚歎「讀樊雲門詩，對仗層出，鎔裁麗密，無不達意之句，而又善達曲折難狀之意，令人散朗多雋懷」〔註4〕。

　　論者多將樊增祥與易順鼎並稱，易之視樊如詩文骨肉之交，而樊之於易「心實輕之，樊易齊名，非所樂聞也」。早年易順鼎因拜讀樊增祥與袁昶的

〔註1〕　姑舉兩例，汪國垣謂「樊山詩有句云『鄉心苦憶瓢兒菜，官品低於鼓子花』，或有稱其對仗工絕者，然『鼓子花』用《後山詩話》杭妓胡覯事，則不知也」。見汪國垣著，張亞權編纂：《汪辟疆詩學論集》，南京大學出版社，2011年版，第 446 頁。由雲龍以「樊山和張文襄《金陵雜詠》十六首爲例，舉其所採之史故、今典及稀見之書，不但工整，且見之博雅」，見由雲龍：《定庵詩話》，收入張寅彭等主編《民國詩話叢編》第 3 冊，上海書店出版社，2002年版，第 586 頁。樊增祥自稱張之洞曾教其寫詠史詩，意在「既熟史事，且覘學識」，故「每一篇中，必取材於本傳之外，以爲旁搜博識之驗」，這些訓練造就了他運典漫無涯際的特色，且至老弗衰，足見其博聞強記之功。
〔註2〕　陳衍：《近代詩鈔》，商務印書館，民國 12 年版，第 719 頁。
〔註3〕　汪國垣：《近代詩人小傳稿》，收入《汪辟疆文集》，上海古籍出版社，1988年版，第 246 頁。
〔註4〕　張之洞《小滄巢日記》語，見錢仲聯主編：《清詩紀事》，江蘇古籍出版社，1989 年版，總第 12599 頁。

詩作而傾心，又同列名南皮門下，遂與之訂交；樊山常以長者的語氣教訓
石甫：

> 君之少作紛天葩，晚如老樹森槎枒。長江大河瀉千里，魚龍百
> 怪挾泥沙。我耽杜詩講格律，楊干亂行必簡斥。每嫌芳蕙雜蕭艾，
> 亦恐明瑤混沙礫。文場元帥張文襄，愛君如巨闕夜光。後來跡弛少
> 檢括，坐惜才筆趨頹唐。丁未人日與我語，奈何不戒易石甫。入泥
> 犁獄因綺詞，似幽獨君作鬼語。乘車鼠穴眞夢囈，乞靈蛛盒效兒女。
> 匹錦裁爲百衲衣，尺璧碎作斷釵股。汝以直諒升吾堂，誼當發墨箴
> 膏肓。吾愛君才受師戒，多所指謫稱揄揚。前年瞻園同結夏，每出
> 一篇懼譏罵。能當譏罵有幾人，不是仙才俱可赦。隨園品低論不誣，
> 美人才子心多虛。我摘君詩犯無隱，君讀我詩一語無。叔子故非鳩
> 人者，康成豈眞伐我乎？君爲詩中漢元帝，我爲朱雲蒙雊異。君爲
> 詩中唐文皇，我爲魏徵多匡襄。君手能撒珠萬顆，君口能開花萬朵。
> 如絲竹肉近自然，凡幽麗奇無不可。獨來獨往旁無人，寫景寫情中
> 有我。邇來好詩積漸多，屢和陽春白雪歌。手提大篇擲示我，洸洋
> 恣肆驅濤波。從來好詩由根柢，君特深於性情耳。山如劍槊如猊麟，
> 詩如霓羽如韶鈞。迅若半夜錢唐潮，幻若九夏衡山雲。首尾妥帖力
> 排纂，中間無窮出清新。君詩篇篇皆若此，配食東維子可矣。俯首
> 下視玉川盧，引手上攀謫仙李。向來玉瑕與珠纇，正似美人競梳洗。
> 君以詩事文襄公，能令公怒令公喜。我操約旦无妄言，入粗入細才
> 始全。歡喜讚歎意不足，長歌寫入青瑤箋〔註5〕。

對易順鼎不拘繩尺的風格直接批評「石甫既負盛名，率其堅僻自是之性，騁
其縱橫萬里之才，意在凌駕古人，於藝苑中別堅麾纛，於是益新、益奇、益
工，益不復蘄合於古之法度，一亦不恤師友之箴言。才過其情，蒸豐於意；
而古人之格律、之意境、之神味，舉不屑於規步而繩趨，而名亦因是而減」
〔註6〕，由此可見二人詩歌宗尚大異其趣。但論者以爲這種屢變其體，天馬行
空的風格，正是易高於樊之處；

更關鍵的是，樊詩缺少那種徹骨的「眞」，汪國垣一針見血「惟刻畫工而

〔註 5〕 樊增祥：《樊山集七言豔詩鈔》乙卷，第 8 頁，上海：廣益書局，民國五年
版。
〔註 6〕 樊增祥：《書廣州後》，見易順鼎著，王飆校點：《琴志樓詩集》，上海古籍出
版社，2004 年版，第 1496 頁。

性情少，采藻富而眞意漓；千章一律，爲世詬病，斯又賢智之過也」〔註7〕，樊山詩以近體爲多，嚴格的形式化要求，限制了思維的張力，他還欲因難見巧，於是作品整飭而失之板滯，太執泥於一端，則顧此失彼，幾成試帖詩（集中一卷專收此體）「限以格律，而性情愈遠；且有『賦得』等名目，以詩爲詩，猶之以水洗水，更無意味，詩之道每況愈下」（袁枚語）；樊山以塗澤爲工，傷於纖巧，沒有易順鼎那種大開大闔的恣肆，也就缺乏沖決橫溢的感染力，故僅有句無篇，成七寶樓臺，有魄無魂，未能達到「眞氣猶拂拂從十指出」（汪國垣評易順鼎語）；胡適批評「樊增祥的詩，比較的最聰明，最清切，可惜沒有內容，也算不得大家」〔註8〕，除了紀時敘事之作，他的大量寫景詠物篇什，面目總覺雷同，甚至形如「套語」，終只能成一代詩匠。總之，樊增祥幾乎是站在情外寫詩，正合其客觀、精明又有幾分淡漠的天性，「整密工麗」中總現出過於節制的把持〔註9〕，加之其創作貪多，情緒也就愈沖愈淡了。

　　關於隸事技巧，貴在常用之典反用，陳熟之典如上下文能新亦無妨，人所不用者偶用〔註10〕。樊增祥喜摭拾生典，易順鼎則好熟典巧用，前者洞其腹笥「詩才贍富」，然亦病太掉書袋；後者出其奇思，佳者有奪胎換骨、點鐵成金之妙。周達《冒叔子詩稿跋》曾批評曰「樊山見人用習見故實入詩，輒曰沒出息。實則此老只做到生典熟用，有時且不免生典生用，其於熟典生用，不肯爲，亦不能爲也」〔註11〕；沈其光亦曾批評他的僻典理論「樊山詩云『略取蜀薑生辣意，定須越紙熟槌功』。余謂『生辣』者，乃避熟之謂。清初漁洋標『神韻』爲幟志，而其所短者，生辣也。『熟槌』者，謂一字一層、一層一意，此種句法，自老杜後罕有繼者。乾隆間，隨園揭『性靈』爲表唳，而其所短者，『熟槌』也。樊山喜用僻典，自云『詩家百寶流蘇帳，常恐人間索解難』，此則類乎狐穴詩人，豈即所謂「生辣」耶？樊山詩隸事徵典，不過盡其對偶工巧之能，豈即所謂「熟槌」耶」，指出其詩雖「清綺、典雅、新穎者、

〔註7〕　汪國垣：《近代詩派與地域》，收入《汪辟疆文集》上海古籍出版社，1988年版，第296頁。
〔註8〕　胡適：《五十年來中國之文學》，申報館，民國十三年版，第43頁。
〔註9〕　秦燕春：《文人「情色」──「麗人」易順鼎與「吏才」樊增祥》，《書屋》2013年第2期，第77頁。
〔註10〕汪國垣論作詩語，見張亞權編纂：《汪辟疆詩學論集》，南京大學出版社，2011年版，第439頁。
〔註11〕錢仲聯主編：《清詩紀事》第18冊，江蘇古籍出版社，1989年版，總第12606頁。

工巧、俳體等體象備矣」，至於使用冷僻之書，集中甚多，甚至援新名詞入詩，則雖巧而終不免牽拉〔註12〕。

筆者認為，樊增祥對形式化的過度追求，或有擺脫早年性靈派影響的焦慮的意圖，不過他的「修正」愈行愈遠，不佳處甚至墮入了詩家所力戒的迷障中。比如用韻，袁枚認為「韻因詩押，未有無詩而先有韻者」（《隨園詩話》卷七，下同），性情之外無格律，所以「雅不喜疊韻、和韻及用古人韻」（卷一），因為「好疊韻，是因韻而生文；好和韻，是因文而生情。兒童鬥草，雖多亦奚以為」（卷三），嘲笑那些「刺刺不休者，謂之村婆絮談（卷五）、尤忌僻韻「欲作佳詩，先選好韻，凡其音涉啞滯者、晦僻者，便宜棄捨。李、杜大家，不用僻韻，非不能用，乃不屑用也；昌黎鬥險，掇《唐韻》而拉雜砌之，不過一時遊戲；如僧家作盂蘭會，偶一布施窮鬼耳。然亦止於古體、聯句為之。今人效尤務博，竟有和韻詩，有因難而見巧者」（卷六）〔註13〕；樊山卻偏偏最喜疊韻，有時甚至自作自疊至幾十篇，滿紙怪怪奇奇，除了自娛外，毫無價值，讀者望之生厭，他卻樂此不疲。

詩歌的學問化傾向，是學人與詩人合流的表徵，但如何融通，仁智有殊；袁枚以水中著鹽為上乘「但知鹽味，不見鹽質」，有時為書寫性情，不得已而適逢典故，乃神契天成；若「專好用典，是無志而言詩」（卷六）；用事如用兵，愈多愈難，僻典更如「請生客入座，必須問名探姓，令人生厭。宋喬子曠好用僻書，人稱『狐穴詩人』，當以為戒」（卷七），此與前引沈其光評樊山語如出一轍。樊則以「詩到天然始是佳」為出發點，同意「水裏著鹽知有味」的標準，但又認為自己所用之典，無所謂生熟，不過是腹有詩書氣自華的流露「收書入腹中，如錢投於缸。積書不能用，如舟膠於港」。正因為有包括「五車奇書」在內的廣泛積累和下得苦功，才能先難而後獲；所謂僻典，則不過是接受者無識的表現：

> 詩中有秘色，如畫有淺絳。詩中有玉聲，如水有石淙。氣蒸紫白雲，聯截青紅虹。長風渡滄海，短兵接隘巷。鮮明雲錦舒，清越霜鐘撞。世人不解讀，驚怪天書降〔註14〕。

〔註12〕 沈其光：《瓶粟齋詩話續編》，收入張寅彭等編：《民國詩話叢編》第5冊，上海書店出版社，2002年版，第596～597頁。

〔註13〕 所引《隨園詩話》段落，均出自袁枚著，顧學頡校點本，人民文學出版社，1982年版。

〔註14〕 樊增祥著，涂小馬、陳宇俊校點：《樊樊山詩集》，上海：上海古籍出版社，

與袁枚「則凡多讀書，爲詩家最要事。所以必須胸有萬卷者，欲其助我神氣耳。其隸事、不隸事，作詩者不自知，讀詩者亦不知：方可謂之眞詩。若有心矜炫淹博，便落下乘」之說相左；他特別強調用字無一處無來歷，與隨園「古董開店」之譏對立；詩中大量加注的做法，更悖於隨園「吟詩自注出處，昔人所無。況詩有待於注，便非佳詩」的先訓，但符合近代詩歌的普遍現象「今時異世殊，博通典籍者已鮮，詩文用典及於經史，在昔爲常談，於今已生僻。無已，則稍加小注說明，以便導讀，亦勢所必然」〔註 15〕。袁枚曾批評王士禎「主修飾，不主性情。觀其到一處必有詩，詩中必用典，可以想見其喜怒哀樂之不眞矣」，樊山亦有此弊；但他沒有走向孤意學宋的冷徑，亦無餖飣之疵，強調「衣裁須取全身稱，棋力難教半子差」，從整體布局，不徒事堆垛。

　　隨著自我風格的形成，越到後期，樊山對性靈派的批評越強烈：

　　　　隨園以後詩道熄，粗才淺學多凡音。聲名起發由巨公，意境深
　　沉出經史。有力當與龍象角，有文當與鸞鵞比。與瞽爭明聾爭辯，
　　離婁端木汗顏矣〔註 16〕。

晚年甚至徑言乾嘉詩派壞於隨園、甌北，理據是已經形成共識的性靈后勁的空疏與卑下，然而對樊山而言，這更像是完成了逆反式的批評「後代詩人就像一個具有俄狄浦斯情結的兒子，面對著前代巨擘這一父親形象，通過有意無意的誤讀，達到否定傳統、樹立自己形象的目的」〔註 17〕。

　　樊山說詩，最爲後人稱道的是所謂「八面受敵」，一般認爲這是繼承了其師李慈銘的觀點，筆者以爲此仍是受到隨園的沾漑。集中體現其理論的是《與左少佐笏卿論詩》：

　　　　君不見，蘭子七劍兩手中，中有五件常在空。巧手能虛以運實，
　　開鑿渾沌皆玲瓏。又不見，單父種花驪花宮，萬花顏色無一同。匠
　　心能以素爲絢，坐使枯寂回春風。兵家在以少克衆，權家在以輕起

　　　　2004 年版。

〔註 15〕　劉衍文：《雕蟲詩話》，收入張寅彭等編：《民國詩話叢編》第六冊，上海書店
　　　　出版社，2002 年版，第 419 頁。

〔註 16〕　樊增祥著，涂小馬、陳宇俊校點：《樊樊山詩集》，上海：上海古籍出版社，
　　　　2004 年版。

〔註 17〕　（美）哈羅德・布魯姆著，徐文博譯：《影響的焦慮》，譯者前言，生活・讀
　　　　書・新知三聯書店，1989 年版，第 1 頁。

重，道家在以靜制動，詩家在以獨勝共。能言人所不能言，如出山
靈無不宣。能圓人所不能圓，如月三五懸中天。百汲不竭井底泉，
任燒不絕香上煙。百花釀作酒一甔，百藥煉成丹一丸。五味入口取
其甘，五色入目取其鮮。五聲入耳去其和，惟貌不獨取其妍。取之
杜蘇根底堅，取之白陸戶庭寬。取之溫李藻思繁，取之黃陳奧窔穿。
言之有物餅中餡，裁之成幅機中練。視之無跡水中鹽，出之則飛匣
中劍。無意何能作一經？無筆何以役萬靈？無才何以籠群英？無學
何由躋老成？無法何所謂尺繩？無事何足為重輕？一字不安眾所
議，八面受敵誰不能！〔註18〕

王賡綸《珠光室實話》謂此「為樊山一生為詩所得，指點於人，金針度盡而
意、筆、才、學、法、事數者，尤為詩家必備條件，至本詩筆墨流珠，意之
所到，筆則達之，尤非老手不辦」，辨證提出「虛以運實」、「以素為絢」；但
筆者認為，樊山說詩與作詩之間尚有異同，就個人閱讀體驗而言，其創作往
往下筆較實，言盡而意亦止，絕少弦外之音；不過「八面受敵」卻是不虛，
他特別鄙夷專學某家者，視為末流附驥：

古來積詩平五嶽，文章流別難重陳。獨厭耳食界唐宋，唐固可
貴宋亦尊。廬陵雄纛剪榛蕆，臨川詰屈規典墳。西江三總共一祖，
老骨細細縈秋筋。漢廷老吏用杜律，傳燈毋亦宜州薪。與為薔薇競
姿媚，未若松栝標輪囷。更願大力制龍象，辟支淨掃遺聲聞。千秋
萬禩庸足慕，要令並世知吾真〔註19〕。

在其所列諸家中，「跡其所詣，乃在香山、義山、放翁、梅村之間」，得溫、
李之悱惻芬芳，有時亦失於纖；學元白之屬詞比事，難免遭其淺俗。

民國後，他在為金天翮題《天放樓集書後》進一步闡明了所謂「樊山詩
法」：

光緒中葉，新學日昌，士以詞章為無用，而古所謂道性情、體
物象、致諷喻、紀治亂之作亦罕見矣。余既丁茲奇變，又迫衰年，
日惟以理詠自娛，近人之以詩名者雖多，皆不欲耗吾目力，非敢薄
視時賢，誠以彼所言皆非吾意中語，讀之多所不解，不如勿讀也。

〔註18〕 樊增祥著，涂小馬、陳宇俊校點：《樊樊山詩集》，上海：上海古籍出版社，
2004 年版。
〔註19〕 樊增祥著，涂小馬、陳宇俊校點：《樊樊山詩集》，上海：上海古籍出版社，
2004 年版。

或又謂詩爲古人說盡，不必復作此，又無知妄論也。世代遞嬗，光
景日新而日奇，詩境即因之以生，今吾所讀之書多古人所未讀，
所見之事皆古人所未見，但有古人之才之筆，而以彼未讀未見之書
與事，一一擷其英而紀其實，吾未見今不逮於古所云也。向來詩家
率墨守一先生之集，其他皆束閣不觀，如學杜韓者必輕長慶，學黃
陳者即屏西崑，講性靈者則以明以前之事不知，尊選體者則唐以
後之書不讀。不知詩至能傳，無論何家，必皆有獨到之處，少陵所
謂轉益多師是汝師也。人所處之境，有亭台山林愉樂憂憤，古人千
百家之作，濃淡平奇洪纖華樸莊諧斂肆夷險巧拙，一一兼收並蓄，
以待天地人物形形色色之相需相感，吾即因以付之，此所謂八面受
敵，人不足而我有餘也。所蓄既富，加以虛衷求益，旬鍛季煉而又
行路多、更事多、見名人長德多、經歷事變多，合千百古人之詩，
以成吾一家之詩，此則樊山詩法也。大抵詩貴有品，無名利心則
詩境必超，無媚嫉心則世界必廣，無取悅流俗心則詩格必高，無自
欺欺人心則詩語必人人能解，有性情則詩必眞，有材力則詩必健，
有福澤則詩必腴，有風趣則詩必雋，此余自道所得，而未嘗輕以示
人〔註20〕。

趙元禮又益以兩語曰「有書卷則詩必雅，能鍛鍊則詩有味；書卷不是堆砌，
鍛鍊不是晦澀」〔註21〕，以作注腳。錢仲聯指出，「八面受敵」其病恰在「學
古欲博取眾長，而無獨到創新之處，是自處大家，卻幾乎被人屏之於名家之
外者」〔註22〕；黃霖則評價樊山對此說的發展之處正在「學古如何能獨創的
問題談的較爲細緻和切要。學習古人的獨到之處並不是死板照搬，直接爲自
己所佔有，這僅僅是積累，而是必須待豐富多彩現實生活的激發，經過兩者
相需相感，才能奏效」〔註23〕。這是一種典型的復古主義理論，與當時方興
未艾的新派詩格格不入，但不好視爲「抱殘守缺者流」，而是詩人文化保守觀
在詩學中的體現，有其合理性，從前人集中充分汲養「雅人深致循良事，都

〔註20〕樊增祥：《近著樊山詩詞文稿》，上海：廣益書局，民國十五年版。
〔註21〕趙元禮：《藏齋詩話》，收入張寅彭等編：《民國詩話叢編》第二冊，上海書店
　　　　出版社，2002 年版，第 231 頁。
〔註22〕錢仲聯：《近代詩鈔》，江蘇古籍出版社，2001 年版，第 538 頁。
〔註23〕黃霖：《中國文學批評通史‧近代卷》，上海古籍出版社，2007 年版，第 280
　　　　頁。

被先生古錦收」、「平著心胸高著眼，古人集裏不相饒」，以故生新，並須去粗取精：

> 食橘不去膚，服參不去蘆。坐為鹵莽誤，罔辨精與粗。古人讀書如食筍，去籜百重取其穎。古人煉詩如揀金，淘沙十斛得幾星。抽絲於繭擇其細，求珠於海觀其深〔註24〕。

不再是簡單做幾樣仿古贋品，而是揚棄後的昇華。

最後談談樊增祥一以貫之的、筆者稱之為樂感美學的審美範式，這是對傳統「詩可以怨」主流的一種反撥，有人稱其詩「春華終不謝，一洗窮愁聲」，他自己也稱：

> 文字多悲哀，豈有康樂理。揚雲反離騷，吾恰與之似。將詩代絲竹，正賴陶寫耳。操縵必和平，具食貴甘旨。五色選緋綠，七情專愛喜。

> 人生生老病相嬗，不死則苦亦何辭。兩君羨我獨輕健，此天磨我匪我私。太平得壽誠奇福，離亂引年何所為。斯世更閱十寒暑，天將倚杵地無錐。今從海上種桃核，秦人那得花源棲。由來任達非本意，顏瞋謝笑同一悲節庵自號悲觀，謂沈怒觀，樊樂觀。明知悲憤徒自苦，烏有信天民無懷。

> 人皆謂余身居樂觀，文無苦語。且夫殷憂屯險之遭，人生所不能免也，淡泊寧靜之致，人生所不能無也。故宣聖以貧而樂為難，而廣成以修厥身為壽。大抵樂府之遺，多以怨抑為工，曲屈其思，而婉微其旨，凄豔其質，而幽哀其音。小雅騷經，由來舊矣。僕百憂纏骨，六鑿腐心，顧其為詩，了無苦語，良以終歲焦勞，惟此一事。是孔顏樂處，猶復虎賁屈子，優孟杜陵，哀樂樂哀，亦何自苦。明知愁語易工，歡悰難述，抑亦反離騷，蜀道易之遺意耳。

> 何思何慮，無病無愁，不惟論文論政，針芥相投，其所以康強逢吉者，則皆得力於淡靜二字。蓋聲色富貴之場，以平淡視之，故無欲，無欲故壽；殷憂煩亂之頃，以鎮靜處之，故無擾，無擾故壽。世皆詫吾文博麗，今以淡文寫淡人〔註25〕。

〔註24〕 樊增祥著，涂小馬、陳宇俊校點：《樊樊山詩集》，上海古籍出版社，2004年版，第1772頁。

〔註25〕 雷恩海：《樊增祥詩文四篇補遺》，《青海民族大學學報》2011年第一期，第

甚至在人生低谷時，仍不改故情，常作閒樂姿態「詩家閒淡之體，始自陶公；離騷反面之文，無如揚子。故聲利毒人之鴆，而怨尤者伐性之斤」，鄙薄滿紙哀聲。

錢鍾書曾以中西兩種理論對舉，解釋詩何以怨：

鍾嶸的「詩可以怨」，目的是「使窮賤易安，幽居靡悶」，是把詩當做活人的止痛藥和安神劑，強調了作品在作者生時起的作用，能使詩人和艱辛冷落的生涯妥協相安，借「可以怨」獲得排遣、慰藉或補償。

弗洛伊德認為「在實際生活裏不能滿足欲望的人，死了心退一步想，創造出文藝來，起一種替代品的功用，借幻想來過癮」〔註26〕。

鍾嶸的理論更像是悲劇的「淨化」作用，是一種正面的宣泄；弗氏則是一種反向的代償功能，樊山無疑更接近後一種。陳衍指出樊山「歡娛能工，不為愁苦之易好」，又反韓愈「歡愉之辭難工，窮苦之言易好」之道而行，此大概受益於袁枚「富貴詩有絕妙者，誰謂歡愉之言難工」的說法，只要寫我性情，不必強為悲喜；而他不以作詩為苦，嘗謂「昌黎云『可憐無益費精神』，然作詩能娛我情，則非無益；吟不覺苦，自然成章，亦於精神無損。若如昌黎則真擲金虛牝，吾不為也」，甚至「養生行我法，端在作詩多」，又迥異於袁枚對作詩的嚴肅態度。詩之於樊山，與其說是目的，毋寧說是手段，常為作詩而作詩，非唯不平則鳴，發為心聲，也就導致了上文提到的其作鮮能動人的後果。而且歡愉之辭，多浮於其表，易散漫而一發無餘，所以比較淡薄而難以深入人心，但樊山並未因此而為無病呻吟，「要以敷愉為宗，不以苦僻為尚」，走向了詩歌的另一端。

胡曉明曾提出中國詩史上，有一條淺宋型路向「如公安派、性靈派，他們主張個人主義的，更多表現一種現實人生的情感化、情緒化和生活化傾向，其骨子裏是一種世俗化的『小人』文學」〔註27〕，筆者以為這是一股隱伏於「唐型詩」與「宋型詩」之間的潛流，中唐元白、南宋四家、清代性靈是其源脈，樊山則處於盡端。胡曉明說這條路可能是中國現代性的一個早期兆頭，它的俗化傾向的確與新興都市的某些口味契合，如樊山作品在民國二三十年

44～47頁。
〔註26〕錢鍾書：《七綴集》，生活·讀書·新知三聯書店，2002年版，第121頁。
〔註27〕胡曉明：《詩與文化心靈》，中華書局，2006年版，第210頁。

代被屢次翻印或爲證明。

這種「淺宋型」範式的歸納，也符合吉川幸次郎所說的宋詩的一個特徵，即對痛苦的超越，與以往詩歌只能述怨的傳統斷裂，並有所修正。宋人開始認爲人的生命不能僅僅被描繪爲痛苦。宋初西崑體首當其衝，對樂的主題加以肯定，對無病呻吟似的哀苦之詞不以爲然。歐陽修則認爲，即使有理由感到沮喪和緣分，也應該保持一種雅然而樂的姿態，樊山的論調顯然導源於此。

但這一派的缺點是創作極多，泥沙俱下，白居易、陸游晚年詩中多有頹唐浮泛之詞，前人多有批評，癥結在於「熟而生滑」；樊山亦謂「我詩放翁熟」，「皆由深思篤好力學以底於熟，故能以吟嘯自娛，而不妨公事」，他自年輕時就瞧不起苦吟派「其詩圓若流珠，熟於美醞，蓋自少年至老，口誦之書，殆逾萬卷，手抄之牘，不啻百本，腹笥充積，俯拾即是；每見人苦吟，三日不成一字，或積學半生，著書不盈寸許者，輒目笑之以爲鈍士」。自詡「才人落筆氣豪健，倚馬速成累百紙。神工鬼斧喻匠心，牛毛繭絲識畫理」。並以「多讀多做多商量，廬陵詩法盡於此」〔註28〕爲不二法門，這又走向一種極端，由於作詩既多且速，被人譏作「造詩機器」，流水線式的「生產」，縱然有再深厚的功力也敵不過「生平以詩爲茶飯，無日不作，無地不作」，犯了能速不能遲的才人一病，更遑論情意了。

〔註28〕本段所引樊增祥語較分散，不再一一注明出處。

參考文獻

古籍文獻（含影印本、校點本）

1. 樊增祥著，涂小馬、陳宇俊校點：《樊樊山詩集》，上海：上海古籍出版社，2004 年版。

2. 樊增祥著，那思陸、孫家紅點校：《樊山政書》，北京：中華書局，2007 年版。

3. 樊增祥：《樊山集》、《樊山續集》，《續修四庫全書》影印本，上海：上海古籍出版社，2002 年版。

4. 樊增祥：《滑稽詩文集》，上海：廣益書局，民國二年版。

5. 樊增祥：《樊山集七言豔詩鈔》，上海：廣益書局，民國五年版。

6. 樊增祥：《近著樊山詩詞文稿》，上海：廣益書局，民國十五年版。

7. 樊增祥：《樊山文集》，上海：廣益書局，民國二十五年版。

8. 蔡雲萬：《蟄存齋筆記》，上海：上海書店出版社，1997 年版。

9. 岑春煊、惲毓鼎等著：《樂齋漫筆·崇陵傳信錄（外二種)》，北京：中華書局，2007 年版

10. 陳衍撰，陳步編：《陳石遺集》，福州：福建人民出版社，2001 年版。

11. 陳衍著，鄭朝宗、石文英校點：《石遺室詩話》，北京：人民文學出版社，2004 年版。

12. 陳煥章：《孔教論》，《民國叢書》第四編第二冊，上海：上海書店出版社，1992 年版。

13. 陳三立著，李開軍校點：《散原精舍詩文集》，上海：上海古籍出版社，2003 年版

14. 陳三立著，潘益民、李開軍輯注：《散原精舍詩文集補編》，南昌：江西人民出版社，2007 年版。

15. 陳夔龍：《夢蕉亭雜記》，上海：上海古籍書店，1983 年版。

16. 陳贛一：《新語林》，上海：上海書店出版社，1997 年版。

17. 戴璐：《藤陰雜記》，上海：上海古籍出版社，1985 年版。

18. 杜貴墀：《桐華閣文集》，《叢書集成續編》影印本，上海：商務印書館，1936 年版。

19. 杜春和等編：《榮祿存劄》，濟南：齊魯書社，1986 年版。

20. 何剛德：《春明夢錄·客座偶談》，上海：上海古籍書店，1983 年影印本。

21. 胡思敬：《國聞備乘》，上海：上海書店出版社，1997 年版。

22. 黃彭年：《陶樓文鈔》，《續修四庫全書》影印本，上海：上海古籍出版社，2002 年版。

23. 黃遵憲著，錢仲聯箋注：《人境廬詩草箋注》，上海：上海古籍出版社，1981 年版。

24. 勞乃宣著：《桐鄉勞先生遺稿》，臺北：臺灣藝文印書館，1964 年版。

25. 李慈銘著，劉再華校點：《越縵堂詩文集》，上海：上海古籍出版社，2012 年。

26. 李慈銘著，由雲龍輯：《越縵堂讀書記》，上海：上海書店出版社，2000 年版。

27. 李慈銘著，王利器纂輯：《越縵堂讀書簡端記》，天津：天津人民出版社，1980 年版。

28. 李希聖著，龐堅編校：《李希聖集》，上海：華東師範大學出版社，2011 年版。

29. 李詳：《李審言文集》，南京：江蘇古籍出版社，1989 年版。

30. 梁濟著，黃曙輝編校：《梁巨川遺書》，上海：華東師範大學出版社，2008 年版。

31. 劉禺生：《世載堂雜憶》，北京：中華書局，1960 年版。

32. 劉體智：《異辭錄》，北京：中華書局，1988 年版。

33. 陸純編：《袁大總統書牘彙編》，臺北：文海出版社影印本。

34. 駱秉章：《駱文忠公奏議》，沈雲龍主編：《近代中國史料叢刊第七輯》，臺北：文海出版社，1966 年版。

35. 呂偉達編：《王懿榮集》，濟南：齊魯書社，1999 年版。

36. 繆荃孫撰，顧廷龍校閱：《藝風堂友朋書札》，上海：上海古籍出版社，1980 年版。

37. 沈曾植著，錢仲聯箋注：《沈曾植集校注》，北京：中華書局，2001 年版。

38. 盛昱：《意園文略》，《續修四庫全書》影印本，上海：上海古籍出版社，2002 年版。

39. 盛昱：《郁華閣遺集》，《續修四庫全書》影印本，上海：上海古籍出版社，2002 年。

40. 釋敬安撰，梅季校點：《八指頭陀詩文集》，長沙：嶽麓書社，1984 年版。

41. 陶方琦：《湘糜閣遺詩》，《續修四庫全書》影印本，上海：上海古籍出版社，2002 年版。

42. 王閭運：《湘綺樓詩文集》，長沙：嶽麓書社，2008 年版。

43. 王爾敏編：《袁氏家藏近代史名人手書》，臺北：臺灣「中央研究院」，2000 年版。

44. 汪國垣：《汪辟疆文集》，上海：上海古籍出版社，1988 年版。

45. 吳闓生評選，寒碧點校：《晚清四十家詩鈔》，杭州：浙江古籍出版社，2006 年版。

46. 王彥威纂輯，王亮編，王敬立校：《清季外交史料》，北京：書目文獻出版社，1987 年版。

47. 揚州師範學院歷史系：《辛亥革命江蘇地區史料》，南京：江蘇人民出版社，1961 年版。

48. 易順鼎著，王颯校點：《琴志樓詩集》，上海：上海古籍出版社，2004 年版。

49. 朱壽鵬：《光緒朝東華錄》，北京：中華書局，1958 年版。

50. 學苑出版社編：《民國京昆史料叢書》，北京：學苑出版社，2010 年版。

51. 徐一士：《一士類稿‧一士譚薈》，北京：書目文獻出版社，1983 年版。

52. 徐珂：《清稗類鈔》，北京：中華書局，1984 年版。

53. 楊鍾義：《雪橋詩話》，北京：北京古籍出版社，1989 年版。

54. 楊鍾義：《雪橋詩話續集》，北京：北京古籍出版社，1991 年版。

55. 楊鍾義：《雪橋實話三集》，北京：北京古籍出版社，1991 年版。

56. 楊鍾義：《雪橋實話餘集》，北京：北京古籍出版社，1992 年版。

57. 易宗夔：《新世說》，上海：上海古籍出版社，1982 年版。

58. 俞明震著，馬亞中校點：《觚庵詩存》，上海：上海古籍出版社，2008 年版。

59. 袁昶：《漸西村人初集》，《續修四庫全書》影印本，上海：上海古籍出版社，2002 年版。

60. 袁昶：《安般簃集續鈔》，《續修四庫全書》影印本，上海：上海古籍出版社，2002 年版。

61. 袁昶：《於湖小集》，《續修四庫全書》影印本，上海：上海古籍出版社，2002 年版。

62. 張次溪編：《清代燕都梨園史料》，北京：中國戲劇出版社，1988 年版。

63. 張寅彭等編：《民國詩話叢編》，上海：上海書店出版社，2002 年版。

64. 張之洞著，龐堅校點：《張之洞詩文集》，上海：上海古籍出版社，2008 年版。

65. 張之洞：《廣雅碎金》，叢書集成初編影印本，上海：商務印書館，1936 年版。

66. 張佩綸：《澗於文牘》，《續修四庫全書》影印本，上海：上海古籍出版社，2002 年版。

67. 張一麐：《古紅梅閣筆記》，上海：上海書店出版社，1998 年版。

68. 震鈞：《天咫偶聞》，北京：北京古籍出版社，1982 年版。

69. 朱彭壽：《安樂康平室隨筆》，北京：中華書局，1982 年版。

70. 朱一新：《京師坊巷志稿》，北京：北京古籍出版社，1982 年

日記年譜

1. 黃彭年：《紫泥日記》（影印本），北京：學苑出版社，2006 年版。

2. 李慈銘：《越縵堂日記》第十至十八冊，揚州：廣陵書社，2004 年版。

3. 繆荃孫：《藝風老人日記》，北京：北京大學出版社，1986 年版。

4. 譚獻著，范旭侖、牟曉朋整理：《復堂日記》，石家莊：河北教育出版社，2001 年版。

5. 王文韶著，袁英光、胡逢祥整理：《王文韶日記》，北京：中華書局，1989 年版。

6. 王闓運：《湘綺樓日記》，長沙：嶽麓書社，1997 年版。

7. 翁同龢著，陳義傑整理：《翁同龢日記》，北京：中華書局，2006 年版。

8. 許寶蘅：《許寶蘅日記》，北京：中華書局，2010 年版。

9. 袁昶：《亂中日記殘稿》，中國史學會主編：《中國近代史資料叢刊·義和團》第一冊，上海：上海人民出版社，1957 年版。

10. 鄭孝胥著，勞祖德整理：《鄭孝胥日記》，北京：中華書局，1993 年版。

11. 胡鈞：《張文襄公（之洞）年譜》，沈雲龍主編：《近代中國史料叢刊》第五輯，臺北：臺灣文海出版社，1967 年版。

12. 駱秉章：《駱秉章自敘年譜》，沈雲龍主編：《近代中國史料叢刊第七輯》，臺北：臺灣文海出版社，1966 年版。

13. 羅正鈞：《左宗棠年譜》，長沙：嶽麓書社，1983 年版。

14. 王定祥：《清黃陶樓先生彭年年譜》，臺北：臺灣商務印書館，1978 年版。

15. 許全勝著：《沈曾植年譜長編》，北京：中華書局，2007 年版。

研究專著

1. 蔡冠洛：《清代七百名人傳》，北京：中國書店，1984 年版。

2. 陳平原：《千古文人俠客夢（增訂本）》，北京：北京大學出版社，2010 年版。

3. 陳平原、王德威編：《北京：都市想像與文化記憶》，北京：北京大學出版社，2005 年版。

4. 陳伯海：《唐詩彙評》，杭州：浙江教育出版社，1995 年版。

5. 陳志明、王維賢選編：《立言畫刊京劇資料選編》，北京：學苑出版社，2009 年版。

6. 戴逸等編：《清通鑒》，太原：山西人民出版社，2000 年版。

7. 鄧之誠：《骨董瑣記全編》，北京：中華書局，2008 年版。

8. 丁福保編：《歷代詩話續編》，北京：中華書局，1983 年版。

9. （美）費正清：《劍橋中國晚清史》下冊，北京：中國社會科學出版社，1985 年版。

10. （美）高彥頤：《閨塾師：明末清初江南的才女文化》，南京：江蘇人民出版社，2005 年版。

11. 龔鵬程：《文學批評的視野》，武漢：華中師範大學出版社，2011 年版。

12. 胡曉明：《詩與文化心靈》，北京：中華書局，2006 年版。

13. （美）哈羅德‧布魯姆著，徐文博譯：《影響的焦慮》，北京：生活‧讀書‧新知三聯書店，1989 年版。

14. 黃濬：《花隨人聖庵摭憶》，上海：上海古籍書店，1983 年版。

15. 黃霖：《中國文學批評通史‧近代卷》，上海：上海古籍出版社，2007 年版。

16. （日）吉川幸次郎著，章培恒、駱玉明等譯：《中國詩史》，上海：復旦大學 2012 年版。

17. 蔣寅：《大曆詩風》，南京：鳳凰出版社，2009 年版。

18. 蔣寅：《古典詩學的現代詮釋》，北京：中華書局，2009 年版。

19. 康正果：《風騷與豔情》，鄭州：河南人民出版社，1988 年版。

20. 李孝悌：《中國的城市生活》，北京：新星出版社，2006 年版。

21. 李細珠：《地方督撫與清末新政：晚清權力格局再研究》，北京：社會科學文獻出版社，2012 年版。

22. 李細珠：《張之洞與清末新政研究》，上海：上海書店出版社，2009 年版。

23. 李澤厚：《美的歷程》，北京：文物出版社，1981 年版。

24. 林誌宏：《民國乃敵國也：政治文化轉型下的清遺民》，北京：中華書局，2013 年版。

25. 劉學鍇、余恕誠：《李商隱詩歌集解》，北京：中華書局，1988 年版。

26. 呂思勉：《中國近代史八種》，上海：上海古籍出版社，2008 年版。

27. 羅繼祖：《楓窗脞語》，北京：中華書局，1984 年版。

28.（美）馬士著，張彙文等合譯：《中華帝國對外關係史》，北京：商務印書館，1960 年版。

29.（美）曼素恩《綴珍錄——十八世紀及其前後的中國婦女》，南京：江蘇人民出版社，2005 年版。

30. 茅海建：《戊戌變法史事考二集》，北京：生活‧讀書‧新知三聯書店，2011 年版。

31. 茅海建：《戊戌變法史事考》，北京：生活‧讀書‧新知三聯書店，2005 年。

32. 穆景元等著：《日俄戰爭史》，瀋陽：遼寧大學出版社，1993 年版。

33. 錢基博：《現代中國文學史》，長沙：嶽麓書社，2010 年版。

34. 錢穆《中國近三百年學術史》，北京：商務印書館，1997 年版。

35. 錢仲聯：《夢苕庵論集》，北京：中華書局，1993 年版。

36. 錢仲聯：《近代詩鈔》，南京：江蘇古籍出版社，2001 年版。

37. 錢仲聯：《夢苕庵詩話》，濟南：齊魯書社，1986 年版。

38. 錢仲聯等編：《清詩紀事》第十八冊，南京：江蘇古籍出版社，1989 年版。

39. 錢鍾書：《談藝錄（補訂本）》，北京：中華書局，1984 年版。

40. 錢鍾書：《七綴集》，北京：生活‧讀書‧新知三聯書店，2002 年版。

41. 秦國經等主編：《清代官員履歷檔案全編》第六卷，上海：華東師範大學出版社，1997 年版。

42. 瞿同祖：《清代地方政府》，北京：法律出版社，2003 年版。

43. 桑兵著：《庚子勤王與晚清政局》，北京：北京大學出版社，2004 年版。

44. 尚小明：《清代士人遊幕表》，北京：中華書局，2005 年版。

45. 商衍鎏：《清代科舉考試述錄及有關著作》，天津：百花文藝出版社，2004 年版。

46. 沈雲龍：《徐世昌評傳》，北京：中國大百科全書出版社，2013 年版。

47. 石泉著：《甲午戰爭前後之晚清政局》，北京：生活‧讀書‧新知三聯書店，1997 年版

48. 施蟄存：《唐詩百話》，上海：上海古籍出版社，1988 年版。

49. 臺灣中華書局編輯部編：《袁世凱竊國記》，北京：東方出版社，2008 年版。

50. 陶君起：《京劇劇目初探》，北京：中華書局，2008 年版。

51. 王森然著《近代名家評傳》（二集），北京：生活‧讀書‧新知三聯書店，1998 年版。

52. 王爾敏：《中國近代思想史論》，北京：社會科學文獻出版社，2003 年版。

53. 王爾敏：《中國近代思想史論續集》，北京：社會科學文獻出版社，2005 年版。

54. 魏泉：《士林交遊與風氣變遷——19 世紀宣南的文人群體研究》，北京：北京大學出版社，2008 年版。

55. 沃丘仲子：《近現代名人小傳》，北京：北京圖書館出版社，2003 年版。

56. 易君左：《易君左自選集》，臺北：臺灣黎明文化事業股份有限公司，1976 年版。

57. （美）楊曉山：《私人領域的變形：唐宋詩歌中的園林與玩好》，南京：江蘇人民出版社，2009 年版。

58. 楊國強：《百年嬗蛻——中國近代的士與社會》，上海：上海三聯書店，1997 年版。

59. 楊廷福、楊同甫編：《清人室名別稱字號索引（增補本）》，上海：上海古籍出版社，2004 年版。

60. 么書儀：《晚清戲曲的變革》，北京：人民文學出版社，2006 年版。

61. 葉中強：《上海社會與文人生活》，上海：上海辭書出版社，2010 年版。

62. （美）宇文所安：《中國「中世紀」的終結》，北京：生活‧讀書‧新知三聯出版社，2004 年版。

63. 章開沅：《辛亥革命與近代社會》，天津：天津人民出版社，1985 年版。

64. 張舜徽：《清人文集別錄》，武漢：華中師範大學出版社，2004 年版。

65. 張舜徽：《愛晚廬隨筆》，武漢：華中師範大學出版社，2005 年版。

66. 張亞權編撰：《汪辟疆詩學論集》，南京：南京大學出版社，2011 年版。

67. 趙園：《明清之際士大夫研究》，北京：北京大學出版社，1999 年版。

68. 趙景深：《曲藝叢談》，北京：中國曲藝出版社，1982 年版。

69. 中國歷史研究社編：《庚子國變記（外二種）》，上海：上海書店，1982 年版。

70. 朱師轍著：《清史述聞》，上海：上海書店出版社，2009 年版。

71. 朱光潛：《詩論》，上海：上海古籍出版社，2005 年版。

期刊、學位論文

1. （美）陳丹丹：《十里洋場與獨上高樓——民初上海遺民的「都市遺民想像」》，《北京大學研究生學誌》2006 年第 2 期。

2. 陳信凌：《庾信「鄉關之思「新論——兼談庾信的人格評價》，《南昌大學學報》（社會科學版）1994 年第 3 期。

3. 遲雲飛：《清末最後十年的平滿漢畛域問題》，《近代史研究》2001 年第 5 期。

4. 鄧治凡：《清末文學家樊增祥》，《武昌教育學院學報》（哲學社會科學版）1988 年第 1 期。

5. 馮永亮：《榮祿與戊戌變法》，《清華大學學報》（哲學社會科學版）1998 年第 3 期。

6. 伏傳偉：《新朝與舊主的抉擇——清史館設置緣起與趙爾巽的就任》，《學術研究》2006 年第 5 期。

7. 葛兆光：《世間原未有斯人——沈曾植與學術史的遺忘》，《讀書》1995 年第 9 期。

8. 葛曉音：《中晚唐的郡齋詩和「滄洲吏」》，《北京大學學報》（哲學社會科學版）2013 年第 1 期。

9. 歸青：《觀賞性：宮體詩的基本特質》，《學術月刊》2005 年第 4 期。

10. 蔣寅：《古典詩歌中的「吏隱」》，《蘇州大學學報》（哲學社會科學版）2004 年第 2 期。

11. 蔣寅：《清集讀記》，《文獻》1997 年第 1 期。

12. 蔣寅：《悼亡詩寫作範式的演進》，《安徽大學學報》（哲學社會科學版）2011 年第 3 期。

13. 蔣凡：《賽（金花）瓦（德西）公案辨正》，《深圳大學學報》（人文社會科學版）2012 年第 2 期。

14. 孔祥吉：《奕劻在義和團運動中的廬山真面目》一文，《近代史研究》2011 年第 5 期。

15. 雷恩海：《樊增祥詩文四篇補遺》，《青海民族大學學報》（社會科學版）2011 年第 1 期。

16. 李細珠：《清末預備立憲時期的平滿漢畛域思想與滿漢政策的新變化》，《民族研究》2011 年第 3 期。

17. 李瑞豪：《不一樣的「性情「——洪亮吉與袁枚「性情」觀的差異》，《文藝理論研究》2008 年第 4 期。

18. 劉汭嶼：《梨園內外的戰爭——20 世紀第二個十年上海京劇界之馮賈「黨爭」》，《文藝研究》2013 年第 7 期。

19. 劉江華：《從清宮檔案看左宗棠樊燮案真相》，《紫禁城》2012 年第 7 期。

20. 劉厚章、鄭正：《鄂西籍近代文學家樊樊山生平紀略》，《鄂西大學學報》1986 年第 1 期。

21. 劉衍軍：《論唐宋除夕詩的生命意蘊》，《南都學壇》2003 年第 2 期。

22. 劉學照：《上海庚子時論中的東南意識》，《史林》2001 年第 1 期。

23. 陸胤：《民國二年的「癸丑修禊」──兼論梁啓超與舊文人的離合》，《現代中文學刊》2010 年第 4 期。

24. 羅志田：《抵制東瀛文體：清季圍繞語言文字的思想論爭》，《歷史研究》2001 年第 6 期。

25. 羅志田：《清季保存國粹的朝野努力及其觀念異同》，《近代史研究》2001 年第 2 期。

26. 羅惠縉、周彩雲：《主題選擇與文學表達的差異性──京滬 1913 年上巳日三場修禊詩比較研究》，《吉首大學學報》（社會科學版）2009 年第 6 期。

27. 羅惠縉：《清末民初遺民話語系統的文化解析》，《廣西社會科學》2007 年第 8 期。

28. 閔定慶：《桐城詩學的一記絕唱──論〈晚清四十家詩鈔〉的宗杜取向》，《南昌大學學報》（人文社會科學版）2007 年第 4 期。

29. 祁龍威：《讀李慈銘的最後一函日記》，《揚州大學學報》（人文社會科學版）2004 年第 3 期。

30. 秦燕春：《文人「情色」──「麗人」易順鼎與「吏才」樊增祥》，《書屋》2013 年第 2 期。

31. 邱睿：《清遺老「戲劇熱」的解讀──以易順鼎「捧伶詩」為例》，《四川戲劇》2009 年第 2 期

32. 桑兵：《蓋棺論定「論」難定：張之洞之死的輿論反應》，《學術月刊》2007 年 8 月號。

33. 桑兵：《科舉、學校到學堂與中西學之爭》，《學術研究》2012 年第 3 期。

34. 蘇狀：《閒賞範疇與明清文人的審美生活》，《北方論叢》2007 年第 5 期

35. 孫之梅：《袁昶的仕隱困境與「玄又玄」詩歌風貌》，《南京師大學報》（社會科學版）2009 年第 4 期。

36. 孫虎：《高不絕俗　和不同流──陳三立與清遺民的心態研究》，《漢語言文學研究》2010 年第 3 期。

37. 孫明：《由禪讓而共和──梁濟與民初政治思想史一頁》，《史林》2011 年第 2 期。

38. 孫愛霞：《試論清遺民對共和民國認知的複雜性》，《天津大學學報》（社

會科學版）2011 年第 5 期。

39. 唐雪瑩：《南社人之「捧角」內涵》,《四川戲劇》2014 年第 1 期。

40. 王維江：《誰是清流——晚清「清流」稱謂考》,《史林》2005 年第 3 期。

41. 王標：《空間的想像和經驗——民初上海租界中的遜清遺民》,《杭州師範學院學報》（社會科學版）2006 年第 1 期。

42. 吳盛青：《亡國人・採珠者・有情的共同體：民初上海遺民詩社》,《中國現代文學研究叢刊》2013 年第 4 期。

43. 吳新苗：《從狎優到捧角——〈順天時報〉中堂子史料及文人與「相公」的關係》,《文藝研究》2013 年第 7 期。

44. 熊月之：《辛亥鼎革與租界遺老》,《學術月刊》2001 年第 9 期。

45. 徐煜：《明星崇拜心理中的非審美成分——以晚清以來捧角現象爲樣本》,《戲劇文學》2012 年第 10 期

46. 楊早：《北京報紙對日俄戰爭的報導與評論：1904～1905——「開民智」與「開官智」的分野》,《中山大學學報》（社會科學版）2008 年第 2 期。

47. 楊萌芽：《金陵唱和：清末陳三立在南京的交遊》,《洛陽師範學院學報》2008 年第 6 期。

48. 楊國強：《晚清的清流與名士》,《史林》2006 年第 4 期。

49. 喻大華：《日俄戰爭期間清政府中立問題研究》,《文史哲》2005 年第二期，第 121～122 頁。

50. 岳愛華：《晚清浙籍士人的社會網絡關係：以李慈銘爲核心》,《河北民族師範學院學報》2013 年第 4 期。

51. 曾偉希：《清末吳祿貞致樊增祥信函》,《文獻》2011 年第 3 期。

52. 曾偉希：《鹿傳霖致樊增祥信函兩通》,《文物春秋》2010 年第 4 期。

53. 張玉璞：《「吏隱」與宋代士大夫文人的隱逸文化精神》,《文史哲》2005 年第 3 期。

54. 張小也：《清代的地方官員與訟師——以〈樊山批判〉與〈樊山政書〉爲中心》,《史林》2006 年第 3 期。

55. 張宏生：《吳藻〈喬影〉及其創作的內外成因》,《南京大學學報》（哲學・人文科學・社會科學版）2000 年第 4 期。

56. 朱滸：《地方系譜向國家場域的蔓延——1900～1901 年的陝西旱災與義賑》,《清史研究》2006 年第二期。

57. 范志鵬著：《易順鼎年譜長編》,華東師範大學 2013 屆博士學位論文。

58. 劉豔華：《甘鵬雲學術成就與學術思想考述》,華中師範大學 2011 年碩士學位論文。

59. 陸胤：《近代學術的體制內進路》,北京大學 2011 屆博士學位論文。

60. 陸瑤：《〈晚晴簃詩彙〉研究》，蘇州大學 2013 屆碩士學位論文。

61. 米彥青：《清代李商隱接受史稿》，蘇州大學 2006 屆博士學位論文。

62. 潘靜如：《張佩綸前半生事蹟考論》，蘇州大學 2012 屆碩士學位論文。

63. 潘洪恩：《樊增祥評傳》，蘇州大學 2013 屆博士學位論文。

64. 鄭雲波：《言官與光緒朝政研究》，吉林大學 2012 屆博士學位論文。

65. 周容：《論李慈銘與樊增祥的詩歌理論及其創作》上海大學 2009 屆博士學位論文。

66. 朱興和著：《超社逸社詩人群體研究》，華東師範大學 2009 屆博士學位論文。

後　記

　　在撰寫論文的兩年中，我曾無數次遐想過在正文畫上句點後，書寫後記的心情，也曾字斟句酌地打過腹稿，思慮那一刻到來時不吐不快的真言；而它逐漸逼近時，卻又不知從何說起，心中五味瓶打翻——百感交集。

　　「辛卯負笈，離別故土。南行求學，客粵懷魯」，一切要從那個夏天說起，第一次出門到這麼遠的南方，甫下火車，就見識了本地的「熱情」；打車問路，一張嘴，普通話完全不普通，我知道，不管習慣與否，接下來我就要與這座城市廝守至少三年。

　　經歷了初期的水土不服與人地兩生，生活很快步入正軌，公共課之餘，按著老師開出的書目，一本本地翻看，希冀從閱讀的字裏行間找出前人未發之論；無奈對於近代文學，雖已有碩士三年的積累，然於當時駁雜歧出之思想，浩瀚無涯之作品，仍無如措置，望洋興歎。本想偷懶沿著碩士期間作小說期刊的一點心得由此及彼，但理論修養的欠缺成為最大的桎梏；老師曾鼓勵我作梁啟超的相關縱深研究，但面對巨人，向視其百科全書式的學問為畏途，更未有敢邁前論之勇氣和信心。於是題目數易，每次向老師提出的設想，彼此都毫無關聯，多蜻蜓點水，暴露出學之根柢不固，識之儲備不厚，導致缺乏有效的問題意識。

　　在異常苦惱地「找」題和自作主張地「換」題後，最終確定了對樊增祥的專人研究，此前我對這位詩人淺顯的瞭解，也僅得之於幾本權威的近代文學全史，且負面評價較多，所以準備開題的那個十一長假，我狼狽又疲憊地盡可能地搜集研究資料，完善文獻綜述，以期能在開題中通過，之後就進入了漫長的撰文階段。對於這樣一位歷來有爭議的作家，鄙見認為研究的入手

還是蠻難的，但也正因如此，對其重新解讀的可能性也越大，而只有回歸文本和歷史，才能去偽存眞；於是首先擺在我眼前的，就是他洋洋過萬首的各體詩作及與世沉浮的長壽人生。寫作過程中的個中甘苦，不足爲外人道也，即便不敢猥承學術立德立言之重，僅爲自家學位拿得問心無愧，再多「蠻拼的」也是值得的；我只想感觸的說，在這段文字與精神之旅中，一籌莫展之時，抑或偶有所得之際，都是自我塑造的一種加持；樊增祥的心理行徑，常會潛移到自己的爲人處世中，同時他成了我需要耗費最大氣力去瞭解的朋友，他的缺陷我會由衷生氣，他的天眞我也心有戚戚，這並非虛言，我在自己的空間裏，在與家人的通話中，都流露過這種情緒。當然由於個人才力疏淺，未能在論文中將樊氏面貌窮形盡相，更不敢妄稱異代知音。

回顧自己二十二年來的求學之路，雖然在座的各位前輩專家看來，未免有些小兒科了，但對於我個人而言，這未嘗不是一種值得總結的過往；而沿途中除了感恩父母的教養，最應感念的就是曾經提攜過我的諸位師長，尤其是在最後一個學階，有幸忝列左師門牆，我及家人都與有榮焉。當年碩導郭浩帆師曾囑余云「左老師爲人治學嚴謹，你要用心學」，然生庸鈍又時有惰性，褊狹而尚欠措意，故與師之博雅周全圓鑿方枘，瑕疵屢出；又將中肯批評誤解稱嚴厲規訓，越怕犯錯越畏葸退縮，走進自我構織的邏輯怪圈中，坐失許多向老師請益和溝通的良機；但恩師仍然不離不棄，不憤不啓，耳提面命，鼓勵鞭策，在此請允許學生對自己的懵然無識表達眞誠的愧疚和歉意。

恩師的學養風度有目共睹，每個學生每篇文章的每一頁紙，都密密麻麻地布滿觸目驚心的「朱批」，大至選題立意，小至標點注釋，事無鉅細，切中肯綮；每周例行的讀經課，老師都儘量堅持聽完全場，並認眞總結每位講者的得失，我由於在校時間比較長，輪講次數比較多，從第一次急就章式的手足無措，到不久前最後一次相對從容地應對，老師的每次點評猶記在心。正是通過這種方式，老師以自己的學風感染學生，使我們得以漸窺學術的門徑；同時充分發揮和調動學生的綜合實力，不僅限於專業的增進，更是一筆人生的財富。

在華師的三年多，我有幸得到王國健教授、戴偉華教授、陳建森教授前輩學者的指點迷津，受益匪淺，在此深表謝意。

在此我還要感謝杜新豔老師、鄧丹老師、左岩師兄、徐世中師兄、黎聰

師兄、馮波師兄，及夏永聲、周斌、蘇鐵生、杜宇尙、王曉東等諸同年，如今舊雨天各一方，但願山水有相逢。

當再次修訂這本書時，我已在鹽城師範學院工作近三年，雖遠離故土，幸好單位領導、同事待我不錯，我也組建了自己的家庭，妻子徐清溫良賢淑，是我工作、學習的堅實後盾，由衷地感謝她爲我所做的一切。

最後致謝父母的養育之恩，一路扶助兒子走到今天，如今雙親年逾花甲，唯願他（她）們身體康泰，晚年幸福。

拉拉雜雜地寫了不少，想吐露的還有太多太多，聊於此作結吧，也許這本就是一個永遠也畫不圓的句號。是爲跋。

薛超睿

戊戌仲春識於鹽城師範學院圖書館